한 흑구의 길

한흑구의 길

초판 1쇄 발행 2024년 10월 30일

지은이 한명수
펴낸이 장길수
펴낸곳 지식과감성#
출판등록 제2012-000081호

교정 김지원
디자인 서혜인
편집 서혜인
검수 한장희, 윤혜성
마케팅 김윤길, 정은혜

주소 서울시 금천구 벚꽃로298 대륭포스트타워6차 1212호
전화 070-4651-3730~4
팩스 070-4325-7006
이메일 ksbookup@naver.com
홈페이지 www.knsbookup.com

ISBN 979-11-392-2177-0(93800)
값 18,000원

- 이 책의 판권은 지은이에게 있습니다.
- 이 책 내용의 전부 또는 일부를 재사용하려면 반드시 지은이의 서면 동의를 받아야 합니다.
- 잘못된 책은 구입하신 곳에서 바꾸어 드립니다.

지식과감성#
홈페이지 바로가기

한흑구의 길

한명수

한 편의 친일 문장도 남기지 않은 영광된 작가

시 한 줄에도 나라를 생각하였던 시인

내가 나갈 길,
내가 살 길,
내가 싸울 길을 인식할 때
우리에게는
생의 희망과 고뇌의 가치와
승리의 환희가 있는 것이다.

한흑구의 수필 「젊은 시절」 중에서

일러두기

1. 저서나 학술지, 신문, 잡지명은 모두 『』로 표시하였고, 글의 제목은 「」로 표시하였다. 단, 영어권 저서나 학술지, 신문, 잡지명은 괄호를 사용하지 않고 이탤릭체로 표기하였다.
2. 인용한 시들은 『한흑구 시전집』(마중문학사, 2019)에서 가져온 것으로 그 출처를 일일이 기록하지는 않았다.
3. 참고한 자료와 주석들은 권말에 '각주 겸 참고 자료'로 일괄 정리하였으므로 표시된 주석 번호를 참고하면 된다.

서문

1929년 1월, 부산을 떠나 일본 요코하마항(橫浜港)에서 미국을 향해 가던 한흑구는 태평양을 건너 미국까지 따라온 한 마리 검은 갈매기를 보고 자기의 처지가 '조국도 잃어버리고 세상을 끝없이 방랑하여야 하는 갈매기 같은 신세'라 생각했다. 그래서 자기의 필명을 '흑구(黑鷗)', '검갈매기'로 정하고, 약 50년 동안 수많은 문학작품을 남긴 그는 오늘날 수필 「보리」의 작가로 널리 알려졌다. 그가 남겨놓은 작품은 수필 「보리」뿐만 아니라, 시적 언어로 그려낸 주옥같은 수필도 많고, 시와 소설, 평론, 논문, 논설문, 서간문 등이 있지만 그는 우리에게 '수필가'로 많이 알려졌다.

한흑구의 수필을 비교적 쉽게 접할 수 있었던 것은 그가 지난 1970년대에 엮은 산문집 『동해산문』, 『인생산문』, 『보리』 등을 통해서이다. 1948년 우리나라 정부 수립 후 정부에서 국민교육의 한 방편으로 그의 수필 「나무」, 「보리」, 「닭 울음」 등을 교과서에 수록하면서 그의 인지도가 더욱 높아졌고, 거기에다가 여러 비평가와 작가들, 그리고 연구자들의 논평에 힘입어 한흑구는 '시적 수필을 쓰는 수필가'로 자리매김하게 되었다. 만약에 그의 시가 국민교육의 중요한 작품으로 평가받고 교과서에 수록되거나 대중의 사랑을 받는 시 한두 편 정도가 회자하였다면, 다른 칭호가 그를 수식하고 있을지도 모르겠다. 그가 시와 수필, 소설, 평론, 논문 등을 쓴 작가라는 사실은 일부 연구자들 사이에는 공유된 정보이지만, 그가 생전에 시집이나 소설집, 평론집을 발간한 적이 없기에 실제로 그런 작품의 실체를 접한 연구자들도 그리 많지는 않다.

한흑구가 시인이었다는 사실을 말하면 적잖이 놀라는 이들도 있다. 더군다나 일제의 압박과 박해를 견디며, 꿋꿋하게 민족의 자존심과 자리를 지킨 민족시인이었다는 사실을 말하면 어떤 이들은 놀라움과 함께 더욱 존경의 마음을 가지기도 하였다. 그가 민족시인이라는 사실을 처음 듣는 이들도 많을 것이다. 그도 그럴 것이 현재까지 생전에 그가 엮은 시집도 없고, 또 누가 시를 모아 펴내려는 노력도 없었기에 우리는 참으로 오랜 시간 그의 시를 만날 기회가 적었기 때문이다. 물론 미주 한인 작가들의 작품을 소개하는 글에 일부 게재되기도 하였고, 2009년의 『한흑구 문학선집』과 2014년에 『한흑구 시선』이, 2019년에 『한흑구 시전집』이 나와 관심 있는 이들의 사랑을 받고 있지만 대중적으로 널리 알려지지는 않았다.

한흑구가 미국의 노스 파크 대학(North Park College)에서 영문학을 공부하였고, 다수의 번역시를 소개하기도 하고, 영문학 논문들을 발표하였지만, 연구자들은 그가 쓴 창작 영시(英詩)를 썼다는 사실만 알 뿐 그 실체를 확인하지는 않았다. 그가 미국의 노스 파크 대학 '시인클럽'과 템플 대학교(Temple University)의 '윌슨 문학회'에서 활동하였다는 사실도 알지는 못한다. 미국 현지에서 우리의 문화를 알리고, 우리의 마음을 잃지 않으려고 무진 애를 쓰며 조국의 독립을 기다렸다는 사실도 모른 채 지냈다. 필자는 오랜 시간 그의 작품을 찾았다. 그 결과 우리에게 알려지지 않은 수많은 작품을 찾았고, 간간이 다양한 지면을 통하여 이를 소개할 수 있었다. 특히, 하나의 이야기로만 전해지던 그의 영시들을 찾았고, 그가 활동하였던 동인지를 찾았으며, 시와 수필과 논설문과 서간 등 실로 놀라울 만큼 많은 작품을 만날 수 있었다. 그가 발표한 작품들을 모아 정리하면서 가슴이 먹먹해지는 순간을 몇 번이나 맞이했는지 모른다. 그의 시편 상당수가 국권을 상실한 조국과 민족의 슬픈 현실을 노래하거나, 조국의 독립을 기다리며 그 꿈을 잃지 않기를 독려하고 갈망하는, 우리 민족의 정신을 되살리고 이어가려는 의지가 담긴 시편이 많았기 때문이다. 그가 남긴 시편의 많은 작품이 민족의 자존심과 우리의 자리를 지키려는 의지를 담고 있고, 잃어버린 나라를 되찾기 위한 절절한 마음을 표현하고 있었다. 시편뿐만 아니라 그가 남긴 많은 산문 속에서 같은 정신으로 살아온 그의 정신적 궤적을 읽을 수 있었다.

  나는 오래전 그의 작품들을 소개하면서 그가 민족과 고국을 걱정한 애국시인이요 우국시인이며, 우리 민족의 얼을 지킨 민족시인(작가)이라는 사실을 말한 적 있다. 그가 지키고자 한 민족의 얼을 그는 '조선심(朝鮮心)'이라고 말하였다. 그 조선의 마음을 잃지 않으려고 끊임없이 노력한 그의 행적들은 그가 걸어온 길 위에서 확인할 수 있었다. 그는 자신의 수필 「길」에서 자신이 살고 있는 동리의 길을 보면서 "어느 길이나 다 그 길이 가야 할 곳을 이리저리 꿰뚫어 나갔다. 하나도 길답지 않은 길이 없었고, 길은 언제나 제 갈 곳을 가고 있는 올바른 길이었다."라고 한 적이 있다. 그가 바라본 길은 동리에 뚫린 물리적인 길이었지만, 그가 느낀 길은 '올바른 길'이었고 이는 '마음의 길'이기도 한 것이었다. 일제강점기 동안 그가 걸어온 시간의 길은 분명 물리적인 길이지만, 조선의 마음을 잃지 않으려고 노력한 마음의 길, 정신의 길은 '길다운 길'이었고 '제 갈 곳을 가고 있는 올바른 길'이었다. 나는 한흑구가 보여준 그 마음의 길을 그의 글 안에서, 그리고 행위 안에서 발견하였다. 그것을 함께 나누고자 한다.

그가 나라를 생각하는 마음은 변함이 없었다. 한흑구는 그가 발표한 수많은 글 속에 국권을 상실한 조국에 대한 사랑과 민족의 아픔을 담았고, 귀국 후에도 줄곧 나라를 걱정하는 글을 발표하기도 하였다. 일제강점기에는 '조국', '고국', '국가', '나라'와 같은 단어들을 마음 놓고 말할 수 없었기에 그 타는 마음을 어찌 글로써 다 표현할 수 있었겠는가?

그런 그에게 마음껏 노래 부를 수 있는 조국의 이름이 있고, 땅이 있고, 민족이 있다는 것, 더군다나 그 모든 것 위에 새로운 조국을 건설하는 사명을 지녔다는 것은 실로 가슴 벅찬 일이 아닐 수 없었다. 그래서 그는 "나는 대한 사람으로 이러한 세대에 태어나, 나라 건설의 사명을 띠게 된 것을 큰 행복으로 생각하고 자랑하고 싶었다."라고 당당하게 말하는 것이다.

그의 당당함은 그가 일제강점기 동안 보여준 지조 있는 삶에서 나오는 것이었다. 그런 삶의 정신이 그의 시뿐만 아니라 수많은 산문에도 나타난다. 비록 그의 전체 작품을 확보할 수 없는 상황이지만 신문과 잡지에서 발견되는 그의 작품 가운데 많은 것이 고국에 대한 사랑과 독립을 기원하며 쓴 것임을 확인할 수 있다. 이 얼마나 고마운 일인가? 일제의 탄압과 박해 속에서 육체적 목숨을 내놓는 '피의 순국'은 못하였지만, 평생 문학을 통하여 민족의식을 일깨우기 위하여 노력하였던 작가, 임종국의 말대로 끝까지 지조를 지키며 단 한 편의 친일 문장도 남기지 않은 영광된 작가인 한흑구는 자신이 고백하였던 것처럼 한 줄 시에도 나라를 생각했던, 영어시를 써서 조선의 마음을 담고자 했던 우국시인이요, 민족시인이었다. 그러한 한흑구를 우리는 '민족작가'라고 불러야 하지 않을까?

한흑구는 우리나라 근대문학의 어떤 유파에도 속하지 않았고, 유파도 형성하지 않은 채 독자적인 문학세계를 구축하였던 시인이다. 그것뿐만 아니라 민족의 자주권을 회복하기 위하여 독립의 그날까지 '백색 순국'의 마음으로 투쟁하였던 시인이었다. 우리나라의 광복 이후 맑고 순수한 빛과 같은 언어로 시적인 수필을 썼고 민족 부흥의 정신적 징검다리 역할을 하며 문학을 통하여 정신적 가치의 숭고함을 노래하였고, 국민 계몽을 위하여 문학을 통한 지방과 지역의 문화운동을 선도한 선구자이기도 하였다. 한흑구를 우국시인이요 민족시인으로 자리매김하는 일은 우리 문단사의 중요한 일이요 나아가 우리 민족의 정신사와 교육사에도 중요한 일이다. 이 글은 바로 이와 같은 관점으로 서술한 것이다. '한흑구의 길'이라는 제목은 바로 그런 의미를 담고 있다. 그래서 그 곁가지까지 다 담지는 않았다.

 이 글은 한흑구가 출생한 1909년부터 1950년 6·25전쟁이 일어나던 6월까지의 기록으로 우리 역사에서 일제강점기와 해방기에 해당하는 시기이다. 이 글에 나오는 한흑구의 이야기들은 모두 의미가 있는 것이지만, 그가 시인의 삶을 살고자 노력한 일과 조국의 독립을 위하여 활동한 일은 더욱 의미 있는 것으로 본다. 더욱이 그가 미국에서 영문학을 공부하면서 영어시로 조선의 마음을 표현해 보겠다고 밤을 새우면서 노력한 결과 영시를 발표하였고, 그가 첫 영시를 발표한 이래 95년 만에 그 실체를 밝히게 된 것은 하나의 보람이 아닐 수 없다. 이 글에서 그의 영시에 대한 전체를 다 적지는 않았다. 대신 그에 관해 『흑구 한세광의 영시들』이라는 제목으로 별도의 단행본을 발간하였다. 이 일은 우리도 처음 알게 되는 일이고, 그가 공부하였던 미국의 노스 파크 대학과 템플 대학도 처음 알게 되는 일이기에 더욱 의미 있는 일이기도 하다. 그리고 한흑구를 이해하는 일에 필요한 흑구 선생의 필명과 표기에 관한 것, 인터넷에 게시된 한흑구 선생의 이력에 관한 것, 그리고 한승곤 목사와 방정분 여사에 관한 이야기 등을 부록으로 실었다.

  한흑구의 영시 자료 수집에 도움을 준 오거스타나 대학의 연구기관인 스웬슨 센터의 질 시호름(Jill Seaholm) 씨와 자료 수집뿐만 아니라 자료의 이미지 사용을 허락해 준 노스 파크 대학교의 브랜델 도서관 F. M. 존슨 기록 및 특별 소장품 보관소 소장인 앤드루 마이어(Andrew Meyer) 씨께 감사드린다. 또한 흥사단 관련하여 도움을 주신, 흥사단 대구경북 지회장을 지내셨던 소설가 윤장근 선생님과 한흑구의 이미지들을 제공해 주신 한동웅 선생님께도 감사드린다.

2024년 8월 30일
한 명 수

차례

서문 7

1. 민족의 현실을 직면한 청소년 시절

시인의 출생 22 / 105인 사건과 아버지의 망명 25 / 3·1 만세운동 27 /
방랑이 시작되던 시절 32 / 민족교육을 받으며 40 /
민족의 현실을 암시적으로 41

2. 조국의 독립을 생각하다

3·1운동 기념일을 맞으며 50 / 시인이 된 검갈매기 56 /
노스 파크 대학 시인클럽과 영시 59 / 윌슨 문학회와 코즈모폴리턴 클럽 75 /
재미한인사회과학연구회를 창립하고 81 /
고국에 대한 사랑을 문학예술로 표현하고 85 / 흥사단 가입과 청년 활동 92 /
이승훈의 서거와 안창호의 체포 99 / 청년 한흑구의 혈기가 묻은 시 107 /
친구의 사망과 축출 앞에서 111 / 의미 있는 고학 생활 117 /
조선으로 귀국을 준비하며 121

3. 조선으로 돌아오다

귀국선을 타고 133 / 『대평양(大平壤)』 창간과 작품 활동의 시작 136 /
김세형과 재회, 그리고 『먼 길』 146 / 항일 작품을 발표하면서 150 /
어머니와 사별 159 / 『백광(白光)』 창간과 수양동우회 활동 163 /
검열로 삭제된 원고와 방송 172 / 성대장 주인의 농촌 생활 175 /
눈 감지 않은 동면 193

4. 자유민주주의적인 조국,
　　평화로운 세계를 꿈꾸며

조국 해방과 닭 울음 205 / 삼팔선을 넘어 208 / 아버지의 선종 216 /
미국에서 체험한 것을 218 / 이념 대립 속에서 『문화시보』의 편집을 맡고 222 /
서울을 떠나 포항으로 228 / 번역과 창작 활동 233 /
문화운동과 이북인회 조직, 그리고 전쟁 241

부록 1. 흑구 한세광의 필명과 표기에 관하여 252
부록 2. 인터넷 게시 사전류에 나타난 한흑구의 이력에 관하여 260
부록 3. 독립운동가 한승곤(韓承坤) 272
부록 4. 농촌계몽운동가 방정분(邦貞分) 283

[그림 1] 한흑구가 다니던 평양 산정현교회 주일학교의 1915년의 모습. 24
[그림 2] 평양의 숭인학교. 31
[그림 3] 한흑구(한세광)의 시 「거룩한 새벽하늘」 원문. 36
[그림 4] 1929년~1930년 사이 노스 파크 대학의 주니어 칼리지 시절의 한흑구. 55
[그림 5] 1930년 College Freshmen 동기생들의 모습. 60
[그림 6] 1930년 노스 파크 대학의 시인클럽에서 발간한 동인지 *Pegasus* 창간호와 판권지. 65
[그림 7] 한흑구가 최초로 발표한 영시들. 68
[그림 8] 한흑구가 흥사단 입단 서약을 하였던 흥사단 단소. 93
[그림 9] 귀국 당시의 한흑구(한세광). 132
[그림 10] 동우회 추계원족회 참석자 명단. 138
[그림 11] 평양문인좌담회 장면. 165
[그림 12] 동우회 평양지방회 명부. 171
[그림 13] 강서군 성태면 연곡리의 모습. 180
[그림 14] 1945년 월남 후 서울 생활 시절의 한흑구. 204
[그림 15] 재조선 미국 육군사령부 군정청 시절의 한흑구. 211
[그림 16] 한승곤 목사 장례식. 217
[그림 17] 광복 후 최상수 민속학자의 집에서. 236
[그림 18] 『신한민보』(1929년 12월 12일)에 게재된 한흑구가 필명 '검갈메기(검갈매기)'로 발표한 시 「무제록」의 첫 부분. 253

[그림 19] 1955년 10월에 발간한 『디 애틀랜틱(The Atlantic)』의 표지. 257
[그림 20] 1956년 1월에 발간한 『디 애틀랜틱(The Atlantic)』의 표지. 257
[그림 21] 1949년 한흑구가 번역 출간한 『현대미국시선』(선문사)의 속표지. 258
[그림 22] 1926년 안창호, 한승곤, 장리욱. 276

[표 1] 흑구 한세광의 이름과 필명에 대한 표기. 258

각주 겸 참고 자료 287

01

　한흑구가 태어난 1909년부터 청소년기를 보낸 1928년까지의 이야기이다. 그 당시 일본 제국의 지배 아래에 있었던 조선은 사회적, 정치적, 경제적으로 큰 변화와 혼란을 겪고 있었다. 1910년 8월 29일, 일본은 우리나라의 국권피탈을 통해 대한제국을 병합하고 조선을 일본의 식민지로 만들었다. 대한제국은 국권을 상실하게 되었고, 일본의 조선총독부가 설치되었다.

　1919년 3·1운동이 일어나기 전까지 일본은 조선을 강력하게 통제했으며, 언론, 집회, 결사의 자유를 철저히 억압하기도 했다. 이뿐만 아니라 1912년부터 1918년까지 일본은 토지조사사업을 실시해 조선의 토지를 일본 정부와 일본인 소유로 만들었다. 이는 많은 농민이 땅을 잃고 소작농으로 전락하게 만드는 결과를 낳았다. 그리고 일본은 식민지 교육을 통해 조선 사람에게 일본어와 일본 문화를 강요하기도 했다. 그러던 중 1919년 3·1운동이 일어났다. 이 운동은 비폭력 저항운동이었지만, 일본은 이를 무력으로 진압하였다.

민족의 현실을 직면한 청소년 시절

3·1운동 이후 일본은 조선에 대하여 강압적 통치의 강도를 완화하며 언론과 출판, 집회 등에 일부 자유를 허용했지만, 여전히 독립운동은 철저히 탄압하였다. 경제적으로도 일본은 조선의 자원을 착취하고 일본의 경제 발전에 이용했다. 특히, 산미증식계획을 통해 쌀 생산량을 늘려 일본으로 가져간 결과 조선 농민들의 생활은 더욱 악화하였다. 이러한 억압 속에서도 민족운동과 사회운동이 전개되었다. 학생운동, 노동운동, 농민운동 등이 일어났으며, 1926년의 6·10만세운동 등 크고 작은 저항운동이 계속되었다. 해외에서는 상해임시정부가 설립되어 외교 활동을 전개했으며, 만주와 연해주 등지에서는 무장 독립운동이 진행되었다. 독립운동가들은 각종 비밀결사와 단체를 조직하여 독립운동을 이어갔다.

시인의 출생

내가 네 살 났을 때의 기억이 아직도 생생하다. 그것도 여름철의 일이다.

우리 고향의 집은 평양신학교와 숭실대학과 서문교회의 근처에 있었다.

교회의 뒤뜰인 풀밭 위에다 쌀풀을 먹인 빨래들을 어머님은 저녁마다 펴놓았다.

저녁에 내리는 이슬에 빨래가 젖기를 기다려서 누님들과 빨래를 다리미질했다.

누님들의 다리미질을 도와서 빨래의 한끝을 잡아주면서,

"별 하나, 나 하나, 별 둘, 나 둘……."

이렇게 제 나이를 단숨에 세기 경쟁을 했다.

어리던 나는 네 살까지 어머님의 젖을 먹었다.

여름이지만 밤이면 춥기도 하고, 다리미질을 하는 그 아래로 들어가서 어머님의 젖을 빨았다.

모시 치마를 다리미질할 때에는 더운 김이 아래로 흘러서 나의 몸을 덥게 해주고, 잠을 들게 해주었던 것을 지금도 생생하게 기억할 수가 있다.[1]

이 글을 쓰면서 65년 전의 어린 시절의 일을 회고하는 한흑구는 1909년 평양에서 태어났다. 누나 2명을 위로 두고 2대에 걸쳐 외동으로 태어났다. 그의 아버지 한승곤 목사[2] 역시 외동이었다. 한흑구의 할아버지 한경홍 옹은 아들의 혼인을 서둘러 5살 위인 부인 박승복과 혼인시켜 그렇게 1남 3녀가 태어난 것이다.

한흑구가 태어날 때, 일찍이 신학문에 눈을 뜬 그의 아버지는 1906년 1월, 미국인 선교사 편하설(찰스 F. 번하이젤, Charles F. Bernheise)이 설립한 산정현교회의 장로이면서 평양신학교에서 신학을 공부하고 있었다. 1913년 산정현교회의 초대 목사가 된 아버지의 교회에서 한흑구는 유년부 주일학교 생활을 시작하였다. 네 살까지 어머니의 젖을 먹었던 기억은 바로 그 무렵의 일이었다.

난동(暖冬)의 겨울이면 "옛날엔 동짓날에도 팥죽을 쑤어먹고 밭을 갈 수 있었다는데, 올해 겨울철이 그렇게 따뜻하다."[3]라는 어린 시절 할아버지의 말씀도 기억하고, 외가를 찾아 시골에 갔을 때 흰 눈 덮인 벌판에 까치와 까마귀 떼를 기억하기도 하고, '아침 까치는 떡 까치'라고 일러주시던 외할머니의 말씀도 기억하고, 처음 말을 배우기 시작할 때 날아다니는 새로는 참새를 처음으로 알았다[4]는 한흑구는 어릴 때부터 나무와 새를 좋아했다. 모란봉에 진달래가 피던 시절이면 영변 약산 진달래를 따다 먹어보기도 하고, 꿀 냄새 풍기는 아카시아꽃을 따서 먹기도 하고, 친구들과 어울려 게잡이를 하러 돌아다니고, 능라도 수양버들 속에서 울어대던 꾀꼬리와 노닐기도 한 그는 자연스럽게 친환경적인 정서를 수유하게 되었다.

강한 민족의식을 지녔던 부친 한승곤 목사가 재임하던 산정현교회의 유년부 주일학교는 당시 평양에서 가장 모범적인 주일학교로 이름이 났었다. 한흑구는 그 주일학교의 책임을 맡았던 김동원 장로의 지도를 받으며, 남자 어린이만 200명이 넘는 유년부 주일학교에서 나눔과 섬김의 공동체 정신을 익히며 성장했다.

그러던 어느 날, 그가 7살 되던 해 겨울, 그에게는 잊을 수 없는 이별의 사건이 일어났다. 1916년 1월, 산정현교회의 목사로 재임하던 그의 아버지가 돌연 사임하고 상해로 떠났다.

[그림 1] 한흑구가 다니던 평양 산정현교회 주일학교의 1915년의 모습. 한흑구의 아버지 한승곤 목사가 담임을 맡고 있었다. 출처: 한국기독교교회협의회아카이브 https://www.ncck100.or.kr/40 (2024년 8월 20일 접속).

105인 사건과 아버지의 망명

일제강점기였던 1911년, 조선총독부가 민족해방운동을 탄압하기 위하여 데라우치 마사타케(寺內正毅) 총독의 암살 미수 사건을 조작하여 105인의 독립운동가를 감옥에 가두는 사건이 발생하였다. 이 파장은 산정현교회에도 몰아닥쳤다. 「평양산정현교회사기」에는 이렇게 기록하고 있다.

> 1912년 교회는 여전하였다. 그러나 뜻밖에 이른 봄 장로 김동원 씨가 경성총감부에 납치되어 갖은 악형을 당하고 감옥에 수금되었다. 이 사건이 즉 조선교회를 핍박하던 소위 105인 사건이었다. 옥중에서 해를 보내었다.[5]

산정현교회의 장로였던 김동원이 1913년 3월 20일 혐의가 없어 석방되어 나올 때, 한승곤 목사는 그를 맞이하러 갔으며, 갖은 고초에 시달렸던 그를 부축하여 데려왔다. 이런 모습을 지켜보던 일제의 경찰은 한승곤 목사에게로 시선을 돌렸고, 모든 언행을 감시했다. 105인 사건의 희생자였던 김동원 장로가 한흑구의 유년부 주일학교 책임을 맡고 있었으며, 한승곤 목사는 평양에서 제일 모범적인 주일학교를 운영하고 있었다는 사실만으로도 일제 경찰의 눈에는 가시였다. 그러던 1916년 3월 2일 한승곤 목사가 사임하고, 중국 상해로 건너간 것이다. 그때는 한흑구가 숭덕학교 1학년, 그때의 기억을 더듬어 그의 수필 「슬펐던 이별」(『부인공론』 제1권 제3호, 1936년 7월)에서 이렇게 회고하였다.

나의 아버님은 내가 일곱 살 때에 상해를 거쳐서 미국으로 갔었다. 너무도 어렸을 때의 일이라 나는 그때의 기억이 없으나 다못 눈 오는 날 저녁 어머님이 저녁도 하시지 않고 방 안에 앉으셔서 우시는 것을 본 기억이 있을 뿐이다.

『너의 아버지는 미국으로 가시었단다.』

세 번 네 번 나에게 이런 말을 하면서 나에게 동정을 구하는 듯하던 어머님의 슬픈 맘을 오늘에 와서야 얼마큼 깨달았다.

어린 시절 그에게 다가온 잊을 수 없는 이별의 아픔을 그는 평생을 두고 기억하고 있었다. 나이가 60살이 넘은 1974년에도 한흑구는 그날의 기억을 이렇게 기록하였다.

내가 일곱 살 나던 겨울, 함박눈이 내리는 어느 날, 지게꾼 한 분이 와서 큰 가방 하나를 싣고 가버렸다.

어머님이 혼자 앉아서 소리 없이 울고 계시기에,

"어머니, 왜 울어?"

하고 물었더니,

"아버님은 멀리 청국 상해로 가신다······."

"상해가 뭐야?"

어렸을 적에 어머님과의 이 대화를, 나는 육십이 넘은 노을까지 늘 잊지를 못한다.

상해로, 미국으로 망명하셨던 아버님이 육십에 돌아가신 어머님을 다시는 찾아뵙지 못하셨기 때문이다.[6]

그날의 기억은 한흑구의 마음속에 영영 지워지지 않는 기억이 되었다.

그때는 몰랐다. 후일 한흑구의 아버지가 조국과 민족을 위하여 한목숨 바친 독립운동가가 되리라고는, 아무도 몰랐다. 그리고 한흑구 자신도 아버지를 따라 미국으로 건너가게 될 줄은 몰랐고, 아버지처럼 독립운동을 하게 되리라는 사실도 몰랐다.

아버지가 떠난 산정현교회에는 강규찬 목사가 부임하였다. 유년부 주일학교를 거쳐 한흑구는 그리스도교적 민족주의자들이 설립한 숭덕학교(崇德學校)에 입학하였다.

3·1 만세운동

아버지가 떠난 3년 뒤, 당시 숭덕학교 학생이었던 그는 우리 민족의 거사였던 3·1독립운동의 한가운데 있었다. 한흑구는 평양 숭덕학교 학생으로서 그리스도교적 민족교육을 받고 있었다. 당시 산정현교회의 담임 목사는 강규찬(姜奎燦)인데, 105인 사건 때 옥고를 치르기도 하였던 그는 3·1독립선언 때 평양의 만세운동을 주도하였다.

1919년 3월은 한흑구가 만 10세가 되던 해였고, 3·1독립선언 때 한흑구도 그 운동에 참여했다. 그가 참여한 당시의 상황을 간단하게 말하면 이러하다. 이미 거사가 있기 한 달 전부터 독립선언을 준비해 온 교회 관계자와 숭덕학교 교사들은 1919년 3월 1일 오후 1시 평양의 장대현교회와 붙어있는 숭덕학교 운동장에서 광무황제 봉도식을 열고, 이어서 독립선언식을 열었다. 김선두(金善斗) 목사의 사회로 진행된 독립선언식은 단상에 대형 태극기를 걸고, 정일선의 독립선언서 낭독 — 강규찬의 독립운동 연설 — 윤원삼의 만세 삼창으로 이어졌다. 선언을 마친 군중들은 숭덕학교와 숭현학교의 교사와 학생들이 준비한 태극기를 흔들며 시내 행진을 시작하였다. 이 운동에 한흑구가 참여한 것이다. 미북장로회 선교사 번하이젤(C. F. Bernheisel)의 기록에서 이것을 확인할 수 있다. 그가 쓴 보고서에 이런 내용이 있다.

　한국인들 사이에는 요 며칠 동안 분명히 억누른 흥분이 감돌고 있고, 우리는 그때에 무엇인가 중요한 일이 일어나리라는 소문을 많이 들었다. B씨 그리고 나는 그 모임에 직접 참가해서 우리 눈으로 무슨 일이 일어나는가를 보기로 하였다. AA의 F씨도 후에 늦게 와서 운동장 뒤편에 서 있었다. 운동장은 3,000명의 인파로 발 디딜 틈이 없었다. 우리는 아주 앞쪽의 한쪽 열 옆으로 자리가 비어 있는 것을 보았다. 우리의 모든 교회학교와 대부분의 공립학교에서 온 학생들이 참석하였다. (중략) 이 회합이 진행된 때는 일본 경관 수십 명이 달려와서 이 운동의 지도자들을 체포하려 하였으니 수천 군중이 달려들어 우리를 전체로 잡아가라고 고함과 반역을 하니 그들은 실색을 하고 달아나 버리고 말았다. 큰 태극기를 선두에 내세우고 해추골로 시가 행진을 하려고 나와 본 즉, 거리는 인산인해를 이루고 만세를 부르고 있었으며 좌우 상점에는 눈부시리만큼 태극기가 게양되어 있었다. 일장기가 삽시간에 변하여 태극기가 된 것은 장차 일본이 한국의 국권 앞에 머리 숙일 예표인 양 보였다.[7]

번하이젤(C. F. Bernheisel)은 한흑구의 부친 한승곤 목사와 함께 평양 산정현교회에서 활동한 선교사로서 평양 지역의 교회학교 설립에도 지대한 공헌을 하였고, 평양에서 일어난 3·1운동의 현장을 목격하고 보고서[The Independence Movement in Chosen. Pyengyang, Chosen,

March 1st, 1919.]를 작성한 사람이다. 당시 '모든 교회학교'의 학생들이 참석한 이 운동에 번하이젤이 구체적으로 한흑구의 이름을 거론하지는 않았지만, 한흑구가 현장에 있었다는 것은 충분히 짐작할 수 있다. 그리고 이런 사실을 확인할 수 있는 그의 시가 있다. 바로 「3월 1일!」이라는 작품이다. 그 가운데 일부를 인용하면 다음과 같다.[8]

> 이 위대한 한날의 선언은
> 사천 년 내 정신을 밝히려는
> 새 조선의 행진곡이었노라!
>
> 아버지는 창끝에 찔려 넘어졌고,
> 어머니는 머리 풀려 엎드려졌고,
> 형은 총에 맞아 죽고,
> 사돈은 뒷짐 지워 옥에 갇히고,
> 나와 동무는 도망하여 나왔노라!

이 시는 1933년 3월에 쓴 시이다. 1919년의 경험을 바탕으로 3·1독립선언이 있은 지 만 14년이 되던 해에 그가 당시의 독립선언과 만세운동에 대한 의미를 '새 조선의 행진곡'으로 규정하고, 자신이 경험한 것을 시로 형상화한 작품이다. 그는 평양 숭덕학교 마당에서 시작한 만세운동에 참여하고 사람들이 죽어가는 모습을 그리고 있다. "아버지는 창끝에 찔려 넘어졌고, / 어머니는 머리 풀려 엎드려졌고, / 형은 총에 맞아 죽고, / 사돈은 뒷짐 지워 옥에 갇히고, / 나와 동무는 도망하여 나왔노라!"라고 노래하는 그 주인공, 시적 자아의 '나'는 바로 한흑구이다. 물론 여기서 말하는 아버지는 한흑구의 부친 한승곤 목사를 말하는 것은 아니다.

그의 부친은 1919년 당시 미국 흥사단(興士團) 본부의 의사장(議事長)을 맡았기 때문에 평양의 만세운동 현장에는 있을 수 없었다. 실제로 창에 찔린 아버지는 친구의 아버지나 동네 어른을 상징하는 것으로 판단된다. "나와 동무는 도망하여 나왔노라!"라고 하는 것은 자신의 체험이다. 그가 만세운동에 참여하고 일경에게 체포된 상태에서 도망하였는지, 아니면 사람들이 무리를 지어 가는 가운데 일경의 진압에서 도망쳐 나왔는지 구체적으로 알 수는 없지만, 한 가지 분명한 사실은 그가 바로 그 만세운동에 참여했다는 것이다.

당시 한흑구가 다니던 교회의 강규찬 목사와 숭덕학교의 조만식 선생이 3·1운동에 협력한 이유로 투옥된 것을 그는 똑똑히 보았다. 그런 수난 가운데 그가 다니던 숭덕학교 역시 일제의 감시 속에서 벗어나지는 못했다. 그러나 1920년 평양장로회연합부흥회 때 김익두 목사는 숭덕학교의 유지와 발전을 위해 "오늘날 우리의 급무는 교육이다. 지식이 없는 자는 살았으나 죽은 자이다. 이 넓은 평양강산에 우리의 손으로 세운 완전한 중등학교 하나 없는 것은 산 곱고 물 맑은 금수강산에 똥칠을 함과 다름이 없으니 만일 여러분이 다 쓰러져 가는 숭덕학교 하나를 다시 일으켜 세우지 못하겠거든 차라리 모두 흐르는 대동강물에 빠져 죽어버리는 게 낫겠다."라고 신자들에게 강력하게 설교했다. 그렇게 숭덕학교는 평양 그리스도인들의 힘으로 유지되고 있었다. 숭덕학교에서 교육받은 한흑구는 숭덕학교의 고등보통과를 분립한 '숭인학교(崇仁學校)'로 진학하였다.

[그림 2] **평양의 숭인학교.** 한흑구가 공부하였던 학교이다. 『중외일보』 1929년 5월 9일 자에 실린 숭인학교 창립 20주년 기념식 사진이다. 출처: 대한민국 신문아카이브

방랑이 시작되던 시절

한흑구는 숭인학교에 진학한 후 새벽마다 모란봉을 산책하는 것으로 새벽 일과를 삼았다. 두 손에 아령을 쥐고 뛰기도 하고, 대동강 물에 냉수마찰도 하였다. 평양의 서문 안에 살았던 그는 서편 길로 모란봉에 올라가곤 하였다. 북쪽에는 금수산, 모란봉, 을밀대가 있고, 서남쪽으로는 분지와 같은 창광산과 서기산이 보이는 곳에서 중학 시절을 보냈다. 자연 속에서 심성을 가꾸면서 바라본 일제강점기의 평양은 적막강산 같은 모습이었다.[9] 숭인학교 역시 민족주의 의식을 바탕으로 한 교육을 지향하였기 일제의 요시찰 대상 학교로 분류되어 항상 감시받았다. 그런 감시의 눈길 속에서도 합법적인 설립 인가를 받기 위하여 조만식 선생을 비롯한 오윤선, 김동원, 김익두 목사 등 민족주의자들의 노력은 말로 다 표현할 수가 없다. 한흑구가 숭인학교를 졸업할 무렵, 그의 스승인 조만식은 학교 존립과 통합을 위하여 다음과 같은 호소문을 내기도 하였다.

숭인학교는 우리 조선의 손으로 경영하는 유일한 중학교인데, 본래 숭덕학교의 고등과이던 것을 평양 인사의 열렬한 동정으로 1920년 11월 평양 경상리 원(元) 평양 대성학교 기숙사의 구지(舊地)를 매수하여 완전한 중학교로 만든 것입니다. 그리고 거금(距今) 4년 전 10월 공사비 2만여 원으로 현재의 교사를 신축하고 내용을 충실케 하였습니다. 현재 학생은 3백여 명이며 숭덕학교는 거금 30년 전(1899)에 창설된 보통학교 정도의 학교로 현재 4백여 명의 학생이 있고 숭현학교는 여학생 3백 명가량 수용합니다. 이제 학교는 모두 순전히 우리의 열성이 모여서 된 것인데 이번에 기초를 더욱 굳게 하기 위하여 우리 학회원들은 기어이 재단법인을 만들기로 한 것인바 힘을 합하면 꼭

될 줄로 믿으며 만일 불여의하다 하면 이 기관을 그냥 사회에 내어놓는 수밖에 없게 되겠습니다.[10]

　조만식의 강력한 카리스마를 한흑구가 어찌 모르겠는가? 한흑구는 바로 그리스도교적 민족주의자들이 운영하는 숭인학교에서 고등교육을 받으며 청소년기를 보내었다. 또한 그가 7살 때 망명 간 아버지가 편지마다 적어 보낸 "너는 십일홍의 들꽃이 되지 말고, 송림이 되었다가 후일에 나라의 큰 재목이 되라."[11]라고 하는 가르침을 가슴에 새기며 살았다.
　그리고 중학 시절부터 '고상한 이상, 평범한 생활(High think; plain living)'이라는 벽서를 마음에 새기고 독서와 사색을 즐겼다. '고상한 이상'은 높은 수준의 사유나 사상을 의미한다. 이는 깊은 이해, 철학적 사고, 창의성, 문화적 관심 등을 가리키는데, 단순히 물질적인 것이나 일상적인 문제에만 집중하는 것이 아니라, 더 큰 의미나 철학적인 문제에 대해 깊이 생각하고 탐구하는 것이다. 이는 자기 계발, 교육, 문화적 활동, 예술 등 다양한 방법으로 실현될 수 있다. 그는 바로 그런 이상을 가지고 사유하고 행동하는 것을 일생의 지표로 삼았다. 그리고 '평범한 생활'은 간소한 삶을 의미하는 것으로 소유물이나 소비에 대한 열망을 줄이고, 단순한 삶의 원칙을 따르는 것을 말한다. 이 개념은 종종 소유물과 소비에 대한 욕구를 억제하고 필요 이상의 것에 의존하지 않고도 만족할 수 있는 삶의 방식을 지향하는 것을 나타낸다. 예를 들어, 소형 주택에 살거나 소비를 최소화하여 생활하는 것이 이 개념을 구체화한 한 예일 수 있는데, 한흑구는 실제로 그렇게 살았다. 그는 단순한 삶의 가치를 강조하며, 물질적인 풍요보다는 내적인 만족과 평온을 추구하며 살았다. 이는 일생을 두고 그가 추구한 삶의 방식으로 '그의 벽서 중 가장 오랫동안 붙어있는 글'12이었다.

  그리고 그 당시 출간된 주요한의 시집 『아름다운 새벽』이나 김동환의 『국경의 밤』을 읽으며 시인의 꿈을 키우기도 했다. 그가 중학 시절에 읽을 때는 너무나 평범한 시같이 생각했던 주요한의 「봄비」를 기억하고, 후일 다시 읽을 때는 '심각한 진리를 무섭도록 깨우쳐주는 것으로 3·1정신이 시들어갈 때, 우리의 정신에 새싹이 필요하다고 강조했던 것'13을 인식한 그 시를 알고 있었다. 그만큼 특별한 시절의 특별한 경험과 기억이었다. 이뿐만 아니라 그는 서양 작가들의 작품들도 즐겨 읽었는데, 특히 영국 낭만주의 시인 존 키츠(John Keats)의 시 「그리스 우르나에 대한 찬가(Ode on a Grecian Urn)」를 읽고14 감명받은 구절 "아름다움은 진리요, 진리는 아름다움이라—그것이 이 세상에서 당신이 아는 전부이며, 알아야 할 전부이다.(Beauty is truth, truth beauty,—that is all / Ye know on earth, and all ye need to know.)"를 오랫동안 기억하고 있었다. 고대 그리스의 우르나라는 도자기에 대한 찬가로, 예술과 진실에 대한 사유를 담은 이 시에 대한 기억은 그의 내면 깊숙이 파고들어 그가 향유하는 사색의 한 축을 형성하였다. 그가 미국 유학을 정리하고 조선으로 귀국하기 전 불렀던 「시인의 노래」(『신한민보』 1934. 1. 11.)에서도, 귀국하여 다시 발표한 「시인송」(『조선중앙일보』 1935. 10. 11.)에서 키츠의 진과 미를 찬양하였고, 「진의 노래」와 「자연·인생」이라는 작품에서는 직접적으로 진선미를 노래하기도 하였고, 그의 작품 여러 곳에서 이런 측면을 발견할 수 있다.

  1925년 3월, 파인 김동환의 『국경의 밤』이 출간되었을 때, 한흑구는 그의 이름을 처음 대했고, 그의 작품을 처음 보았지만, 그 감동은 일생을 두고 그의 내면에 흐르고 있었다.

지금 생각해도 파인의 국경의 밤은 한국의 신시단뿐만 아니라, 문단 전체에 광휘 있는 혜성의 출현과 같았다. … 그의 국경의 밤은 시단에 나타난 하나의 빛나는 혜성이었고, 잔잔한 호수에 던진 큰 돌과 같은 것이었다. 그때 내 고향의 문학 소년들이 '혜성' 동인회를 만들게 되었고, 그들이 다 문단에 출세한 일도 기억에 남아 있다.[15]

한흑구가 평양의 숭인학교 시절, 고향 친구들과 함께 '혜성(彗星)' 동인회를 만들어 작품 활동을 한 것은 바로 김동환의 『국경의 밤』에서 받은 영감이 컸기 때문이다. 동인회 이름을 '혜성'이라 한 것도 그가 김동환의 출현을 '혜성의 출현'과 같았다고 한 것에서 비롯된 것으로 보인다. 이때 그의 나이가 16세였다. 그렇게 받은 감명은 그가 시를 쓰게 만들었고, 그가 문학인으로 살아가는 계기가 되었다. 한흑구는 후일 그가 시를 쓰게 된 것 동기에 대해서 이렇게 기록하였다.

16세 시 중학 시절부터 시를 쓰노라 했지만 그 동기란 것은 거의 본능적의 것이었습니다. 사색과 꿈(상상)이 많던 시절이었습니다. 그 후도 나의 반생이 거의는 방랑 생활로 지냈으니까 항상 낭만의 꿈이 시를 쓰게 한 것입니다.[16]

숭인학교는 평양의 경상리(慶上理)에 있었다. 이는 한흑구의 고향집에서 떨어진 곳이라 그가 숭덕학교를 졸업한 후 17살이 되던 해부터는 고향집을 떠나 학교에 다녔다. 김동환의 『국경의 밤』을 읽고 깊은 감명을 받았던 그는 시인이 되는 꿈을 키우면서 '혜성동인회'를 창립하고 시를 쓰기 시작했다. 그 무렵, 기독교청년면려회(Christian Endeavor Society)

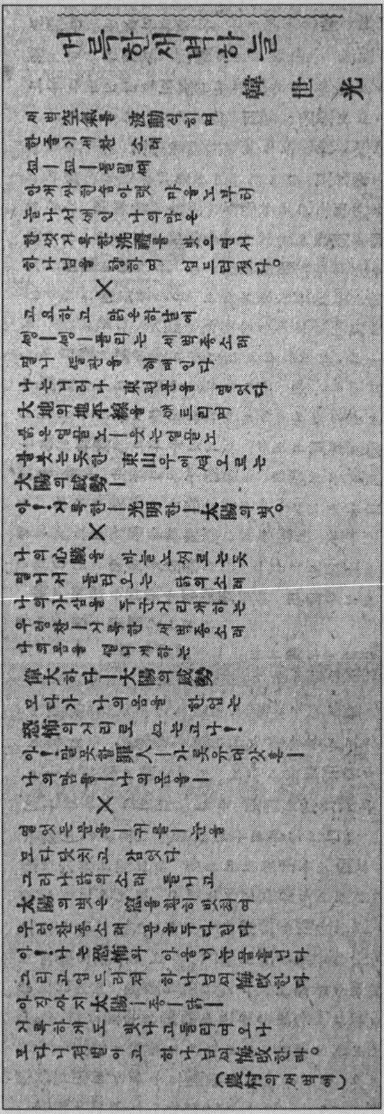

[그림 3] 한흑구(한세광)의 시 「거룩한 새벽하늘」 원문. 출전: 『진생』 10호(1926. 6.)

조선연합회 총무에 취임한 미북장로회 선교사 앤더슨(Wallace Jay Anderson, 한국명 安大善)이 청년운동의 상호연락과 청년들의 질적 향상, 신앙훈련을 위해 1925년 9월부터 월간 『진생(眞生)』을 발행하기 시작했다.[17] 각 교회에 보급된 이 잡지는 당시 청년들에게 높은 호응을 받았으며, 특히 한흑구에게는 습작시를 발표할 기회와 지면이 생긴 것이다. 그는 이 잡지가 창간 1주년이 되던 1926년 10월 호에 '한세광'이라는 이름으로 2편의 시 「거룩한 새벽하늘」과 「밤거리」를 발표하게 된다.[18] 우선 「거룩한 새벽하늘」을 보면 다음과 같다.

새벽 공기(空氣)를 파동(波動)시키어
한 줄기 세찬 소리
꼬—꼬—들릴 때
안개 쌓인 숲 아랫마을로부터
놀라서 깨인 나의 맘은
한껏 거룩한 세례(洗禮)를 받으면서
하나님을 향하여 엎드리었다

고요하고 맑은 하늘에
뗑—뗑—들리는 새벽 종소리
멀리 들판을 헤매인다
나는 일어나 동(東)편 문을 열었다
대지(大地)의 지평선(地平線)을 깨트리며
붉은 얼굴로—웃는 얼굴로
불붙는 듯한 동산(東山) 위에 떠오르는
태양(太陽)의 위세(威勢)

아! 거룩한―광명(光明)한 태양(太陽)의 별

나의 심장(心腸)을 바늘로 찌르는 듯
멀리서 들려오는 닭의 소리
나의 가슴을 두근거리게 하는
우렁찬―거룩한 새벽 종소리
나의 몸을 떨리게 하는
위대(偉大)하다―태양(太陽)의 위세(威勢)
모두가 나의 몸을 한없는
공포(恐怖)의 거리로 끄는구나!
아! 말 못 할 죄인(罪人)―가롯 유대 같은―
나의 맘을―나의 몸을―

열었던 문을―귀를―눈을
모두 닫히고 감았다.
그러나 닭의 소리 들리고
태양(太陽)의 별은 창(窓)을 환희 비추어
우렁찬 종소리 문을 두드린다
아! 나는 공포(恐怖)와 아울러 눈물 흘린다
그리고 엎드려져 하나님께 회개(悔改)한다
아직까지 태양―종―닭―
거룩하게도 빛나고 들리어오나
모두 잊어버리고 하나님께 회개(悔改)한다

그가 17살이 되던 해에 발표한 작품으로 그리스도교의 영향 속에서 써진, 그의 회개를 고백한 신앙시이다. 구체적으로 어떤 삶으로부터의 회개인지는 드러나 있지 않고, "말 못 할 죄인(罪人)—가룟 유대 같은— / 나의 맘을—나의 몸을—"이라고만 표현하는, 죄의식, 원죄적 인식 등을 다소 관념적으로 표현하고 있다. 이 시는 당시 그가 처한 사회문화적 환경의 반영이며, 그가 유지해 온 영성적(靈性的) 삶의 한 표출이기도 하다.

이 작품의 끝에는 '농촌(農村)의 새벽에'라는 부기가 있다. 이로 보아 그가 어머니 곁을 떠나 혼자 학교생활을 시작할 때 머물던 집이 있던 곳, '안개 쌓인 숲 아랫마을'에서 쓴 것으로 추정한다.

또 한 편의 시 「밤거리」는 한흑구가 지닌 평양시의 밤거리에 대한 비판적 시선을 엿볼 수 있다. 그 내용을 보면 다음과 같다.

> 전쟁(戰爭) 마당같이도 요란한
> 대도시(大都市)의 밤거리
> 고객(孤客)의 단잠을 빼앗음인가!
> 아니 고향(故鄕)을 사모(思慕)하는 정(情)이었던가!
> 오로지 명상(冥想)이 재미스러움이여!
> 밤은 와도 잠 못 이루는 밤거리
> 곤(困)한 줄도 모르는구나!
> 명예(名譽)와 황금(黃金)만으로 쌈 싸우는
> 도살장(屠殺場)같이 요란한 밤거리!

전쟁 마당 같은, 밤이 와도 잠 못 드는, 명예와 황금만으로 싸우는, 도살장 같은 밤거리가 한흑구의 눈에 비친 1920년대 후반 평양의 밤거리이다. 그것을 가만히 지켜보는 "명상(冥想)이 재미스러"울 따름이다. 그런 밤거리를 가만히 지켜보는 그의 관조적 태도는 청년 시기를 거쳐 중장년에 이르기까지 이어지는데, 이는 그가 지닌 '삶'에 대한 태생적 자세로 여겨진다. 그렇게 시인이 되고 싶었던 한흑구는 낭만이 있는 인생을 꿈꾸며 17세부터 방랑의 삶을 시작했다.

민족교육을 받으며

그 당시 교육투자에 헌신적인 교회였던 산정현교회에 몸담고 있었던 한흑구는 그리스도교 정신을 가진 민족지도자들의 가르침을 받으며 미래의 민족지도자가 되기 위한 길을 걸어갔다. 그런데 1920년대 조선 땅에는 젊은이들 사이에 사회주의 사상과 운동이 번지고 있었다. 그 배경에는 민족자결주의와 국제회의를 통하여 가능할 것으로 여겼던 조국의 독립에 대한 기대가 허물어졌고, 러시아 혁명이 후 소련의 볼셰비키 정권이 약소민족에 대한 독립운동 지원을 약속하는 등 국제 사회의 흐름이 있었기 때문이다.

그리고 3·1운동 이후, 이 사회주의 사상은 청년과 지식인을 중심으로 퍼지면서 청년 단체들이 조직되기 시작했고, 소년운동과 청소년운동, 여성운동 등이 활성화되기 시작했다. 그 결과가 사회의 각 방면에 미치어 우리 민족의 권익과 지위 향상을 위한 다양한 활동에 큰 영향을 주고 있었다.

일제에게 강제로 나라의 주권을 빼앗긴 조선에는 일본 상품이 밀려왔다. 그 결과 민족 산업은 점차 허물어졌고, 일본인의 돈을 빌려 쓰는 현상이 벌어지기도 하였다. 시간이 갈수록 이런 현상은 더욱 조선의 경제를 어렵게 하였고 마침내 경제마저도 일본이 지배하는 형태가 되고 말았다. 이러한 상황에서 1920년 8월 평양에서 조만식(曺晩植)을 중심으로 민족 지도자들이 조선물산장려회를 조직하고 YMCA에 근거지를 마련하고 물산장려운동(物産獎勵運動)을 벌이기 시작했다. 이후 1923년에는 서울에서도 조선물산장려회가 만들어지는 등 점차 전국적인 조직을 꾸려나갔다. 이러한 시대적 상황과 사회적 흐름 안에서 어떻게 살아야 할 것인가 교육받은 한흑구는 숭인학교를 졸업하고, 서울 유학길에 올랐다.

민족의 현실을 암시적으로

그는 숭인학교를 마치고 1928년 평양을 떠나 서울의 보성전문학교(고려대학교의 전신)에 입학하였다. 평소 문학과 저널리즘에 관심이 많았던 그는, '서울이고 시골이고 봄날 거리에서 본 일은 무엇이든 흥미를 느끼는 일이면 흐리지 않은 관조(觀照)와 예리한 붓으로 심각(深刻)하게 여실(如實)하게 해학미(諧謔美)가 있게 『스케치』를 하여 보내'달라는 『동아일보』의 '춘일가상소견'을 모집 공고를 보았다. 이를 보고 보낸 작품이 1928년 4월에 발표한 수필이 「인력거꾼(人力車군)」이다. 이는 우리 문단에 알려지지 않은 수필이고, 현재 발굴된 결과상으로는 보성전문학교 시절에 쓴 이 작품이 최초인 것으로 보이지만, 이는 향후 이보다 발표 시기가 앞선 작품이 발굴되면 수정된다는 조건이다.

「인력거꾼」은 작가의 감정을 철저하게 배제하고, 오로지 작가의 눈에 보이는 모습을 묘사하는 데 주력한 작품이다. 동아일보사 학예부에서 요구하는 글은 '흐리지 않은 관조', '예리한 붓으로 심각하게, 여실하게', 그리고 '해학미'를 지닌 묘사를 요구한다. 정해진 분량으로 맑은 관찰과 조망, 표현의 정확성과 해학미까지 겸비한, 매우 까다롭지만 수준 있는 글을 요구하고 있다. 이 공고를 본 한흑구는 종로 6정목(현재의 서울 종로구 종로6가)에서 한 인력거꾼을 보고 그 상황을 묘사한 글「인력거꾼」을 투고하였다. 동아일보 학예부에는 이 작품을 선외(選外)작으로 정하고, '춘일가상소견(春日街上所見)'이라는 이름을 붙여『동아일보』(1928. 4. 15.)에 게재하였다. 글쓴이는 '세광'(世光)으로 기록되어 있는데, 이는 한흑구의 본명이다. 탈고한 날짜는 1928년 4월 13일이며, 삽화가 있다.

주요 인물은 관광객인 서양인, 그를 인력거에 태워 가는 인력거꾼, 인력거에 부딪혀 쓰러진 노인, 이 광경을 지켜보는 군중들이다. 서울(당시의 경성) 종로 네거리에 사람들이 모여있어서 가보니 많은 사람을 피해 가던 인력거에 한 노인이 부딪혀 쓰러져 있는데, 그 상황이 어떻게 전개되어 가는지를 묘사한 작품이다. 그 내용은 다음(현대어 필자)과 같다.

『종로 네거리 복판에는 또 무슨 행상대들이 사람을 모았는가! 그러나 다수한 무리가 둘레 에워싼 가운데는 아무 소리도 외침도 없고 다만 키 크고 코 높은 색다른 양인(洋人), 인력거꾼 — 쓰러진 노인 — 들 3인이 무언극의 클라이맥스를 연출하고 있을 뿐이다. 주연의 양인은 외국인 관광단의 일원이고 쓰러진 노인과 인력거꾼은 불쌍한 우리나라 사람이다. 모든 사람의 시선은 키 큰 양인의 얼굴 위에 모여든다.

『무거운 몸뚱이 긴 다리를 뻗치고 허리를 꺾어지라는 듯 뒤로 지키고 무어라고 중얼대며 몽둥이로 땀 배인 뒤[背]를 막 미는 고(故)로 무어라고 대답할 수도 없고 그냥 이곳을 빠져나가려다가 이 노인을 부딪쳐 쓰러트리었구려!』

인력거꾼은 한 손에 인력거 채를 잡고 이렇게 말하고는 양인과 군중을 번갈아 둘러본다. 군중은 인력거꾼 — 노인 — 양인을 번갈아 볼 뿐이요 웃지도 않고 말도 없이 섰을 뿐이다. 양인은 인력거 위에 앉아 긴- 몽둥이로 앞을 가리키며 무어라고 중얼댄다.

군중은 한 걸음씩 물러서고 인력거꾼은 고개를 끄덕이며 두 손으로 인력거 채를 잡는다. 노인은 인력거꾼도 보지 않고 양인도 보지 않고 군중만을 본다.

『노인 어른 - 어서 일어나서 가보십시오 - 그리 상한 곳은 없습니다만 너무 쇠하시어서 - 그러나 제가 붙들어 드려야겠지마는』 말을 마치지 못하고 미안한 듯 엎드러진 노인을 보며 한 걸음 두 걸음 끌고 나간다. 노인은 인력거 가는 것만 바라보고 앉았다. 군중은 그냥 서서 입들을 벌리고 인력거 위에 좌우로 건들거리는 모자가 보이지 않을 때까지 보고 있다. 인력거가 모퉁이 길로 돌아설 때까지 인력거꾼은 연하여 뒤를 돌아보며 다름질을 친다.

이 작품은 매우 간결하지만, 작가가 전달하고자 하는 바를 암시적 기법으로 전달하고 있다. 이방인 관광객은 자신의 재력으로 사람을 부리고 재화를 제공하기 때문에 인력거를 이용하는 동안에는 제 생각을 관철하려고 한다. 이런 점을 알고 있는 인력거꾼은 인력거에 부딪혀 쓰러진 노인을 어찌 도와주지도 못하고 어정쩡한 태도를 보이며 관광객의 눈치만 살필 수밖에 없다. 쓰러진 노인은 그 황당한 상황에서 자기의 처지를 응원해 줄 사람은 군중뿐인 것을 알지만, 그들 역시 무표정하게 그 상황을 지켜볼 뿐이다.

작가의 말대로 '무언극'처럼 마치 연극을 보는 것같이 묘사하면서도 직접 대사를 통하여 주제를 전달하기보다는 독자에게 주제를 암시하는 방식을 취함으로써 그 흥미와 긴장을 더하고 있다. 작가는 그 암시를 통하여 무엇을 말하고자 했을까?

한흑구는 글을 공모하는 주최 측의 원고 성격에 충실하듯 상황을 객관적으로 묘사하려고 노력한 것으로 보인다. 그러나 작가의 민족의식을 자기도 모르게 드러내고 있다. "쓰러진 노인과 인력거꾼은 불쌍한 우리나라 사람이다."라는 표현이 바로 그것이다. 양인으로 대변되는 외세의 힘, 그 자본력과 무력 앞에 인간의 도의조차도 모른척해야 하는 인력거꾼과 피해를 보고도 아무에게도 도움을 청할 수 없는 쓰러진 노인은 바로 우리 민족이 처한 현실을 그린 것으로 보인다. 그 상황에서 누구의 편도 들지 않는 군중들은 바로 우리나라를 지켜보는 다른 나라의 모습이다.

인력거꾼은 쓰러진 노인을 일으켜 세워주어야 하지만, 무관심하게 갈 길을 재촉하는 서양인은 그에게 노동의 대가를 지급하는 사람이기에 그의 말을 들을 수밖에 없으면서도, "모퉁이 길로 돌아설 때까지 인력거꾼은 연하여 뒤를 돌아보며 다름질"칠 만큼 부끄러워한다. 먹고사는 일과 나라의 주권을 되찾기 위해서는 외세를 극복해야 하지만, 현실적으로 어찌하기 힘든 삶 앞에서 갈등하는 것을 '뒤돌아보는 달음질'로 표현하여 당대 우리의 현실을 암시하고 있다. 한흑구가 표현한 "불쌍한 우리나라 사람"에서 그의 감정을 드러낸 것은 객관적인 묘사 중심의 글이지만 그의 깊은 속 감정까지는 숨길 수 없었다. 일제강점기에 쓴 그의 수필들을 일별해 보면, 그는 우리 민족이 처한 상황을 직시하면서 극일(克日)의 방법으로 '민족 계몽운동'을 전개한 것을 확인할 수 있다. 민족을 위한 그의 사상은 조만식을 중심으로 한 민족주의자들의 궤와 같이하고 있으며, 이후 그가 쓴 수많은 작품 안에서 이런 정신을 엿볼 수 있다.[19]

한흑구는 보성전문학교 상과에서 공부하였다. 그는 백상규(白象圭) 교수로부터 영어 지도를 받았다. 백상규는 당시 미국 브라운대학(Brown University)에서 정치경제학을 전공한 후 보성전문학교 상과 전임교수로 있으면서 경제학, 논리학, 윤리학뿐만 아니라 영어에 특출하여 전공영어와 교양 영어를 강의하고 있었다. 그가 받은 영어교육은 미국 유학에 큰 도움이 되었지만, 보성전문학교에서는 더 이상 학업이 이어지지 않았다. 평소 미국에서 독립운동을 하던 아버지 한승곤과 편지를 주고받던 그는 미국으로 가고 싶었기 때문이었다. 길지 않았던 서울 생활이지만, 조국이 처한 현실을 체감하는 데에는 어려움이 없었다. 좀 더 넓은 세상에서, 좀 더 넓게 공부하고, 좀 더 넓은 사람이 되어, 조국의 현실을 타개하고 싶었다. 그러나 17살에 어머니 곁을 떠난 한흑구는 평양에 있는 어머니가 눈에 밟혔다. 어머니인들 마음이 편할 리가 있겠는가? 그나마 그의 남편이자 한흑구의 아버지인 한승곤 목사가 이미 미국에서 터를 잡고 있었기에 허락할 수 있었던 일이 아니었겠는가? 남편도 망명자 신세가 되고, 아들도 자기 곁을 떠난다고 하니 그 마음을 어이 다 헤아릴 수 있겠는가? 한흑구는 후일 그날의 일을 『부인공론』(제1권 제3호, 1936년 7월)에 이렇게 기록해 두었다.

그 후 내가 자라서 보통학교를 졸업하고 중학을 거치여 서울 보성전문에서 공부하다가 나는 미국으로 유학을 가게 되었었다.
그것은 내가 스물한 살 나던 해 겨울이었다.
이때에 나는 어린 손아래 누이동생과 홀로 계신 어머님을 떠나가야 하게 되었다.
외아들이 나를 멀리 미국으로 공부를 보낸다는 것은 어머님으로서는 하기 어려운 일이었다.

『너의 아버님이 미국에 계시니 가서 만나볼 겸 가거라. 그렇지 않으면 나는 너를 보낼 수 없을 것이다.』

아버님이 미국에 계신 관계로 나는 어머님의 허락을 받아서 그를 떠나갔다.

오십(五十)의 중턱에 계신 어머님을 작별하던 나의 떠남의 슬픔은 말할 수 없었다.

눈 오던 추운 겨울밤 기차에 몸을 태우고 평양역을 떠나 황주까지 올 때까지 나는 차 안에 들어가지 못하고 고향의 하늘을 우러러보면서 바깥 난간에 서서 가던 생각이 지금도 기억된다.

어머님은 전송 나왔던 삼십(三十)여 동무들의 호위로 겨우 집에까지 우시면서 돌아와서 그날 밤을 울음으로 앉아서 새우시었다는 말을 후에 들었다.

그 이튿날은 어머님이 한 번 더 떠나기 전에 나를 보겠다고 서울로 쫓아 올라오시겠다는 것을 동무들이 겨우 만류하였다고 한다.

한흑구는 평양을 떠나 황해도 북쪽의 황주로, 다시 서울로 내려왔다. 기차를 타고 부산에 도착한 그는 고향에 두고 온 누이와 어머니 생각에 가슴이 미어질 정도로 힘들었지만, 조국의 미래를 위하여 그것을 견디어야만 했다.

부산항에서 부관연락선(釜關連絡船, 관부연락선)을 타고 일본의 시모노세키(下関)를 향했다. 그리고 철도를 이용하여 오사카(大阪)로, 다시 요코하마(横浜)로 갔다. 1929년 1월 초[20], 한흑구는 요코하마항에서 2만 톤급의 여객선 타이요마루(大洋丸)를 타고 태평양을 건너기 시작했다.

02

한흑구는 1929년부터 1933년까지 미국에서 고학 생활을 했다. 그 기간 미국은 대공황(Great Depression)이라는 심각한 경제 위기와 그로 인한 사회정치적 변화의 시기를 겪었다. 1929년 10월, 월스트리트 주식시장이 붕괴하면서 대공황이 시작되었다. '검은 목요일'로 알려진 10월 24일을 기점으로 주식 가격이 폭락했고, 이는 은행 파산과 기업 도산으로 이어졌다. 수백만 명의 사람들이 일자리를 잃었고, 많은 사람이 빈곤에 시달리게 되었다. 경제적 어려움으로 인해 많은 사람이 일자리를 찾아 다른 지역으로 이동하였고, 이는 사회적 불안을 가중했다.

조국의 독립을 생각하다

대공황의 장기화와 후버 행정부의 대응 실패로 인해 국민의 불만이 커졌고, 1932년 대선에서 민주당의 프랭클린 D. 루스벨트가 압도적인 승리를 거두었다. 루스벨트는 뉴딜(New Deal)이라는 광범위한 경제 회복 프로그램을 시행하였고, 이후 경제 회복의 기미가 보이기 시작했으며, 사회보장제도가 도입되어 미국 복지국가의 기틀이 마련되었다.

3·1운동 기념일을 맞으며

배는 겨울 바다를 가르며 태평양을 향해 달렸다. 약 1주일 뒤, 태평양의 웨이크섬(Wake Island)과 미드웨이 제도(Midway Islands) 근처를 지날 때 섬들은 보이지 않았지만, 검은색의 갈매기들 수천 마리가 마치 큰 독수리처럼 힘차게 날고 있었다.

하룻밤을 자고 나서 갑판에 올라, 갈매기가 다 달아났을 것이라고 생각하며 배꼬리 쪽을 살펴보았더니, 웬일인지 검은색의 갈매기 한 마리, 단 한 마리가 긴 나래를 펴고 배를 쫓아오고 있었다.
그 검은 갈매기 한 마리는 하와이에 올 때까지, 바람이 불거나 비가 와도 그냥 한 주일이나 쉬지 않고 쫓아왔다.
"비가 오거나, 바람이 불거나, 옛것을 버리고 새 대륙을 찾아서 대양을 건너는 검은 갈매기 한 마리, 어딘가 나의 신세와 같다."
이런 구절을 일기에 쓰다가, 문득 나의 필명으로 사용하기로 생각했다.
'흑구(黑鷗)'라고 하면, 흰 갈매기들만 보던 사람들은 혹시 역설적이라고 생각하지 않을까 하고도 염려했으나 그것은 아무 문제도 되지 않는다고 생각했다.[1]

검갈매기 한세광, 흑구 한세광[2]은 그렇게 태평양을 건넜다. 때는 1929년 2월 4일이었다. 미국 샌프란시스코의 엔젤 아일랜드(Angel Island)에 있는 이민국(INS)에서 입국 절차를 밟았다. 그 당시 엔젤 아일랜드 이민국에서 아시아 이민자들에 대한 심사가 까다로웠다. 인종적 편견과 차별적인 법률 때문이었다. 19세기 말과 20세기 초, 아시아계 이민자들에 대한 인종적 편견과 차별이 만연했고, 많은 미국인은 아시아인들이 문화적으로나 경제적으로 미국 사회에 잘 융합되지 않을 것이라고 믿었다. 이미 미국에서 터를 잡은 아버지를 보증인으로 하는 입국 허가를 받은 그는 미국 도착 후 아버지가 머무는 시카고까지 가는 데 약 3주가 걸렸다.

한흑구는 그가 도착하기 전까지 아버지가 담임 목사로 소임을 하던 시카고 한인 예배당에 도착했다. 이 예배당은 1928년 2월 5일부터 오크데일(Oakdale) 애비뉴(Avenue)의 826W에 있는 건물을 임대하여 사용하고 있었다.[3] 1층에는 사교실과 관리인용 침실과 부엌, 2층 가운데에는 예배실이 있었다. 그 옆으로는 두세 개의 침실이 있었는데, 한인 유학생들이 주로 사용하였다. 이곳을 거처로 삼고 그는 시카고에 있는 루이스 인스티튜트(Lewis Institute)에 입학하였다.[4] 이 학교는 과학과 기술 교육에 중점을 둔 학교였다. 그리고 그는 시카고에 있는 한인 학생들의 초청을 받아 그 모임에 합류하였다. 마침 한흑구가 미국에 도착한 1929년 2월은 3·1 독립선언 기념 10주년을 앞둔 시기였다. 그가 시카고 한인 유학생 환영 모임에 참석했을 때, 당시 시카고에서 생활하던 이들이 그에게 조선에서 보고 겪었던 일을 동포들에게 들려주기를 권했다. 그래서 한흑구는 자신이 보고 들은 바를 이야기를 했다. 그는 당시의 상황을 이렇게 기록하고 있다.

2월 23일 시카고에 도착한 지 일주일 후에 3·1절을 맞이하게 되었다. 신도학우인 나에게 고국에 대한 소식을 전하는 이야기를 하라고 권해왔다. 그때 시카고에는 유학생이 30여 명 있었고, 교포도 근 100명이 살고 있었으며, 양식당을 경영하는 이들도 13명이나 있어서 꽤 윤택한 생활을 하고 있었다. 오크데일 애비뉴에 자리하고 있던 한국

교회당에서 저녁에 3·1절 기념회가 열리고 교포들이 거의 다 모이게 되었다. 내 차례가 되어서, 나는 고국의 슬픈 소식을 눈물을 흘리면서 전하여 주었다. 날마다 동포들이 생활고에 쫓겨서 남부여대하여 만주와 서북간도로 유랑의 길을 떠나는 사람들이 해마다 몇만 명인지도 모른다는 사정과, 언론과 결사의 자유가 없을 뿐만 아니라, 〈요시찰인의 명부〉라는 것을 만들고, 기념행사나 결사 조직이 있으리라고 생각이 되면 미리 〈예비검속〉을 하는 비인도적이고 비법적인 강압정책을 함부로 쓰고 있는 일제의 극악무도함을 호소했다. 청중도 나도 비분과 격동의 눈물을 흘렸다.[5]

한흑구는 그렇게 삼일절 10주년 기념일을 맞이하였고, 그 비감(悲感) 어린 시 「그러한 봄은 또 왔는가」를 발표하였다. 그가 고향에서 보아온 장면과 상황을 그리며, 주권 상실 앞에 민족이 저항하며 일어선 그 부르짖음의 봄이 또 왔는가를 묻지만, 그 이면에는 자신이 처한 현실적 비감이 깔려있다. 주권을 빼앗긴 조국의 현실과 고향에 어머니와 누이를 두고 아버지를 찾아 멀리 미국으로 건너온 자신의 처지가 잘 드러나 있다.

    1
대동강 얼음이 풀리면
뱃노래 포구에 어즈럽고
뒷마을 거라지 떼―
한숨에 젖어 빨래하는 내 고향
아! 그러한 봄은 또 왔는가―
강물 위에 웃음 띄워 또 노래 띄워
청춘의 귀한 생명 불타는 노래여!

능라도 실버들 땅에서 높아지고
반월도 흰 모래 위에 조약돌 드러나는
아! 빛 낡은 내 고향!
그러한 봄은 또 왔는가!
진달래 꽃향내 목단봉 위에 사라졌으나
꽃 구경군의 발자국 더욱이 어즈러움이여!
빛 낡은 유정 아래 늙은이의 담뱃대 터는 소리
아! 내 고향 산천에 내 고향 산천에
그러한 봄은 또 왔는가!

   2
새벽부터 어즈러운 기적 소리에
밥그릇 옆에 낀 허리 굵은 뒷마을 사람들
눈 비빌 새도 없이 공장에 가는 무리들이여
젓 달라고 우는 애 울음 귀에 담았는가!
아직도 그 모양 내 눈에 빗긴― 아 내 고향!
그러한 봄은 또 왔는가
무리를 위한 무리들의 부르짖음이여!
아직도 그 부르짖음 나 이곳서도 찾나니
그나마 내 귀에 멀어질 때면
원망할 리도 없는 내 고향아!
부르짖음의 봄!
생명의 봄!
그러한 봄아! 또다시 왔는가!
그러한 봄이여! 그대 품에 또다시 왔는가!

3

봄이야 안 왔으려고
눈살을 찌푸리고 이마에 놋 엱으랴만!
오가는 봄 하나이언만……
내 고향의 봄 몇인가! 난 몰라!
멀고 먼 물 밖에서
옛꿈을 그림 하면 문걸쇠 잡으니
조는 듯 꿈인 듯 봄 바다 위에
크고도 작은 소리— 굵고도 가는 소리—
아침부터 내 가슴을 울려주네—
아침부터 내 가슴을 울려주네—
봄 바다를 건너는 내 고향 소리가……

시인은 고향에서 보아온 장면과 상황을 담은 그 부르짖음의 '봄이 또 왔는가'를 물으면서도 새로운 봄이 가져오는 그 새로움과는 달리 아무런 변화가 없는 것 같은 고국의 봄에 대해 안타까움을 드러내고 있다. 그 안타까움은 "옛꿈을 그림 하면 문걸쇠 잡"는 모습으로 나타나지만, 마침내 "조는 듯 꿈인 듯 봄바다 위에" 옮아 간 자신의 마음은 하나의 환상 안에 놓인다. "크고도 작은 소리— 굵고도 가는 소리—", "봄 바다를 건너는 내 고향 소리가" 화자의 마음을 울리는 것으로 묘사하였다. 그 소리는 고향의 가난한 사람들이 부르짖는 고통의 소리이기도 하고, 우리 민족이 항거하는 소리이기도 하다. 복합적으로 울려오는 그 소리가 바로 고향의 소리가 된다. 상실과 부재에 대한 복원의 꿈, 그리고 그것에 대한 슬픔과 현실적 한계에 대해 안타까움이 혼재된 시를 발표하였다.

[그림 4] 1929년~1930년 사이 노스 파크 대학의 주니어 칼리지 시절의 한흑구.
Courtesy of Covenant Archives and Historical Library, North Park University, Chicago.

시인이 된 검갈매기

이후 한흑구는 꾸준히 시를 쓴다. 마침 미국의 독립기념일을 맞아 그는 기쁨이 가득한 미국인들의 모습과 국권을 상실한 우리 민족의 슬픔을 대비한 시 「7월 4일」을 발표한다.

7월 4일! 누구나 맞는 오늘이지만
이 땅의 사람들은 왜 그리 기뻐하누—
나는 혼자 이 땅의 거리 위에서
가슴을 안고 숨차게 돌아단기네—

부러움과 부끄러움 속에
거리 모퉁이에 우두커니 혼자 섰네—
그러나 내 가슴 끓는 소리
내 다시 주먹을 불끈 쥐고 이 거리를 달음질치네—

7월 4일은 미국의 독립기념일이다. 나라를 잃고 멀리 미국 땅에서 고학 생활을 하는 그에게 미국인들이 그들의 독립기념일을 즐기는 모습을 보고 어찌 만감이 교차하지 않았겠는가? '부러움과 부끄러움'이라는 말로 대변되는 그의 심장은 조국의 독립을 향한 강한 결심의 피가 끓어오르고, "다시 주먹을 불끈 쥐고 이 거리를 달음질치"는 모습을 보여준다. 이 작품은 당시 미주 한인문단에서 평론가요, 흥사단의 단우로 독립운동을 하던 이정두의 호평을 받았다. 그의 논평을 인용한다.

한세광 씨의 「7월 4일」이라 한 시는 성공한 시다. 작가의 내용 사상이 풍부하니만큼 그 표현도 현저하다. 기교의 표현이 순하면서도 그의 내면생활을 잘 표현시킨 시다. 나는 이 시의 제3장과 4장을 재삼 독하였다. 끝에 가서는 나도 그와 같은 동감을 가졌다. 독자로 하여금 작가의 본감과 동감을 느끼게 함은 실로 시인의 능란한 수단이다. 나는 저윽이 우리 미주 문단에도 이러한 시가 있음을 볼 때 위안을 얻었다. 그의 작품 중 수장을 소개하건대(이정두는 필자가 위에서 인용한 시를 이 글 다음에 인용함 — 필자 주), 과연 그럴 것이다. 7월 4일은 누구나 다 같이 맞는 날이다. 더욱이 미국에서 쓰라린 생활에 갖은 고통을 당하는 우리도 맞기는 맞는다. 그러나 남들이 기뻐할 때 우리는 왜 가슴을 부둥켜 쥐고 숨차게 방황하는가! 명절날을 당하여 가난한 집 아이가 부잣집 담 구멍으로 들여다보고 갔을 때 만일 그 아이가 의심이 없었다면 얼마나 가지가지의 생각이 번민과 함께 쏟아져 나오겠는가! 남들은 기뻐서 춤추고 잘 놀건만 그것을 못하는 그들에게는 명절이 와도 다 막 병들어 생명이 없어져 가는 이의 슬픔일 것이다! 자유를 위하여 남녀노소의 무수한 생명을 영국 군사의 창금 밑에서 피를 나누며 지던 난리는 지나갔다. 그러나 오직 그들의 공훈이 빛나는 비석과 일억 이원만의 웃음소리는 남아 있다. 그것은 아침부터 저녁까지 밤 깊은 줄 모르고 오늘의 황금국의 찬미를 진동하는 것이다. 우리도 마땅히 기뻐하여야 될 것이다. 남이 잘 되는 것을 볼 때⋯⋯ 그러나 왜 작가와 같은 우리는 웃음 찬 그날에 가슴을 안고 거리모퉁이에서 방황하였는고 — 부러움과 부끄러움 속에서 — 그러나 그는 부러움과 부끄러움에서 고개를 숙이지 아니했다. '그러나 내 가슴 끓는 소리 / 내 다시 주먹을 불끈 쥐고 이 거리를 달음질치네 — '한번 다시 독자에게 쾌감과 흥분을 주었다. 그의 가슴 끓는 소리는 그로 하여금 주먹을 쥐게 하였고 달음질치게까지 하였다. 아마도 그가 주먹을

쥘 때는 이빨을 악물었을 것이고 달음질할 때는 발소리가 힘차게 땅을 울렸을 것이다.[6]

당시 미주 사회에서 평론가로서 영향력 있던 이정두의 평을 받은 한흑구는 자기 시를 공적으로 인정받았다고 생각했다. 그는 이정두의 「1년 시단 총회고」를 읽고, 집으로 돌아와 자신이 시인으로서 인정받은 사실을 한 편의 시로 남겼다. 그의 시 「시 쓰는 사람」은 그가 조선으로 귀국하기 전 1933년 12월 14일 『신한민보』에 발표하였는데, 그 시의 말미에 '1929년 시카고에서'라는 부기를 달아놓았다. 시인이 된 것을 노래하였지만, 당장 지상에 발표는 하지 못하고, 자신의 창작 노트에 적어둔 것이었다. 그 내용을 보면 다음과 같다.

님이여,
빨가숭이 현실 속에
세상은 악착한 것뿐이노라.
진·선·미의 그림자뿐—
이 더러운 세상에서
님이여, 나는 시를 쓰는 사람이 되었노라!

님이여,
우무의 진창 속에
나도 한낱 생물이노라—
진·선·미는 있건 없건—
우주와 생물은 진화하나니,
님이여, 나는 시를 쓰는 사람이 되었노라!

그는 진선미를 추구하는 삶을 살고 싶었다. 그런 삶을 가능하게 하는 것은 시인이 되는 것이라고 생각한 것 같다. 이 세상에서 자신이 추구하는 진선미의 삶은 찾아보기 어렵고 더럽고, 한낱 생물에 불과한 자기 자신이지만, 진선미를 추구하면 사는 시인이 되었다는 것을 노래하였다.

노스 파크 대학 시인클럽과 영시

한흑구는 우리글로 쓰는 시뿐만 아니라 영시 창작에도 열정을 쏟았다. 루이스 인스티튜트(Lewis Institute)에서 시카고에 있는 노스 파크(North Park) 대학으로 적(籍)을 옮겼다. College Freshmen이 된 한흑구는 다소 들뜬 동기생들과는 달리 조용한 입학식을 맞이했다. 왜냐하면 동기생 중 유일한 한국인이어서 많은 것이 낯설었기 때문이다. 당시의 분위기를 묘사한 Harold Cohn은 이렇게 기록하였다.

"죄송하지만, 이 카드에 적힌 'G4'나 'M36'은 무슨 의미인가요?" "도서관에 가려면 어떻게 가야 하나요?" "딘 월그렌은 누구죠?" 1930년 신입생이 도착했습니다. 그들은 대학 신입생이 되어서 눈에 띄게 흥분하면서도 동시에 두려워하는 모습이었습니다. 그들이 다소 어리둥절하고 있다는 것은 자신들의 가방을 꼭 붙들고 수줍은 눈으로 주위를 둘러보는 모습에서 분명히 알 수 있었습니다. 여기저기에서 도회지를 떠올리게 하는 학생을 찾을 수 있었지만, 대부분은 튼튼한 지방 출신의 학생들이었습니다. 미네소타, 다코타, 캘리포니아에서, 그리고 구세계뿐만 아니라 신세계에서 온 이 학생들은 한 가지 목표를

[그림 5] 1930년 College Freshmen 동기생들의 모습. 맨 뒷줄 오른쪽 끝이 한흑구이다. Courtesy of Covenant Archives and Historical Library, North Park University, Chicago.

가지고 있었습니다. 노스 파크 칼리지에 대한 자부심을 가지고 노스 파크 칼리지를 자랑스럽게 만드는 것이었습니다.

그들 중 일부는 키가 크고, 일부는 키가 작았으며, 일부는 오만하고, 일부는 겸손했지만, 그들 모두는 이미 노스 파크의 정신을 내면화하고 있었습니다. 그곳에는 상냥함과 명랑한 호의가 넘쳐흘렀으며, 이는 누구든지 느끼고 감탄하지 않을 수 없는 것이었습니다. 그들은 더 이상 고등학생이 아니라, 노스 파크 칼리지의 자랑이 될 남녀 대학생이었습니다.[7]

그렇게 노스 파크 대학에서 시작한 그의 대학 생활은 참으로 바빴고, 여유롭지 않은 생활이었지만, 그는 자기에게 다가오는 현실적 고난들을 꿋꿋하게 헤쳐 나가기 시작했다. 1930년 10월 8일 그의 일기장에 「여유」라는 이런 시를 남겼다.

나에게 여유가 있었으면!
좀 더 인생을 구극할—
세상은 복잡한 난사를
그대로 엉키며 돌아가지 않는가!

어떤 때는 아무 생각 없이
일터에서 기계와 같이 헤매고—
어떤 때는 번잡한 두뇌로
씨-ㄱ 하고 모터와 같이 주저앉지 않는가

나에게 여유가 있었으면!
좀 더 인생을 구극할—
세상은 복잡한 난사를
그대로 엉키며 돌아가지 않는가!

여유—
여유—
그러나 현대인의 여유는—
무가(無價)한 죄악의 발동기가 되지 않았는가!⁸

영어시로 조선의 마음을 드러내고⁹ 그렇게 여유가 없었던 그는 자기의 전공인 영문학을 공부하면서, 특별히 영시(英詩) 쓰는 일에 많은 시간을 투자했다. 한흑구는 당시 영문과에서 학생들을 가르치던 A. S. 월그렌 교수¹⁰에게 영문학을 지도받았다. 그것은 실로 그에게는 즐거운 노동이었고, 의미 있는 노작이었다. 후일 그는 「재미 6년간 추억 편편」에서 이렇게 회고하고 있다.

시카고에서 만 2년. 노스 파크 대학 영문과에 적을 두고 밤낮 영어를 배우고 도미 초년부터 영어시를 지어 조선심(朝鮮心)을 표현해 보겠다는 결심에서 매일 5시간의 노동을 하던 몸으로써 밤 세 시까지 영시(英詩)의 타임을 맞추기 위하여 자전을 다 쳐 치던 때는 1930년이었다. 2년 동안에 나의 볼 위에 풍만하던 살이 다 빠졌으나 나는 몇 편의 영시를 써낼 수 있었다.¹¹

그렇게 노력한 결과 그는 영시다운 영시를 쓸 수 있었고, 몇 편의 영시를 신문에 발표할 수 있었다. 마침내 그는 노스 파크(North Park) 대학의 시인클럽 회원으로 추천을 받았다.[12] 그런데 추천을 받은 것은 맞지만, 사실은 한흑구가 그 클럽의 창립 회원이나 마찬가지이다. 1930년 3월 14일 자 *North Park College News* 1면에 이 클럽의 창립 기사가 있다. 그 원문을 보면 다음과 같고, 그 아래에 필자가 서툰 솜씨로 옮겼다.

> Spring is here! Can that be the reason for the literary outbursts? Whether the season is the cause or not, a Poet Club has been formed at North Park. At the organization meeting, Friday evening, March 7, Gerard Johnson was elected to head the club. Kermit Sundberg is the vice-president, who also serves as chairman of the critic committee; his assistants are Paul Elmen and Say K. Hahn. The club elected Evelyn Johnson as secretary. As an evidence of the interest evinced in the formulation of this new literary club, thirty-two students have taken out charter memberships. The "budding poets," whose adviser is Professor A. S. Wallgren, are to meet on Wednesday afternoons from 3:30 to 4:30. It is planned that the society will contribute its productions to a *Poet's Corner* in the NEWS.[13]

봄이 왔다! 그것이 문학적 폭발의 이유가 될 수 있을까? 계절이 원인이든 아니든, 노스 파크에 시인클럽이 결성되었다. 3월 7일 금요일 저녁, 창립 회의에서 제라드 존슨이 클럽의 회장으로 선출되었다. 커밋 선드버그는 부회장이자 비평위원회 위원장으로 활동하며, 그의 보조는 폴 엘멘과 한세광이다. 에블린 존슨을 서기로 선출하였다. 32명의 학생이 회원이 되었다는 것은 이 새로운 문학 클럽 구성에 관한 관심의 증거로 볼 수 있다. "시인이 되고자 하는 이"들은 교수 A. S. 월그렌의 지도를 받으며, 수요일 오후 3:30부터 4:30까지 만나기로 했다. 이 사회는 NEWS의 *시인 코너*에 그들의 작품을 기고할 계획이다.

시인클럽은 노스 파크 대학 내에서 시인들이 모여 시문학적 아이디어를 공유하고, 서로의 작품을 발표하며, 문학적 창작을 장려하는 중요한 포럼이었다. 클럽 이름은 '페가수스(Pegasus)'였다. 제라드 맨리 존슨(Gerard Manley Johnson)과 커밋 선드버그(Kermit Sundberg)는 노스 파크 대학의 동문으로, 시인으로서 창의적인 활동을 통해 클럽의 회장 역할을 맡았다. 그는 당시 노스 파크 대학에서 문학과 시의 중요성을 증진하는 데 이바지한 인물로 평가받고 있다. 커밋 선드버그 역시 노스 파크 대학의 동문이며, 존슨과 함께 시인클럽의 설립과 활동을 이끌었다. 그는 클럽의 부회장으로서 문학적 활동을 지원하고, 시의 가치를 증진하는 데 이바지했다. 한흑구는 부회장을 돕는 임원으로 선출되어 활동하였다. 실제로 이 클럽은 창립 후 *North Park College News* 고정란인 시인 코너(Poet's Corner)에 회원들의 작품을 연재하였고, 한흑구도 여러 편의 작품을 발표하기도 하였다. 이 시인클럽은 1930년 5월 19일, 첫 번째 동인지 『페가수스(PEGASUS)』를 발간하였다.[14] 이 책자에는 클럽의 목표와 목적, 회원 명단, 그리고 젊은 시인들의 시 여러 편이 실려있다.

[그림 6] 1930년 노스 파크 대학의 시인클럽에서 발간한 동인지 *Pegasus* 창간호와 판권지. SAY K. HAHN이라는 한세광의 이름이 있다. 그는 비평위원회에 소속되어 부회장이자 비평위원장인 Kermit Sundberg를 도왔다. Courtesy of Covenant Archives and Historical Library, North Park University, Chicago.

이 클럽의 창립에 동참하기 전에 1929년 10월 25일 *North Park College News*에 여러 편의 영시를 발표한 후 꾸준히 영시를 발표해 온 한흑구는 이미 시인으로 인정받고 있었다. 그는 이 신문에 「You And I」 외 5편의 영시를 처음 발표하였는데, 3편은 창작시, 1편은 우리나라의 시를 영어로, 2편은 일본시를 영어로 옮긴 것이다. 한흑구가 시를 발표할 때 편집자는 한흑구와 그의 작품에 대해서 "다음의 시는 현재 주니어 칼리지 학부에서 공부 중인 한국 출신의 Say K. Hahn 씨가 쓴 것입니다. 한 씨는 한국과 일본 문학에 정통하며, 이 시는 동양시의 한 보기로 제시됩니다. 마지막 세 편의 시는 한국어와 일본어에서 번역한 것입니다."라고 안내하면서 6편의 시를 소개하였다. 그 가운데 맨 첫 작품으로 나온 「You And I」를 보면 다음과 같다. 한흑구가 영시를 우리말로 옮길 때, 의역보다는 직역을 선호한 것처럼[15] 필자도 미숙한 솜씨지만 그의 작품을 그렇게 옮겨보았다.

When my kerchief was wet with my tears—
　"Don't weep! Don't weep!"
You told me that when you left me.
　When your kerchief was wet with your tears—
　"Don't forget what you said before!"
I told you that when I left you.

My heart leaps up when I behold
　A bridge on the stream;
There is also a bridge in my heart
　Where you and I whispered a moonlight story.

내 수건이 내 눈물로 젖을 때―
　"울지 마! 울지 마!"
네가 나를 떠날 때 했던 말이었지.

네 수건이 네 눈물로 젖을 때―
　"이전에 네가 말한 것을 잊지 말아줘!"
내가 떠날 때 내가 말했었지.

시내의 다리를 보면
　내 마음은 북받쳐 오르지.
내 마음에도 다리가 있어
　너와 내가 달빛 이야기를 나눴던 곳.

이 작품은 한흑구가 발표한 영시의 첫 작품이 되는 셈이다. 물론 이와 함께 발표한 「My Native Home」과 「In The Midnight」도 마찬가지이지만, 순서상으로 「You And I」를 맨 앞에 두었으므로 이렇게 의미를 붙여보았다. 「You And I」는 이별하는 남녀의 순수한 감정을 그린 서정시이다. 그때 그의 나이 20세임을 고려한다면 자기의 이별 경험을 바탕으로 한 것인지 아니면 타자의 경험을 형상화한 것인지는 모르겠다. 시상의 전개가 마치 드라마의 한 장면 같은 느낌을 주는 것은 그가 극적인 모습을 잘 묘사하고 싶은 마음에서 나온 것으로 보인다.

그런데 그에게 실제로 그와 비슷한 일이 일어났다. 1931년 어느 날, 그는 한 여학생과의 이별을 경험하게 된다. 그는 스웨덴 여학생 '알바(Ruth E. Alvar)'와 사랑에 빠진 적이 있다. 그녀는 스웨덴 사람이지만 그 당시

VERSE

(The following verses are composed by Mr. Say K. Hahn, a native of Korea, who is studying in the Junior College department at the present time. Mr. Hahn is well versed in Korean and Japanese literature, and he offers these stanzas as samples of Oriental poetry. The last three poems are translations which Mr. Hahn has made from the Korean and Japanese.
—Editor.*)

YOU AND I

When my kerchief was wet with my tears—
  "Don't weep! Don't weep!"
You told me that when you left me.

When your kerchief was wet with your tears—
  "Don't forget what you said before!"
I told you that when I left you.

My heart leaps up when I behold
  A bridge on the stream;
There is also a bridge in my heart
  Where you and I whispered a moonlight story.
  —From *My Literary Diary*

MY NATIVE HOME

My dream flies away with her soft wings,
  And wanders over the sea
  On her way home;
Even though rough waves wet her wings,
  She never failed, even once,
  To find her home.
  —From *Homesick*

IN THE MIDNIGHT

I heard a sweet and lovely voice
  Which comes over from the neighbor girl's home;
And I sing, too, with my lonely voice,
  "Oh, my home! My dream's home!"

I only heard heavy steps passing by
  When I was in my bed, asleep;
And I often heard the unknown girl's voice passing by,
  And it carried away my old dreams and my sleep.

THE ROSE FLOWER

"The rose flower is beautiful" they say;
  So I tried and picked it,
And I found a sharp and frightful thorn with it.

"Love is best," they say;
  So I sought and followed it,
And I found mournful tears with it.

"I am unhappy," they say,
  And they mourn and fail to get these;
But they don't know what they are!
  —Translated from
  The Collection of Korean Poets

CLOUDS

Gray cloud!
  White cloud!
They are all the same clouds!
  But I am a white cloud,
And I fly from end to end in the sky.
  —Translated from *Nature and Life* by the Japanese poet Rokwa Dokudomi.

I AM A WITHERED GRASS

I am a withered grass on the river bank,
  And you are also a withered grass
  Which has not any flower.

Why are we withered grass-blades in this earth—
  You and I in this lone place
  Where we only hear the sorrowful song of the boat-men?
  —Modern Japanese Folk Song.

[그림 7] 한흑구가 최초로 발표한 영시들.
Courtesy of Covenant Archives and Historical Library, North Park University, Chicago.

미시간(Michigan)주의 아이언 마운틴(Iron Mountain)의 한 교회에서 목사로 지내던 아버지를 따라 미국에 왔었다. 우리가 세계사적 흐름에서 알고 있듯이 19세 후반, 많은 스웨덴 이민자가 미국으로 이주했다. 이들은 종교적이고 교육적인 목적으로 처음에는 노스 파크 신학교(North Park Theological Seminary)를 설립하였다. 현재 대학에 있는 곳은 스웨덴 이민자 커뮤니티가 많이 거주하던 곳이었고, 그리스도교 신앙을 바탕으로 한 교육을 중요시하는 학교이기에 스웨덴 출신의 부모가 '알바(Ruth E. Alvar)'를 이 대학에 진학시킨 것으로 볼 수 있다. 한흑구가 후일 조선으로 귀국한 후 지난 시간을 회고하면 쓴 수필 중의 하나인 「슬펐던 이별」에 보면 "황금색 머리털과 하늘색 푸른 눈동자를 소유한 미모의 처녀"[16]와 첫사랑 이야기를 이렇게 기록해 두었다.

내가 N 대학 영문과에서 공부하고 있을 때 나를 늘 벗해주고 가까이 해주던 알바라는 여학생이 같은 학년에 있었다.
처음에는 한낱 동정에서(객지에서 외롭겠다는) 출발한 그의 우정은 날이 갈수록 깊어져 가고 가까워졌다.
그는 서전(瑞典)[17] 나라의 피를 받아 난 황금색 머리털과 하늘색 푸른 눈동자를 소유한 미모의 처녀이었다.
그의 아버지는 미시간주 어떤 작은 촌에서 목사 일을 보았고 그의 어머님은 음악학교를 나와서 노래를 잘한다는 말을 그에게서 들어 알았다.
여름방학마다 그는 나를 다리고 미시간 자기의 집으로 놀러 가려고 하였으나 고학하고 있던 나는 한 번도 그의 집에 갈 기회가 없었다.
그는 늘 말하였다.
『나도 당신이 조선에 돌아갈 때는 일본으로 조선으로 중국으로 갈

이 여행하려고 생각해요.』

『꼭 나를 데리고 가주세요?』

한심한 조선에 무엇을 구경하려 그가 올까 하는 것보다도 그의 말 하는 뜻에는 내가 대답하기 힘든 의미가 포함하여 있었을 것이었다.

그러나 그는 N 대학을 졸업하기도 전에 자기의 부모를 떠나 북쪽 나라 서전으로 돌아가고 말았다. 그것은 그의 조부 되는 사람이 세상을 떠나고 그들에게 많은 유산(遺産)을 물려주었기 때문이었다.

여자에게 대한 애정이나 연애라는 것을 도무지 감촉해 보지 못한 나는 그가 그처럼 나를 떠나간 후에야 나는 비로소 여자에 대한 사랑이 어떠하다는 것을 느끼게 되었다.

그러나 그때는 이미 그가 나의 눈앞을 떠나서 멀리 눈 내리는 북쪽 나라 서전에 가 있었고 나도 첫사랑의 불행이라는 것을 체험해 보았다.

그를 떠나보내던 그때는 나는 슬픈 것도 아무것도 모르리만큼 무경험한 사나이였다.

『나에게 할 말이 없으세요?』

이러한 말을 나에게 하고는 눈을 깜박깜박하다가 긴 살눈썹을 아래로 덮고 가만히 미소하며 낯을 붉히던 그때 그의 모양을 나는 알지 못하였다.

『살아 있으면 어느 때나 이 지구 위에서 다시 만날 때가 있겠지요.』

『이 세상 어느 코-너에 우리가 처해 있든지 우리는 늘 서로이 생각합시다.』

떠남의 말을 어떻게 하였으면 좋을까 고 엄숙한 말만을 생각해내느라고 애쓰고 서 있던 나의 뺨 위에 그는 얼핏 그의 입술을 대였다 가져갔었다.

그것이 나로 하여금 그를 떠나보낸 이후에 늘 그를 생각하게 되고 그와 같이 놀던 모든 일을 재삼 캐어 보게 하곤 하였다.

실로 사나이라는 것은 자기의 경험이 없는 일에는 참으로 어리석고 바보이라는 것을 그때 나는 깨닫게 되었다.

지금도 그의 생각을 하고는 나 혼자 어리석던 생각을 하고 웃음 지우게 된다.[18]

당시 노스 파크 대학은 2년제이었고[19], 그녀와 한흑구가 같은 학년이었으며, 그녀가 졸업하기 전에 떠났다. 그녀는 한흑구와 함께 시인클럽에서 활동하였고, 동인지 제2집을 발간할 때 비평과 출판위원회 임원으로 봉사하기도 하였다.

한흑구가 *North Park College News*에 영시를 발표할 때 모두 6편을 동시에 발표하였는데, 그 가운데 「You And I」를 첫 번째에 놓은 것은 순전히 그의 의지가 아니겠는가? 그런 만큼 이 작품을 공식적으로 발표한 영시의 첫 번째 자리에 두는 것도 의미 있는 일이다.

그가 우리글 창작시를 발표할 때 작품 끝에 부기를 달곤 했는데, 이 영시 끝에도 'From My Literary Diary'라는 부기를 달았다. 이로 볼 때, 그가 모은 창작 노트가 있다는 것을 알 수 있다. 하지만 긴 세월을 지나는 동안 우리는 그 실체를 확인할 수 없다는 것이 안타깝다.

우리글 창작시에도 그는 고국과 고향에 대한 그리움을 노래한 것이 많은데, 영시에서도 그러한 성향을 발견할 수 있다. 그것은 바로 그가 생각해 온 '조선인적 태도'의 방증(傍證)이다. 그는 당시 영문학을 공부하고 영시를 쓰면서도 "영문으로 창작을 힘쓰는 동안 조선문 창작이 퇴래(退來)할 것이라는 것을 깨달았다. 실로 이것은 나의 머리를 괴롭혔으나 필

조국의 독립을 생각하다

경 나는 조선 사람이 되기를 원했고 조선의 작가가 되기를 결심하고 영문 공부도 조선인적 태도로써 하기로 생각하였다."[20] 이를 반영이라도 한 듯 그는 이듬해, 1930년 4월 16일 *North Park College News*에 창작 영시 「My Eternal Home, Korea(나의 영원한 고향, 조선이여)」를 발표하는데, 조국에 대한 그리움을 담고, 고향의 산천과 논밭을 노래하여, 그가 말하는 '조선의 마음'을 그리고 있었다. 한흑구는 이 시에 대하여 특별한 애정을 지닌 것으로 보인다. 이 시를 맨 처음 *North Park College News*에 발표한 후, 노스 파크 시인클럽의 동인지 창간호 『페가수스』에 다시 발표하였다. 이후 북미학생총회에서 발간하는 학생회보인 *The Korean Student Bulletin*[21]에 다시 발표하였다. 그 내용도 자신이 생각하는 조선의 마음과 닿았다고 판단한 것으로 보인다. 한흑구는 같은 시를 수정하여 발표하였는데, 최종적으로 *The Korean Student Bulletin*에 발표한 작품, 「나의 영원한 고향, 조선이여」로 옮길 수 있는 그의 시를 보면 다음과 같다.

> The sun rises and shines,
> Where people sing the essence of Asia;
> Calm is the sky with harmless clouds above shrines.
> My eternal home, Korea!
>
> Across the river thy soft breeze blows
> Sweet with scents of ricefields far away;
> From mountain lake the stream flows
> With delights to the ocean on its way.

Thou art the "Land of the morning calm."
My beloved, eternal home, Korea!
But now, thou hearest the wailing from the farm,
And also from every youthful heart of Korea.

And yet thy bright lamps thou bear,
Still burning and brightening the night;
Dawning of the East is drawing near,
Chilliness and darkness will be gone with the night.

O my beloved, "The Land of the Morning Calm."
O my eternal home, Korea!

해가 떠서 빛나고,
사람들이 아시아의 정수를 노래하는 곳;
거룩한 땅 위 하늘은 무해한 구름 더불어 고요하다.
나의 영원한 고향, 조선이여!

강을 건너 부드러운 바람 불어오고
멀리서 오는 논밭 향기는 달콤하며;
산호(山湖)에서 흘러내리는 물은
즐거움과 함께 바다로 나아간다.

너는 "고요한 아침의 나라"
나의 사랑하는, 영원한 고향, 조선이여!

하지만 지금, 너는 농장에서 울부짖는 소리를 듣고,
조선의 젊은 마음에서도 울부짖는 소리를 듣는다.

그래도, 오 밝은 등불아, 너는 견디며,
여전히 타오르며 밤을 밝히는구나;
동쪽 하늘은 밝아오고,
추위와 어둠은 밤과 함께 사라질 것이다.

오, 나의 사랑하는, "고요한 아침의 나라여."
오, 나의 영원한 고향, 조선이여!

한흑구는 "고요한 아침의 나라"를 반복하면서 조선의 아름다움과 평온한 자연을 노래하였다. 그러면서 잃어버린 조국의 주권을 되찾고 싶은, 조국의 독립을 마음 깊이 새기면서 농장에서도, 조국 젊은이들의 마음속에서도 울부짖는 소리를 듣는 등불은 여전히 타오르며 밤을 밝힌다고 노래하였다. 추위와 어둠이 사라지는 동녘 새벽이 가까워지는, 즉 일제의 강압과 박해를 넘어 점점 가까워지는 조국의 독립을 염원하고 있다. 그는 3연에서는 "Land of the morning calm."이라고 표현했지만, 5연에서는 "The Land of the morning Calm."이라고 시구를 강조하였다. 3연의 "고요한 아침의 나라"는 과거 정말 고요하기만 했던 나라를 표현한 것이라면, 5연에서는 정말 일제에서 벗어나 진정으로 평화롭고 고요한 나라의 도래를 갈망하였다. 이렇듯 20세의 청년 한흑구는 그렇게 이국땅에서 서러움을 딛고 민족 독립을 향한 강한 의지를 불태우며 살았다.

윌슨 문학회와 코즈모폴리턴 클럽

고국 조선에 대한 한흑구의 사랑은 당시 외국 학생들에게 우리의 문화를 잘 알리고, 그 전통성과 아름다움을 널리 전하는 일에도 앞장섰다. 그는 1932년 필라델피아의 템플 대학으로 적(籍)을 옮겼다. 한흑구가 소속된 상업학교(School of Commerce)는 1884년 템플 대학교가 설립될 때 개설되었다. 1918년에 처음으로 학위 기반의 과정이 조직되었고, 1921년에는 단 한 명의 학생인 도로시 머독이 상업학교에서 학위를 받았다. 그 이후로 정규 비즈니스 커리큘럼에 문화 과목이 계속 추가되어 현재의 과정이 마련되었다. 작은 비즈니스 학교에서 상업학교는 회계, 상품 판매, 운송, 비즈니스 관리, 비서 교육, 저널리즘 및 부동산 분야에서 잘 조직된 과정을 제공하는 학교로 발전했다. 이 4년 과정과 함께 영어, 정치학, 외국어 및 역사와 같은 문화 과목이 학사 학위에 필수 이수 과목으로 되어있었다.[22] 한흑구는 이 상업학교에서 저널리즘(Journalism)을 공부하고 있었다. 버드송(Birdsong) 교수가 담당하였고, 와트(Watts) 박사와 라이트(Wright)가 그를 도와주고 있었다. 한흑구는 그 대학의 문학 단체인 '윌슨 문학 클럽(Wilson Literary Club)'과 '코즈모폴리턴 클럽(Cosmopolitan Club)'에서 활동하였다.

한흑구가 공부하던 상과대학부에서 영어를 강의하던 윌슨(Henry L. Wilson) 교수가 1932년 6월 26일 프린스턴과 브런즈윅 사이의 샌드 힐(Sand Hills)에서 자동차 세 대와 버스 한 대의 충돌 사고로 사망하는 일이 있었다. 당시의 나이는 34세였다. 윌슨 교수는 그 사고로 두개골이 골절되고 가슴이 으스러지는 상처를 입었는데, 트렌턴의 맥킨리 병원에 도착하자마자 사망하였다. 그는 오하이오 주립대학교를 졸업하고 미시간

주립대학교와 일리노이 대학교에서 학생들을 가르치다가 1928년도 템플 대학교로 왔다. 그는 이 대학에서 영문학을 가르치는 것 외에도 문학 클럽의 고문으로 활동하였다. 1932년 10월 4일, 이 문학회는 2학기 첫 모임에서 지난 6월 자동차 사고로 사망한 윌슨 교수를 기리기 위하여 문학 이름을 '헨리 L. 윌슨 문학 클럽'[23]으로 바꾸고 새로운 고문을 초빙하였다. 그 모임의 총무인 루스 고든(Ruth Gordon)은 "우리 클럽은 윌슨 교수에게 많은 빚을 지고 있었습니다. 지난 가을 우리 회가 결성했을 때 우리에게 보여준 그의 관심과 열정, 그리고 도움은 헤아릴 수 없이 유익하였습니다. 그는 후원자 그 이상이었고, 우리의 친구였습니다. 지금 우리가 그를 위하여 무엇을 할 수 있는 것은 아니지만 적어도 그의 기억에 경의를 표할 수는 있습니다."라고 말하였다. 그리고 영문학과의 엘리스 힌세이(Ellis O. Hinsay) 교수를 새로운 고문으로 추대하였다.[24] Henry L. Wilson 교수는 템플 대학교 상과대학부의 저널리즘 학과에서 영어를 가르쳤고, 한흑구도 그때 이 교수를 만나 그가 지도하던 이 문학회에서 새로운 활동을 전개하였다.

    그는 조선의 시인이라는 자부심과 긍지를 가지고 우리의 고전시가(古典詩歌)를 번역하여 소개하기도 하였다. 그는 노스 파크 대학 시절부터 영시를 쓰면서 우리의 시조를 번역하여 발표하기도 하였는데, 특별히 템플 대학에서는 우리의 고전문학을 소개하는 시간을 열기도 하였다. 그때 한흑구의 활동을 소개한 기사에는 이렇게 기록되어 있다.

> 지난 화요일 오후 미튼 홀에서 열린 헨리 L. 윌슨 문학 클럽 모임에서 한국의 오래된 시의 번역본이 낭독되었다. 이 번역본은 상업학교 1학년 학생이자 클럽 회원인 한국 출신의 한세광(Say Kwang Han)

씨가 작성했다. 한 씨에 따르면, 원래의 시는 2000년에서 3000년 전에 쓰였으며, 미국의 아이들이 동요를 부르듯 한국의 아이들이 놀이하며 부르는 노래라고 한다. 그는 또한 자신이 영어로 작성한 창작 시도 일부 낭독했다.[25]

"한국 아이들이 놀이하며 부르는 노래"의 구체적인 작품이 무엇인지는 알 수 없지만, 그는 우리의 전통이 스민 작품들을 번역하고, 이를 소개하는 일을 통하여 조선인으로서의 정체성을 확인하며 살았고, 언제나 조선인이라는 것에 자긍심을 가졌던 것으로 생각한다. 그가 우리 문학을 번역하고 소개하는 일 역시 그가 조국을 사랑하는 방법의 한 가지요, 그 실천 행위였다.

1933년 봄 학기가 시작되고 한흑구에게 새로운 기회가 생겼다. 그가 전공하던 저널리즘과 관계있는 인사들이 윌슨 문학회 초청으로 강의를 온 것이다. 2월 28일에는 그들이 자주 모임을 했던 미튼 홀 4번 룸에서 *Philadelphia Press*의 편집장이었고, *Philadelphia Forum*에 많은 글을 기고하였던, 저널리즘 강사인 하비 왓츠(Harvey M. Watts) 박사가 '시의 기법과 단어 사용'이라는 주제로 강의하였다. 그는 주로 단어의 아름다움과 테스트를 강의하며 연상과 소리가 시적 기법의 요소를 이룬다고 말하였다.[26] 한흑구에게는 영시 창작과 언론 모두 관심사였기에 더욱 반가운 일이 아닐 수 없었다. 그리고 며칠 뒤, 3월 15일 수요일, 필라델피아에서 중요한 일간지 중 하나인 *Philadelphia Public Ledger*의 문학 편집장인 해리 에머슨 와일즈(Harry Emerson Wildes) 박사가 카넬 홀 강당에서 열리는 영어 명예 협회(English Hononary Society)[27]에서 '현대 소설'을 주제로 연설하였다. 이날 템플 대학교의 사범대생인 앨리스 브루바크가 '오늘의 시'에 대해 발표하였고, 여러 학생의 시, 연극, 피아노 클래식 연주, 노래 등의 발표가 있었다. 해리 에머슨 와일드에 관한 기사는 *Temple University News*에 연이어 날 정도로 그 당시 영향력이 있었다.[28] 이때 문학과 저널리즘에 대한 깊은 관심을 가졌던 한흑구는 해리 에머슨 와일드와 인사를 나누고 자신을 소개하였을 것으로 판단한다. 그리고 그가 쓴 몇 편의 글을 보여주었고, 조선에 온 자기의 입장과 생각을 나누었을 것으로 본다. 한흑구가 1936년 5월에 발간된 『조선문단』 속간 3호에 자신을 소개하면서 "필라델피아시에서 발행하는 *Public Ledger* 신문 등에 동양시사평론 등도 써보았다."라고 회고한 사실에서 추측할 수 있다. 한흑구가 그날 해리 에머슨 와일드를 만나 자기의 진실한 마음이 전달되었기에 시사평론을 기고할 수 있을 것으로 본다. 그렇게 한흑구는 사람을 만나도 참되고 솔직하며, 진정성 어린 대화를 통하여 상대에게 다가갔으며, 그 진정성은 실질적인 행동으로 이어졌다. 그것은 바로 그가 항상 간직했던 '조선의 마음'이었다.

그리고 한흑구는 템플 대학교의 국제학생단체였던 '코즈모폴리턴 클럽'에서도 고국에 대한 애정이 담긴 활동을 전개하였다. 다양한 배경을 가진 학생들이 모인 이 단체는 국제적인 우정과 이해를 증진하는 것을 목적으로 문화 교류를 통하여 회원들이 각자의 문화를 소개하고 경험하는 시간을 제공했고, 정기적으로 문화 행사를 개최하여 각국의 전통과 문화를 소개하는 시간을 가졌는데, 예를 들어, 각국의 전통 음식, 음악, 춤 등을 소개하는 행사가 포함되었다. 또한 국제 관계, 외교, 문화적 차이에 관한 세미나와 강연을 개최하여 회원들의 지식과 이해를 넓히기도 하고, 다양한 주제에 관해 토론하기도 하였다. 한흑구는 이를 통하여 국제 사회에서의 역할과 책임에 대해 생각하는 시간을 갖기도 하는 등 더 넓은 세계관을 가지는 일에 도움을 얻기도 하였다.

한번은 이런 일도 있었다. 국제학생회의 주최로 동양 학생 강연회를 개최할 때였다. 4명의 동양인 학생이 초청받았다. 수천 명의 청중이 모인 저녁 강당에서 필리핀 학생, 중국 학생, 인도 학생, 일본 학생 순으로 연설하였다. 마지막으로 한흑구가 연단에 섰다. 그는 연단에 나가 머리를 숙이고 5분간이나 그냥 서있었다. 자신의 감정이 어떻다는 것을 청중에게 극적으로 나타내었다. 그 당시의 분위기를 그는 이렇게 회고하였다.

> "나는 할 말이 없다. 내가 할 말이 너무나 많기 때문에 이곳에서 20분간 동안에 할 말이 없다." 이 말을 전두로 조선에 대한 이야기 외에 다른 말은 하나도 하지 않았다. 다시 합창이 있고 폐회하자 군중은 연단 아래에 나와서 연사들과 악수를 하기 시작했다. 누구보다도 나의 앞에 악수를 청하는 사람들이 많았고 어떤 노파는 나의 이야기를 반복하면서 나의 손을 두 손으로 꽉 잡고 눈물을 흘리시는 것이었다. 나는 가슴이 아는 듯 무서우리만큼 큰 감격을 하였으나 나오는 눈물을 참았다. (중략) 돌아올 때에 사회자는 나의 손을 잡더니 돈 25불을 쥐여 주면서 "다른 연사들은 모두 20불씩 주었는데 조선 대표인 당신에게는 5불을 더 줍니다." 하면서 미국식 웃음을 한번 웃어 보였었다. 미국서는 연사에게 얼마씩 꼭 주는 것이니 미국에 없는 사양을 할 필요는 없었다.[29]

그가 연단에 오르기 전 일본 학생의 연설이 있었고, 그가 등장하자 청중도 긴장하였다. 조직적으로 정치론을 이야기하고 주미 일본 공사나 일본 외무성의 대외 선전 정책과 조금도 어그러지지 않은 말을 했다는 것을 누구나 알고 있던 터에 한흑구가 보여준 침묵과 오로지 조선에 관한

조국의 독립을 생각하다 79

이야기만을 들려준 그 특별한 연설은 청중들에게 더욱 감동을 일으킨 것이었다. 당시 일본이 보여준 세계적 긴장 상황을 그 청중들도 모르는 바가 아니었고, 이에 그 연설의 부당함을 따지기보다 오히려 평화로이 대처한 그의 인상 깊은 연설은 사람들이 그의 이야기를 더 듣고 싶게 만들었던 것 같다. 이 일이 있었던 후 한흑구는 펜실베이니아주 저먼타운(Germantown)에 있는 성 마크 교회의 루터교 리그에서 사람들을 만나 교유하며 한국과 미국에서 그가 겪은 경험담을 들려주기도 하였다.[30] 그는 미국에 도착한 이듬해 북미유학생총회에서 '서신 담당 간사(Corresponding Secretary)'로 선임[31]되어 적극적으로 학생회 활동을 열었고, 1932년 3월부터 그리고 북미유학생총회에서 발간하는 학생 회보 *The Korean Student Bulletin*의 특파원(correspondents)으로 귀국할 때까지 활약하기도 하였다. 그리고 한흑구는 1932년 12월 21일 '코즈모폴리턴 클럽'의 초청을 받았다. 국제연구소에서 열리는 '코리안 나이트'에 연사로 나서게 된 것이다. 그는 '조선의 정치와 문화사', '조선인이 본 만주 문제' 등을 강론[32]하면서 고국을 중심으로 한 동아시아 국가들의 관계와 현실을 설파하기도 하였다. 그의 진정성 있는 강론은 회원들의 마음을 감동하게 했고, 평화로우면서도 정확한 진단과 비평은 코즈모폴리턴 클럽의 운영 목적과도 부합하는 것이었다.

   안익태[33], 김현규와 함께 코즈모폴리턴 클럽 회원으로 가입한 한흑구는 선배들이 졸업하고 새로운 집행부 임원들을 선출할 때 1933년 5월 12일, 본 클럽의 부회장으로 선임[34]되기도 하였고, 필라델피아 지역 한국 학생 클럽의 회장으로 선임되기도 하였다.[35] 그리고 그는 조선 재건의 건전한 정치 철학으로 사회주의를 제안하기도 하였다.[36] 이는 그가 시카고에서 보여준 '사회과학연구회' 활동과 무관하지 않다. 그리고 그는 로스앤젤레스에 있는 한국 학생들에게 저널리즘에 관한 강의37를 하는 등 조국의 학생들뿐만 아니라 의욕적으로 국제 학생들과 소통하며 학업을 이어갈 때 고국으로부터 그의 어머니가 위독하다는 연락을 받았다.

재미한인사회과학연구회를 창립하고

그는 시카고에서 '자주의 의식에서 출발하자'라는 기치를 내세우며 청년운동을 전개하기도 하였고, 시카고 청년들을 중심으로 '사회과학연구회'38를 창립하였다. 한흑구와 함께한 사회과학연구회는 창립 「취지서」에서 말하기를, "우리는 사회과학을 연구하는 동무들이 모인 모임이다. 과학과 사상에 남보다 뒤떨어진 우리는 기관이 있어야 할 것을 느끼고 단체적으로 사회과학을 연구하며 사상 문제를, 뜻을 같이하여 연구하기로 맹약하고 이에 재미한인사회과학연구회를 조직하는 바이다."라고 했다. 그들은 이어서 "우리는 세계 무산계급의 부르짖음에 보조를 같이하며 약소민족의 설움을 위하여 투쟁 전선에 나아갈 것"임을 다짐했다. 재미한인사회과학연구회는 '사회과학연구, 내외 사회사상 문제를 연구·비판·선전, 조선 대중운동의 촉성을 기함' 등을 강령으로 제시하고, 시국 토구회를 개최하기도 하고, 법의 정신과 인권 문제를 연구하기도 하였다.

그 당시 '사회과학'이라고 하는 것은 사회주의적인 이론과 실천을 나타내는 것으로 러시아에서 볼셰비키 혁명을 성공시킨 마르크스-레닌주의를 가리키는 것이 일반적인 개념이었다. 그런데 왜 자본주의의 첨단을 걷는 미국에서, 그것도 한인사회에서 이런 단체가 출현한 것일까? 시대적으로 볼 때, 미주 지역에서 일어나고 있는 한인 민족주의 운동의 변화가 영향을 미친 것으로 볼 수 있다. 3·1운동 이후 고조되었던 미주 지역의 민족운동이 1922년 2월 워싱턴회의가 종결됨으로써 침체기에 들었고, 미주 한인사회의 이민 세대의 고령화에 따라 새로운 단체와 인물들이 출현하게 된 것, 그리고 일본의 제국주의적 진출로 동북아시아의 정세가 급격하게 변하는 가운데 중국의 민족운동 세력들과 연대하려는 움직임들이 있었다. 이런 가운데 세계 경제공황에 다른 미국 내 약소민족들의 움직임 등이 복합적으로 작용한 것으로 판단한다. 이 무렵 한흑구가 참여한 사회과학연구회는 이런 시대적 상황이 반영된 것이 아니겠는가?

 한흑구는 사회과학연구회 회원들과 함께 민감한 사회문제를 논의하고, 회원들과 그 뜻을 함께하였다. 1930년부터 1933년까지 『신한민보』의 기사들을 토대로 그 활동 사항들을 알 수 있는데, 한흑구가 직접 발표한 활동을 중심으로 정리하면 다음과 같다. 1931년 2월 21일에는 사회과학연구회 시국 토론회에서 한흑구는 「통일문제」에 대하여 발표했다. 하와이 한인사회에서 동지회와 교민단 간에 세력 다툼이 벌어지던 그해 3월 15일에는 하와이 시국 강연이 열렸는데, 한흑구는 「대중적 혁명」이라는 제목의 강연을 펼쳤다. 이후 연구회에서는 신간회 해소론에 대한 토론회와 연구회의 주장, 공개 강연회, 만주 문제에 대한 토론회 등을 개최하였다. 한흑구는 1932년 1월 무렵에는 시카고를 떠나 필라델피아의 템플 대학으로 학적을 옮겼다.[39] 그러면서 자연히 시카고 중심의 사회과학연구회에 대한 참가도 힘들게 된 것으로 보인다. 그런 상황의 한흑구는 이 연구회의 회원들에게 특별한 애정을 보였다. 1932년 4월 21일 『신한민보』에 발표한 작품 「시카고」에 보면, '사회과연구 동지들에게'라는 부제가 붙어있다.[40] 한흑구는 처음부터 시카고를 노래하면서 그와 함께 활동하는 연구회 회원들에게 보내는 작품임을 염두에 둔 것이다. 작품을 보면 이러하다.

시카고는 나의 둘째 고향!
거기에는 나의 동무가 있고,
조국을 위하여 싸우는
내 동무들의 숨결이 있는 곳.

호숫가에는 공원과 호텔
카지노 클럽으로 가는 자동차들,
이곳에 동무 없이 나와 앉아
수심하는 동무들이여!

클락 스트리트를 건너 저편에는
백년 늙은 헌 집 속에 먼지 더미.
밤늦어 이 골목으로 들어가는
동무의 무겁게 늘어진 머리!

시카고는 시인을 미치게 하였고
사회학자를 잠 못 자게 하였나니
개포네의 총대는 호텔 문을 잠그고
시장은 개포네의 축배를 마시었다.

돈 많은 사람의 노래터
예술에게 이혼당한 그림쟁이의 술 노래,
음악가의 엉덩이춤,
그 속에도 내 동무들 무겁게 숙인 머리.

시카고는 나의 둘째 고향!
싸움 많은 그곳, 술 많은 그곳,
돈 많은 그곳, 일자리 없는 사람들—
그중에서도 내 동무, 그리고 붉은 깃발이 날리는 곳.

동무여! 시카고에 있는 동무여!
그곳은 세상에 두울도 없는
현대인의 수술실이어니,
굶고, 배고파도
그곳에 우리의 수술대가 놓였고,
우리의 환자가 뉘어 있다!

시카고는 나의 둘째 고향!
동무와 그곳이 그립구나!

그에게 있어 시카고는 고향과도 같은 존재이며 함께 지냈던 사회과학연구회 회원들은 그리운 친구이기도 하다. 조국을 위하여 싸우는 내 동무의 숨결이 있는 곳이 시카고이고, 눈앞에 펼쳐진 자본주의적 폐단과 맞선 동무들의 수심을 공유하며 가난하고 소외당한 이들 편에서 서서 개혁을 꿈꾸던 곳이 시카고이고, 그 희망의 붉은 깃발이 휘날리는 곳이 시카고였다. 한흑구는 시카고를 현대인의 수술실로 비유하며 우리가 고쳐야 하고 낫게 해야 하는 환자가 있다고 역설하였다. 시종일관 '시카고'와 '동무'를 중심으로 시상을 전개한 이 작품을 통하여 그가 보여준 것은 그리움이지만, 한 걸음 더 들어가면 이 시는 그가 활동하던 사회과학연구회의 활동 목적과 가치관이 그대로 드러나 있다.

그 많은 시편에는 이국에서 생활하는 조선인으로서 조국과 고향에 대한 그리움이 담겨있다. 시카고를 제2의 고향이라고 할 만큼 마음의 평안을 얻은 한흑구이지만 마음 한쪽에는 언제나 자기 고향에 대한 그리움과 국권을 잃은 조국을 되찾아야 한다는 강한 의지가 내재해 있다. 조국을 위하여 싸우는 일, 그것은 바로 조국 독립을 위한 활동이 아닌가?

고국에 대한 사랑을 문학예술로 표현하고

한흑구는 미국 사회에서 일제의 압제에 항거하는 물리적 전쟁을 수행하는 것은 아니지만, 그에 못지않은 정신적 무장을 통하여 극일의 길을 모색하는 그의 투쟁 방식은 도산 정신을 바탕으로 우리의 문화적 성숙을 통한 우리 민족의 정신적 단결을 촉구하는 일이었다. 구체적으로 이렇게 말하였다.

> 우리 민족의 가장 미워할 약점은 거짓을 일삼는 데 있다고 생각한다. 권력에 아부하는 것도 거짓이요, 사리(私利)를 위해서 남을 속이는 것도 커다란 거짓이다. 우리는 자아의 진실을 찾고, 애족애국의 진실한 정신을 찾아서 하나의 가정과 부락과 국가 사회를 이룩하는 데에 기초를 삼아야 할 것이다.[41]

그는 조국 독립을 위하여, 그리고 독립 후 민족의 미래를 어떻게 열어 갈 것인가에 대한 고민을 하며, 젊은이로서 국가 사회에 어떻게 기여할 것인지 모색하기도 했다. 그는 당시 미주 사회의 청년들이 분열되는 모습을 보고, 「그대여 잠깐만 섰거라」를 발표하면서 미주 사회의 청년들이 우리의 현실을 직시하고 일치단결할 것을 촉구하기도 하였다. 그 내용의 일부를 보자.

> 그대의 갈 길은 오직 한곳에 있나니 해 뜨는 동편 하늘 아래로 그대는 나갈 것이다. 오직 동편이다. 서편도 아니요 북과 남도 아니다— 지금이라도 그대는 다시금 명예와 세력의 노예가 되지 말고 한곳에 모여서 한 깃발 아래에서 고함소리를 합하여라— 먹을 것 없는 사람에게 명예와 지위만이 쓸데없는 것이다. 그대여! 작은 돌을 들어 큰 돌을 치어 보라! 오히려 작은 돌이 세어질 것이다. 어느 때든지 큰 힘을 이기려는 작은 힘은 합치어야 될 것이다. 그대여! 만일에 너희 가운데 나라의 이름을 팔며 사리를 도모하는 자가 있느냐! 만일 나랏일을 빙자하고 사리를 취하는 자가 있거든 그는 도저히 용서할 수 없는 것이다. 그는 이완용에 몇백 배 더 악한 매국자일 것이다— 그대여! 그대는 무엇을 배우는가? 젊은 청춘을 그대로 썩히면서 그대는 무엇을 배우는가— 그대는 참으로 위대한 자다. 그대야말로 새로운 나라의 어머니요 지도자일 것이다—[42]

한흑구는 당시 미국에 거주하고 있는 젊은이들, 특히 공부하는 젊은이들을 대상으로 이 글을 썼다. 젊은이들이 민족의 독립을 위하여 투신할 것을 호소한 이 글은 조국의 독립을 위하여 우리 젊은이들이 무엇을 해야 하는가에 초점이 맞추어져 있다. 20세의 젊은 작가 한흑구는 이후 다양한 학생 활동 속에서 자신의 위치를 공고히 하는 모습들을 볼 수 있는데, 그의 이런 면모를 가늠할 수 있는 작품이라는 것도 중요한 사실이다.

청년 한흑구, 그는 이국땅에서 유학하면서도 조국의 잃어버린 주권을 되찾기 위한 자신의 마음이 흐트러지지 않도록 노력하였다. 고학 생활의 어려움 속에서도 조국을 향한 그의 마음은 변함이 없었고, 그 마음을 '님'을 향한 고백으로 드러내었다. 그는 시 「무제록」에서 이렇게 노래하였다.

호미를 들까!
칼을 들까!
내 팔의 힘을
정성 다해 살펴보네―

이것저것
모두 내 님을 위함이어니
내 이제 숨김없는 내 가슴의 피로
님 위해 끝내 노래하려네―

그는 알고 있었다. 지금 당장 총칼을 들고 일제와 맞서 싸우는 것도 중요하고, 내일의 조국을 위하여 힘을 기르는 것도 중요하다는 것을. 한흑구는 이제 미국 땅에 들어온 지 10개월 남짓한 시간이 흘렀고, 무엇보다도 조선의 내일을 위하여 지금 그가 할 일은 열심히 공부하고, 시인으로서 조국을 노래하고, 조국을 사랑하는 마음을 더욱 깊이 새기는 일이라는 것을 알기에 자기의 『습작집』에 이 시를 기록하면서 "울거나 웃거나 내 가슴의 맥박 위에 / 위대하신 내 님을 노래하네!"(「무제록」 마지막 행)라고 조국을 향한 사랑을 고백하기도 하였다.

한흑구가 1934년에 귀국하고 『조선문단』에 작품을 발표할 무렵, 이 잡지의 편집인은 한흑구를 소개하는 글 마지막에 "군은 창작보다도 평론에

조국의 독립을 생각하다 87

특장이 있다."⁴³라고 소개하였다. 실제로 한흑구는 많은 영문학 논문과 논평을 발표하였는데, 그가 평론이라는 갈래를 염두에 두고 첫 글을 발표한 것은 '북미(北美)학생총회'의 기관지 『우라키(The Rocky)』를 통해서였다. 그는 1931년 잡지 제5호를 발간할 때, 임영빈(任英彬)과 함께 문예 부문을 담당하고 있었고, 전영택(田榮澤)이 주필을 맡았다. 그때 전영택으로부터 '조선문단에 대한 소평이나 부탁을 써달라는 청'을 받고 200자 원고지 약 8매 분량의 평론을 썼는데, 「작품제일(作品第一), 평론제이(評論第二)」가 그것이다. 우선 내용을 보면 다음과 같다.

> 편집자로부터 조선문단에 대한 소평이나 부탁을 써달라는 청을 받았다. 그러나 해외 학구로서 더욱이 조선문단인으로서의 경험이 없이 논평을 시(試)한다 함은 부당한 것 같다. 다못 조선문단에 대한 부탁이 있다면 작품제일, 평론제이다.
> 　물론 작품이 시장에 나오는 데는 작품을 따라 장구한 시일을 요하는 것이다. 기성문인이 소수나마 있는 이상 그들의 존재는 작품과 같이 표명돼야 할 것이다.
> 　근래로 프로파와 민족파 간에 형식론에 대한 논쟁이 격렬하였던 것을 기억한다. 이 역 작품 행동으로서 표명할 것이다. 벌써 작품이라면 형식을 구체하는 것을 의미하는 것이니 문제는 소위 문학적 내지 예술적 가치 유무다.
> 　어떤 학생은 세루 교복에 세루 모자를 씀으로 일종의 멋으로 안다. 어떤 학생은 무릎 나온 헌옷에 찢어진 모자를 씀으로 남성적 멋이라고 한다. 이들의 미학적 가치는 정반대적이나 미적 만족은 동일한 것이다. 요컨대 특수한 조선인에게는 거기에 적응한 모든 것이 창작적 출현을 필요로 할 것이다.

영미 작가들은 대체로 다작주의다. 첫째로 생활이 여유가 있는 이상에 작품은 탈고하기 전부터 출판자들이 경쟁하여 매수한다. 그러고 문단, 출판계, 시장, 독자 — 모두 풍성 풍성한 것이 또한 일이나 이들에게는 속력 문명의 현대사회를 측도하려는 곳에 일리가 또 있는 것이다.

우선 작품상 나타난 조선의 인물을 대하고 싶은 것이다. 그러나 지금까지 나의 머리에는 조선적 인물을 작품상에서 발견하지 못하였다. 아마 「춘향(春香)」이나 「수일(秀一)이와 순애(順愛)」가 조선 사회에 알려진 것뿐인 듯하다. 외국에서 수입한 톨스토이의 「카츄사」 — 혹은 입센의 「로라」 등이 얼마큼 알려진 모양이다. 그러나 「춘향」이는 과거 시대의 전형이요 「수일이 순애」도 일본산의 과거 인물들이다. 「카츄사」, 「로라」는 그나마 과도기에 있는 조선 여성에게 얼마큼 우상의 존재가 있는 듯하다.

이상주의를 운위하는 문인이 있고 계급문학 등등의 문인들이 있으나 그들의 대표적 인물이 작품상에 출현하였던가.

이곳 와서 한 가지 감탄한 것은 노벨상 수자 씬클레어·루이스의 작품이다. 연초상, 식료품상 등의 점두에까지 그의 작품은 75선의 정가를 붙여 고대탐정소설 등과 같이 진열하여 발매하는 것이다. 대표작 「큰 거리」, 「빼빗」 등으로부터 거의 전부를 75선이면 서점에 가지 않고도 그의 소설을 살 수 있다. 그러나 트레이서, 썩코오네일, 앤터슨 등의 작품은 45불의 돈을 들고야 서점에 가서 대면할 수 있다.

작품은 다못 독서자의 책상에 끼어진 뒤에야 가치가 있을 것이다. 더욱이 현금 조선대중의 책상에 끼어지려면 — 작품은 염가로 파는데 가치가 떨어지는 법은 없는 것이다.

요컨대 불국(프랑스) 혁명 시대의 작품과 같이 로아(러시아) 혁명

시대의 작가와 같이 시대를 반영하고 지휘하는 작품과 작가들이 출현하여 문단의 동향을 측정하기를 바랄 뿐이다. 평론에 대하여는 지면 관계로 약(略)하고 다못 작품 제일, 평론 제이를 재언(再言)한다.[44]

전영택의 요청에 따라 한흑구는 원고지 8매 분량의 글을 1931년 3월 21일 완성한 후 그를 만났다. 맨 처음 기획한 대로 전영택은 『조선문단』에 대한 언급을 좀 더 첨가해 주기를 요청하였지만, 이 원고를 수정하기보다는 기획 의도를 담은 소품 하나를 추가했는데, 그것이 바로 「조선문단에게」라는 글이다. 그런데 이 글의 글쓴이에 대해서 목차에는 '김태선(金太線), 한세광(韓世光), 임영빈(任英彬)' 3인으로 되어 있다.[45] 전영택의 기획에 맞는 글을 쓰기 위하여 문예 부문을 담당하였던 한흑구와 임영빈이 논의를 하면서 김태선에게 공동 논의를 요청하였을 것으로 추측한다. 그 결과, 전영택의 재요청 후 3일 만인 1931년 3월 24일 이 글을 완성하였다. 『우라키』 제5호의 편집후기에 보면 "「교사(絞死)」— 이 창작은 러시아 작가적 침통미(沈痛味)가 있는 것입니다. 나는 이 창작으로 우리 문단에 드문 수확이라 하여도 부끄럽지 않을까 합니다. 「하우스웕」은 재미있는 글이외다. 그것이 우리 유학생살이를 적은 것임에 누구나 그 글을 읽고 재미있어할 것이외다. 더욱이 우리 유학생은 그것을 읽으면서 웃으면서 그 쓰린 경험을 회상할 것입니다."라는 주필의 기록이 있다. 이는 그 당시 주필이었던 전영택의 글로써 두 글에 대한 평가가 그대로 반영된 것을 볼 수 있다. 그 전문을 보면 다음과 같다.

지금 우리는 미주에 유학하는 사람들의 문예품을 조선문단에 제공한다. 언어, 관습이 다른 이 나라에 와서 공부하는 우리들에게는 사향문학(思鄕文學)이라는 특수 형식의 문학을 출산하기 쉬운 것이다. 나는 이 형식의 작품을 우리 미주유학생들에게서 발견한다. 그러나 나는 어떤 때는 사향문학이 애수주의(哀愁主義)에 너무 흐르지 않나 하고 의심하기도 하였다. 애수주의가 잘못하면 우리의 건전을 부식(腐蝕)하겠는 까닭이다. 사향문학이 건전하고 진실한 순정의 유로(流露)면 거기에는 무한한 가치가 있는 것이다.

미주에서 체험한 거기서 우러나온 작품을 나는 맑음문학[46]이라는 부류에 집어넣고 싶다. 어찌하여 그런가 하니 그런 작품에서는 고향(故鄕)에 그저 있는 이들이 맛보지 못할 정조(情操)가 흐르고 있는 까닭이다. 그 특수한 정조(장성욱 군의 「하우스웕」[47]같은 것은 참말 특수하다. 일본에 가 있는 유학생들의 사향문학과도 다른 특수한 정조를 가진 것이다. 이런 말을 쓰는 나도 미주에 오기 전까지는 그 특수미를 몰랐었다. 김준산(金俊尙) 군의 「교사(絞死)」[48]는 현대적 병 — 곧 Abnormality의 표현이다. 아직 우리 사향문학의 작품이 그 가경(佳境)에 이르려면 멀고 먼 길을 걸어야겠다. 그러나 이만한 작품이라도 조선문단에 제공하게 된 것은 기쁘다.

나는 우리 미주유학생들에게서 웅대한 사향문학이 어서 나오기를 빌며 또 조선문단에서 이 어린 동생의 걸음마를 두둔겨 주기를 빌고이만 둔다.[49]

한흑구가 사향문학(思鄕文學)이라고 정의한 문학은 문자 그대로 고향을 그리워하는 마음을 주제로 하는 문학을 의미한다. 이 문학 장르는 주로 고향에 대한 향수, 그리움, 그리고 고향을 떠난 동안 느끼는 감정을 표현한다. 사향문학은 특정 시기의 사회적, 정치적 상황과도 밀접한 관련이 있는데, 전쟁이나 이주 등으로 인해 고향을 떠나야 했던 사람들의 경험이 작품에 반영되기도 한다. 사향문학은 개인적인 경험과 감정을 바탕으로 하지만, 그 속에는 보편적인 인간의 정서와 삶의 이야기가 담겨있다. 바로 이 점을 두고 한흑구는 "아직 우리 사향문학의 작품이 그 가경(佳境)에 이르려면 멀고 먼 길을 걸어야겠다. 미주유학생들에게서 웅대한 사향문학이 어서 나오기"를 고대한다는 평을 내렸다. 그렇게 한흑구는 조선문단에 대한 작은 평가를 시작으로 비평가의 길을 걷기 시작했다.

흥사단 가입과 청년 활동

그는 미국 유학 시절의 초기, 그의 20대 초기는 대사회적 활동을 중심으로 전개되었다. 그 가장 깊은 곳에는 '조국의 독립과 세계 평화의 쟁취'라는 큰 그림이 놓여있다. 한흑구는 1930년 3월 흥사단에 입단(단우번호 258)하고, 본격적으로 활동을 전개하였다. 이 무렵 한흑구는 3개월 동안 『신한민보』(1930. 7. 17.~10. 30.)에 『토막글』이라는 제호로 7회에 걸쳐 11편의 단문을 발표하였다. '꿈, 잠자는 얼굴, 돈과 굴욕, 풍설, 웃음, 영웅, 개인, 외로움, 학식, 근심, 명예욕' 등의 제목으로 발표한 이 글에서 우리는 20대의 청년이었던 한흑구의 생활 철학과 사상을 엿볼 수 있다.[50]

그는 나라를 잃고 미국으로 건너온 젊은 조선인들의 생활을 유심히 보면서 일치단결하지 못하고, 현재의 안락함에 젖어서 자신의 정체성을 망각하는 일을 자주 접한 것으로 보인다. 이런 사회적 현실 앞에 그는 한인 청년들에게 하고픈 말들이 많았다. 그래서 21세의 청년 한흑구는 11가지의

[그림 8] 한흑구가 흥사단 입단 서약을 하였던 흥사단 단소(로스앤젤레스 다운타운 근처 106 N Figueroa St.) 출처: 도산안창호전집.

제재로 당대의 청년들과 나누고 싶었던 자기의 생각을 펼쳤다. 그는 가장 기본이 되는 일부터 철저하게 다지기(「꿈」), 괴로움을 생각할 틈이 없도록 열심히 일하자는 것(「잠자는 얼굴」), 자기의 노동 경험을 바탕으로 물질 숭배 혹은 자본 제일주의적인 현실 성찰(「돈과 굴욕」), 청년의 도덕적 부패에 대한 비판과 난무한 풍설에 대한 비판적인 안목 가지기(「풍설」), 크고 솔직하게 살아가는 삶(「웃음」), 민중과 개인을 중대시하고 민중의 자유와 행복을 위한 시대적 요구(「영웅」), 민중과 개인의 상호 관계 안에서 중요한 개인의 역할(「개인」), 외로움을 넘어 긍정적이고 힘찬 내일 설계하기(「외로움」), 세대의 차이를 넘어 서로 인생을 배우고 인류를 사랑하고 도와주는 따뜻한 인격의 소유자 되기(「학식」), 자연의 법칙을 직시하고 근심 많은 현실 앞에 바로 서서 극복하기를 촉구하고(「근심」), 명예를 얻기보다 인간의 본질을 깨닫고 이름보다도 귀한 일의 성과를 위하여 괴로움을 이기기(「명예욕」)를 촉구하는 등 전체적으로 부정보다는 긍정, 어둠보다는 빛, 슬픔보다는 기쁨의 마음으로 살아가기를 바라는 청년 한흑구의 정신세계를 보여주고 있다.

이는 일제강점기라는 상황과 미국 유학에서 발견되는 조선인들, 특히 조선 젊은이들의 삶, 그리고 그 공동체 안에 한 개인으로 살아가는 인격 간의 상호작용에서 빚어진 것들이다. 그의 시편과 산문에서 발견되는 삶의 진리 혹은 가치를 진선미(眞善美)의 탐구에서 찾고자 하는 마음이 『토막글』 11편에서도 그대로 반영되었다. 그가 그리스도인이었기 때문에 그러하다고 단정하기보다는 인간이 지닌 보편적 아름다움과 한흑구의 보편적 인간애와 자유와 책임을 강조하는 인격의 발로라고 할 수 있다. 물론 그의 성장 배경에서 확인되는 그리스도교적인 생활과 윤리적 삶의 영향도 무시할 수는 없다.[51]

한흑구는 미국 유학 중에도 공부에만 전념할 수 있는 상황은 아니었다. 생활비를 충당하기 위하여 일해야 했고, 그 돈의 일부는 조국 독립 자금으로 내어놓았다. 그는 흥사단의 단우로서 '신뢰할 동지를 권하여 실력 준비 운동에 있는 동지 모으기'에 힘쓰기도 하고, 그 구체적인 방법을 제안하기도 하였다. 그 하나가 흥사단 단보를 좀 더 공개적이고 사회적으로 드러내어 '잡지식 일반 사회에 흥사단 정신으로 표현하며 동지를 규합하는 일'[52]이다. 그는 고학의 어려움을 안고 있지만, 정신적인 힘으로 이를 극복하고자 노력하는 모습을 보여주었다. 그가 토막글 11편에서 보여준 철학과 사상은 흥사단 활동 안에서도 그대로 드러났다. 그는 단우 최희송에게 보낸 1931년 5월 8일 자 편지에서 "돈으로 하여금 인간의 존재가 조그만 스페이스를 차지하게 되는 것은 매우 현대인으로서 우려할 바라고 생각합니다. 문자적·유형적 의무는 불충분할지라도 정신적 의무만은 늘 충분하도록 힘씁니다."라고 전하면서, 다음과 같은 소신을 펼쳐 보인다.

모든 것을 수양 그것만을 위하는 데서 한 걸음 실제적 활동을 준비하는 곳으로 진취하였으면 합니다. 수양에도 동적 수양과 정적 수양이 있지 않겠습니까? 이론적과 실제적이겠지요? 세상이 자꾸 움직이면서 있으니까 역시 수양도 움직임에 대상적(對象的)이 되어야 할 듯 하외다. 물론 민족적으로 우리는 아직 성과적 증명을 수확하지 못하고 다못 일을 성상(成上)하기 위하여 단결·수양 등의 표어를 갖고 있는 과정에 있을 뿐이겠습니다. 그리고 우리는 합한 후에도 수양이 부족하여 아무 성과적 변증물(辨證物)을 대중에게 집착시키지 못하고 다시 해소의 분석적·소극적 결과를 거듭하는 듯 하외다.

조국의 독립을 생각하다

미주 사회에서 흥사단 활동은 사회적 변화에 맞추어 대응하여야 할 것과 이를 위하여 단우들의 수양 역시 대상적인 관계로 바뀌어야 한다는 것을 말하고 있다. 이것은 현장 체험에서 나오는 그의 현실적 감각과 대응감의 표출이다. 그는 현실을 바라보는 예리한 감각으로 자신에게 도전해 오는 사회의 다양한 벽 앞에 진실하면서 성실한 응전의 정신으로 살았다.

그러면서 그는 시카고 국민회 지방회 주최 대한 독립 선언 12주년 기념식에서 충혼위로문을 낭독하고, 하와이 시국 강연에서 '대중적 혁명'을 강론하는 등 문학과 문화를 통한 청년 의식 운동을 전개하였다. 그의 글「그대여 잠깐만 섰거라」에서 드러낸 바와 같이 조국의 독립을 위하여 우리 젊은이들이 무엇을 해야 하는가에 초점을 맞추고, 가던 길을 잠시 멈추고 자기 말을 들어달라는 애원, 그 간절한 마음을 전하고 있다. 미국으로 건너온 지 4개월 남짓한 기간 동안 그의 눈에 보인 한인사회의 모습, 그리고 젊은이들의 행태는 분열의 모습이었다. 독립을 갈구하는 마음은 같지만 서로의 마음이 다르고 방향과 길이 다른 모습에서 힘이 모이지 않는 것을 보았다.

이런 상황을 인지하였던 한흑구는「젊은 시절」(『동광』제27호(1931년 11월 10일))을 발표하면서 젊은 시절을 무의미하게 보내는 이들에 대한 일침을 가하기도 하였다. 1930년대 초 경제공황에 빠진 세계 사회의 흐름 앞에서 오히려 젊은이들이 새로운 희망을 품어야 할 때임을 강조하면서 조선의 젊은이들에게 그 초점을 돌린다. 유학생들의 고뇌와 본국에 있는 젊은이들의 괴로움도 알고 있다며, 내외 젊은이 모두에게 그 시선을 돌리는 그의 시각은 민족운동을 전제로 한 시각이며 한인사회의 지도자적인 자질을 보여주는 것이다. 우리가 처한 현실 앞에 쉽게 낙망하는 낙오자, 그들은 '환멸과 절망 속에 벼랑타리길을 걷고 마는 것'이라고 안타까워한다. 결국 '내가 나갈 길, 내가 살 길, 내가 싸울 길'을 인식할 때 우리에게는 생의 희망과 고뇌의 가치와 승리의 환희가 있는 것'을 강조하며 젊은이들이 자신의 길을 명백히 인식할 것을 희망하기도 하였다.

「젊은 시절」에서 한흑구가 말하고자 하는 것은 젊은이의 생기와 정열을 잃지 말고 자신의 길을 개척해 나가자는 것이다. "우리는 먼저 세상을 인식하고 내가 젊었고, 세상이 젊었다는 것을 재의식할 것이 아니냐! 삶을 긍정하고 살아 있는 이상 우리는 탄력을 갖고 움직이어야 할 것이다."라는 문장 안에 그가 말하고자 하는 바가 잘 드러난다. 그런데 문장을 곰곰이 살펴보면, 그가 이러한 글을 발표하게 된 배경이 궁금해진다. 그는 이 글을 발표하기 전에 이미 여러 편의 글을 발표하였고, 대중 앞에서 연설하는 등 당시 한인사회의 젊은이들에게 영향을 주는 인물이었다.

1929년 한흑구가 미국에 도착하던 해 가을, 뉴욕의 증권 폭락에서 시작된 세계 대공황은 미국 내 한인사회에 경제적 타격을 주었고, 사상적인 측면에도 영향을 주었음은 쉽게 짐작할 수 있다. 또한 미주 한인사회를 이끌었던 이민 1세대의 고령화로 세대교체가 진행되고 있었고, 일본의 만주 침공으로 동북아의 정세가 급변하는 가운데 민족운동의 새로운 방향을 모색하는 흐름이 있었다. 한흑구가 참여한 사회과학연구회는 바로 이러한 상황 변화를 반영하는 것이었다. 그들은 연구회의 창립 취지서에서 "우리는 세계 무산계급의 부르짖음에 보조를 같이하며 약소민족의 설움을 위하여 투쟁 전선에 나아갈 것이다."라고 하였다. 이들은 다양한 형태의 모임과 매스컴을 통하여 자신들의 뜻을 공식적으로 드러내곤 하였는데, 대표적으로 1931년 3월 25일에는 신간회 해소론에 대한 토론회, 6월 14일에는 시국 강연회를 통하여 '현 경제 제도에 대한 우리의 태도'라든가 '제1세기 사회주의자'와 같은 주제 발표, 12월 19일에는 만주 문제에 대한 강연회 등이 그것이다. 당시 우리나라가 처한 시대적 상황 안에서 어떻게 우리 민족의 길을 열어갈 것인가를 고민하던, 다시 말하면 '민족운동의 새로운 방향'을 모색하던 시기의 활동들이었다. 한흑구 역시 이러한 고민을 하였으며, 당시 자신이 몸담고 있던 미국 사회에 대한 전망과 우리나라의 미래를 종합적으로 바라보고 있었던 때였다. 이러한 시대적 상황을 배경으로 「젊은 시절」이 나온 것이다. 당시 민족운동지로서의 성격을 분명히 하였던 『동광』에 이 글을 발표한 것은 그가 당시 흥사단의 단우로서 활동하고 있었고 사회주의 사상을 연구하지만, 궁극적으로는 우리 민족의 독립과 민족이 가야 할 길을 모색하는 방향이 민족운동에 닿아있기 때문이다.

그의 초기 작품은 민족과 청년을 중심으로 한 그의 생각을 담은 글들이 많다. 그가 조선을 떠나 미국으로 들어갈 때의 심정, 그리고 미국 생활의 심정을 엿볼 수 있는 그의 작품에서 발견되는 민족에 대한 사랑과 젊은이에 대한 애정은 당시 지식인으로서의 깊은 고뇌와 함께 약소국가의 국민으로서의 설움을 잘 보여주고 있다. 특히 매년 3월 1일이면 성대하게 열리는 삼일절 기념식은 더욱 특별하게 다가왔고, 한흑구는 매년 거행되는 기념식의 한 부분을 담당하기도 하였다. 「젊은 시절」을 발표하던 1931년 당시에도 그러했다. 국민회 지방회 주최로 시카고 한인예배당에서 삼일절 12주년 기념식이 성대하게 열릴 때, 한흑구는 '3·1 충혼위로문'을 낭독하였다. 당시 미국의 한인사회에서 정식 작가로 알려진 그는 자신의 천부적 재능을 국가와 민족을 위하여 봉사할 기회를 저버리지 않았다. 바로 그러한 마음과 젊은이들을 향한 사랑과 젊은 시절을 낭비하는 일에 대한 안타까움 등이 「젊은 시절」에서도 드러나고 있다. "나는 젊은 시절을 안고 지나간 젊은이들과 젊은 세상을 찾아 헤매고 있다."라는 한흑구의 말이 많은 시간이 흐른 후 발견되는 화석의 소리가 아니라 살아있는 오늘의 목소리로 들려오지 않는가? 손으로 만질 수 있는 한흑구는 가고 없지만, 영혼으로 만질 수 있는 한흑구는 우리 가슴에 남아있지 않은가?[53]

이승훈의 서거와 안창호의 체포

한흑구의 미국 생활이 1년 정도 지난 1930년 5월, 주체적인 근대교육의 선구자요 독립선언서에 서명한 민족 대표 33인 가운데 한 분인 남강 이승훈(李昇薰)의 서거 소식이 조선으로부터 들려왔다. 그의 서거 소식이 미주 한인사회에도 전해지자 한인교회를 중심으로 그를 추모하는 예배가 열렸다. 마침 시카고 한인사회에서도 그를 추모하는 물결이 일었고, 교회에서는 추모예배가 열렸다. 추모예배를 다녀오던 한흑구는 조국의 독립과 민족의 교육에 헌신하였던 남강 선생의 서거를 애통해하며 아래와 같은 한 편의 추모시 「고 남강 선생을 도상함」을 바쳤다.

한 잎사귀 낙엽이
시들어 떨어지니
이 강산에 가을이라 함을—

칠십 고개 넘어서
가시는 선생님을—
매달리고 붙잡고
애원한들 대답하시리!

바다를 건너는
서러운 부음을
고개 숙여 몇 사람이
뜨거운 눈물로 나눕니다.

그래도 선생이 누운 자리
열정을 퍼붓던 그 땅인걸
목메어 우는 여울가에
선생의 부르는 소리를 뉘 아니 들을쏘냐.

선생은 가시고 못 오셔도
뜨거운 선생의 사랑은 끝없어
바람이 되고 냇물이 되어
쓸쓸한 뜰 밖에서 부르실걸—

가슴 복판에 우러나는 정을
붓으로 다 할 수 없사오니—
태평양의 물결아 잠잠하여
말할 수 없는 우리의 정을 전하여라!

  우리가 이미 알고 있듯이 남강은 신민회 운동과 3·1운동 등으로 모두 세 차례의 옥고를 치렀을 뿐 아니라 독립선언서에 서명한 33인 중에서도 가장 늦게 출옥한 이후에도 민립대학기성회 운동 등에 헌신했던 분이다. 그가 1930년 5월 9일 서거하였는데, 그는 숨을 거두기 전 "내 뼈는 표본으로 만들어 학교에서 사랑하는 학생들에게도 보여주고 교육에 진력하는 사람들에게도 보여주기 바란다."라는 유언을 남겼다. 장례는 사회장으로 치렀고, 그의 유언에 따라 유해는 경성제대 병원으로 옮겨져 살을 빼고 뼈를 표백해 표본으로 만드는 절차에 들어갔으나, 일본의 조선총독부는 이를 강권으로 금지해 표본 제작을 저지하였다. 그의 남은 뼈조차도 일제는 두려웠다. 이러한 사실들이 미주 사회에도 알려지게 되고, 그를 추모하는 예배가 미주 전역으로 퍼져갈 때, 그의 정신을 본받으려는 마음뿐만 아니라, 일제의 강압에 유언도 지키지 못하게 된 그 슬픔과 남강에 대한 사랑과 정을 담아 한흑구는 시를 읊었다.

한흑구는 남강 이승훈의 서거뿐만 아니라 도산 안창호의 체포 소식에도 통탄하며 시를 쓰기도 하였다. 1932년 4월 29일, 중국 상해의 훙커우 공원에서는 윤봉길 의사 의거가 있었는데, 이날은 안창호가 상해의 우리 동포 소년들이 조직한 소년단에게 기부금을 주기로 약속한 날이었다. 윤봉길 의사 의거로 일본의 경계가 더욱 강화된 상해, 체포 위험이 어느 때보다 컸던 그때, 안창호는 약속을 지키기 위해 당시 흥사단원인 이유필의 집을 방문했을 때, 일제는 안창호를 체포해 조선의 경성(서울)으로 압송, 서대문형무소에 수감했다.[54] 이런 사실이 미국에 있던 동포 사회에도 알려지게 됐고, 이 소식을 들은 미국의 한인사회와 흥사단의 모든 단우에게는 커다란 충격이 아닐 수 없었다. 당시 미국 필라델피아의 템플 대학에서 신문학을 공부하던 한흑구에게도 이 소식이 전해졌다. 그의 아버지 한승곤과 함께 흥사단 단우로 활동하면서 안창호를 자주 대면했던 한흑구에게 안창호의 수감 소식은 청천벽력과 같았다. 땅을 치는 울분에 싸여 한동안 슬픔에 빠져있던 한흑구는 그의 심정을 한 편의 시 「잡혀간 님 — 도산 선생께 드림」으로 표현했다.

떠 단기는 나의 님이매
내 맘도 떠 단기었나이다.
괴로우신 나의 님이매
내 맘도 괴로워하였나이다.
외로우신 나의 님이매
내 맘도 외로워하였나이다.
오! 그러나 옥중에 계신 님이매
우리 맘도 그러하오리까?

옥중에 드신 님이매
맘은 더욱 나와 같이 하나이니까?
전에 같이 하든 맘이
오늘 더욱 같이 하나이니까?
님의 몸은 옥중에 계셔도
주고 간 님의 맘, 어이 그러하오리까?
벌써 벌써 주고 간 님의 뜨거운 맘—
— 아! 나를 어찌 떠나리이까?

  한흑구는 그가 대상에 대한 극존칭을 나타낼 때 주로 '님'이라는 단어를 사용하였던 것으로 볼 때, 안창호에 대한 그의 마음이 어떠했는가를 이 시어 하나로도 충분히 가늠할 수 있다. 한흑구는 안창호와 사실상 '하나의 마음'이라는 것을 드러내며, 그에 대한 사랑과 존경을 드러내면서도 자신을 비롯한 흥사단의 단우들, 그리고 조국의 독립을 위해 헌신하는 모든 이의 슬픔을 직설적으로 표현했다. 안창호가 자기에게 주고 간 그 뜨거운 마음, 즉 조국을 사랑하고 조국의 독립을 위해 무엇을 해야 할 것인가에 대한 굳은 의지와 애국심 등이 결코 자기를 떠나지 않을 것이라는 고백도 담고 있다. 그의 시가 오늘의 우리에게도 가슴 울리는 것은 일제강점기 조국의 독립을 위해 자신의 목숨까지 바쳤던 선열들의 붉은 마음이 지금의 우리에게도 살아 전해지기 때문이다.

이후 안창호가 석방된 후 평안남도 대보산 송태산장에 머물 때, 1934년 조선으로 귀국한 한흑구는 일경의 감시를 피해 안창호를 만났고, 1936년 귀국한 한승곤 목사도 재회의 기쁨을 나누며, 미국 흥사단의 상황을 전해주기도 했다. 그 후 1937년 6월 수양동우회 사건으로 세 사람 모두 일경에게 체포되는 고통을 겪기도 했다.

남강의 서거와 도산의 피체 이후, 한흑구는 일제의 강제 지배 앞에 놓인 고국에 대한 그리움과 독립에 대한 열망은 더욱 높아갔다. 한흑구는 그의 시 「고국」에 그런 마음을 그려놓았다.

조선, 나의 고국이여!
조선 사람, 나의 동포여!
산 높고, 물 맑은 네 품.
그리고 그리운 한 겨레여!

(중략)

아! 나의 조선!
아! 나의 동포여!
새벽 항구, 종소리 포구에 울 때까지
성좌를 쳐다보고, 나가고 나가소서!

(중략)

오! 나의 조선!
오! 나의 동포!
그러고 높은 산!
밤낮 흐르는 시냇물!

고국이 그립구나!

이 시는 『신한민보』와 『동광』에 동시 발표한 작품이다. 『신한민보』에는 '8월 29일을 맞고'라는 부제가 달렸다. '8월 29일'이 어떤 날인가? '경술국치(庚戌國恥)'라고 부르는 이날을 기억하며, 한흑구는 고국이 처한 현실적 아픔과 고국에 대한 그리움을 노래하였다. 그는 조선을 떠나 미국에 머물기 때문에 고국에 대한 그리움도 있지만, '8월 29일'이라는 부제를 명기한 것으로 볼 때, 우리나라가 일제로부터 국권피탈 전의 그 온전했던 고국을 생각한 것으로도 보인다. 그리고 『동광』에는 일제의 검열을 피하려고 복자를 사용하여 '고국'을 '故×'라고 발표하기도 하였다. 한흑구는 당시의 상황을 이렇게 기록하고 있다.

시의 검열이 가혹해지기 시작했다. 1931년 시카고에 있을 때 「대륙방랑시편」이라는 제목 아래 시 열 편을 써서 「동광」지의 주요한 씨에게 보낸 일이 있었다. 그 가운데에 「조국」이라는 일 편을 써 놓았으나, 빼앗긴 조국을 그대로 조국이라고 쓰면 검열 통과 같은 것은 문제도 안 되고, 나를 잡아 가두려고 할 것은 뻔한 노릇이었다. 그래서 선수를 써서 「故×」라고 시제를 한 자 ×자를 넣어서 카무플라즈해 버렸다. 요행히 통과를 하면 〈고향〉이라고 읽든지 〈고국〉이라고 읽든지, 〈조국〉이라는 이미지가 나타날 것이라고 생각했던 것이 통과되었다.[55]

「고국」이라는 시는 윤봉길 의사의 상해 의거 때 붙잡힌 도산 안창호 선생에게 드린 시 「잡혀간 님」을 발표한 지 1주일 만에 발표한 작품으로, 고국산천의 아름다움과 국권 상실의 비감이 혼재되어 있다. 우리의 역사가 어디로 흘러갈지를 고민하면서도 젊은이들이 또 어디로 가는지를 물으면서 조국의 미래를 걱정하는 시인의 마음이 잘 드러나 있다.

여기서 한 가지 짚고 갈 문제가 있다. 한흑구가 「대륙방랑시편」이라는 제목 아래 보낸 10편의 시 중에는, 그가 말한 「故×」라는 시는 위에서 본 바와 같지만, 그 내용에 있어서는 매우 다르다. 한흑구는 「故×」라는 시에 아래의 내용이 있다고 했는데, 대조 결과 다른 내용이었다. 그래서 필자는 그가 처음부터 「조국」이라는 일 편을 써 놓았으나, 빼앗긴 조국을 그대로 조국이라고 쓰면 검열 통과 같은 것은 문제도 안 되고, 나를 잡아 가두려고 할 것'(「파인과 최정희」 중에서)으로 생각하였던 그 「조국」이라는 시를 비록 전문은 아니지만 하나의 독립된 시로 분류하고자 한다. 그 내용은 다음과 같다.

그대여, 실연(失戀)하였거든
바다 밖으로 나오라,
그때 그대는 새로운 애인(愛人)을
만날 것이오니
그이에게는 실연(失戀)이 없고
오직 뜨거운 사랑만이 있도다,

그대의 생명을 다 바치는
뜨거운 사랑과 정열(情熱)도
그이에게는 외이려, 외이려
부족할 뿐이다.

일제강점기 아래에서 언론 통제는 극에 달하였기에 한흑구의 표현대로 '조국'이라는 말을 직접 언급하는 일은 발표는커녕 일제로부터 강력하게 탄압받을 수도 있는 일이기에 조국이나 독립은 은유적으로 혹은 상징적으로 표현할 수밖에 없었다. 조국을 잃은 것을 '실연'에, 독립 혹은 광복을 '새로운 애인'이라는 비유를 통하여 조국에 대한 강한 사랑을 노래하고 있다. 겉으로 보면 남녀 간의 사랑 이야기처럼 보일지도 모르는 이런 비유 혹은 상징을 통하여 한흑구는 조국 독립과 민족정신의 회복을 노래하는 시를 많이 발표하기도 하였다.

한흑구는 기회가 있을 때마다 고국에 대한 사랑과 그 사랑의 마음을 담은 애국시와 우국시를 발표하여 당시 함께 생활하던 한인 청년들이 고국에 대한 사랑을 잃지 않도록 촉구하였다. 그는 후일 이렇게 회고하였다. "한 편의 시를 써도 나라를 생각하지 않을 수 없고, 나라를 사랑하는 행동을 하려도 할 수 없는 인간—자유가 없고, 나라가 없는 민족같이 서러운 것은 이 세상에 다시 없을 것이다."[56]

고국에 대한 사랑이나 독립을 위한 생각을 직접 드러낸다는 것은 곧 수감으로 이어지는 일이기에 한흑구는 이런 상황을 초래하지도 않고, 민족의식을 불러일으키기 위하여 "흑노(黑奴)들이 〈집〉, 〈고향〉을 동경한다는 것을 강조하면서 — 우리도 잃어버린 우리 집, 우리의 조국인 대한을 찾아야 하겠다는 것을 은유로 삼아서"[57] 글을 쓰기도 하였다.

청년 한흑구의 혈기가 묻은 시

1931년 시카고의 한인예배당에서는 새해맞이 모임이 있었다. 한흑구는 그 자리에서 자작시 「첫 동이 틀 때」를 낭송하였다. 다음 날 제17회 흥사단 중서부대회(시카고) 임원(서기)으로 선출되기도 한 그는 1월 2일 시카고학생회 주최 학생영신대회(시카고 한인예배당)에서 신년시로 자신의 자작시 「첫 동이 틀 때」를 낭송하였다. 그 일부를 보면 다음과 같다.

(전략)
암흑의 거리―
도살장 같은 골목길―
첫 동은 빨간 열정의 파문을 타고서
새로운 맹세의 몽둥이를 들어
너희의 팔뚝을 두드려 보지 않느냐!

보라!
네 옆구리에 가로놓인 시체들을
감지 못한 눈에는 정의의 빛이 가득하고
탈 듯이 마른 두 입술에는 자유의 부르짖음
아! 이 웬일인가! 이 착한 사람들이!
그러나 다시 그 옆구리에 손을 대어보라!
창의 흔적― 그리고 주린 장자(腸子)를―

(중략)

우리의 팔뚝은 아직도 몸에 붙어
아! 움직임 없는 넘어진 자의 몸에 붙었나니
먼저 땅 위에 팔뚝을 디디고
넘어진 넘어진 네 몸뚱이를
일으키지 않으려는가! 않으려는가!

청년 한흑구의 혈기가 묻어있다. 당시 시카고의 한인예배당은 한흑구가 1929년 시카고에 도착하기 1년 전인 1928년 2월 5일 오크데일(Oakdale) 애비뉴의 826W에 있는 건물을 예배당으로 사용하고 있었다. 시카고 한인이나 유학생들의 소통 공간이었던 이 예배당은 시카고 지역 한인들의 예배당 기능뿐만 아니라 독립운동을 위한 집회 장소로 활용되었는데, 마침 1931년 새해 아침에는 신년 인사 모임에서 한인들의 독립 의지를 결집하는 내용의 신년시를 낭송하였다. 이날 한흑구는 자작시를 낭독하며 그날 모인 한인들과 함께 조국 독립의 의지를 다지기도 하였다.

조국의 독립을 갈망하는 한흑구의 마음은 그의 시편에서 쉽게 읽을 수 있다. 그의 마음은 젊은 혈기에 따른 일시적 충동이나 감정에서 나오는 것이 아니라 그의 마음 깊은 곳에, 마치 신을 향한 믿음처럼 한결같이 이어지는 애국심이요, 목숨을 걸어도 아깝지 않은 절대 가치의 정신이다. 그가 『동광』에 발표한 '방랑시편'들을 보면 조국의 주권을 상실하고 해외로 떠도는 지식인의 고민과 갈등, 설움 등이 그대로 나타나 있다. 그가 1933년 북미 학생총회의 기관지 『우라키(The Rocky)』에 「시카고」를 다시 발표하면서 같이 발표한 시 「목마른 무덤」은 조국 독립에 대한 열망이 얼마나 강한지를 잘 드러낸다. 그 전문을 보면 다음과 같다.

님이여!
내가 만일 죽거든
님의 이슬을
나의 무덤가에 나리소서

세상에 무덤이
많이도 누웠지만
아! 나의 무덤같이
목마른 무덤이 어디 있으리까?

산과 바다를 건너
떠 단기는 내 몸은
죽을 때까지 못 뵈올까
목이 타고 타고 합니다.

  죽을 때까지 님(독립된 조국)을 만날 수 없을지도 모른다는 생각에 혹시 자신이 죽으면 님의 이슬을 무덤가에 내려달라는 그 간절한 목마름을 통하여, 진실로 죽음이 오기 전에 독립을 맞이하고 싶은 마음을 표현하였다. 한흑구가 조국을 사랑하는 마음은 죽을 때까지도 버릴 수 없는 가치였고, 조국 독립의 날을 맞이하는 것은 삶의 중요한 희망이었다. 그가 템플 대학 재학 중에 발표한 시「목마른 무덤」은 '조국의 독립'을 '님'으로 인격화한 것으로 그가 죽음의 그날까지도 조국의 독립을 맞이하지 못할까 봐 안타까워하는 마음이 잘 드러나 있다. 자신의 무덤가에 님(독립)의 이슬이 내리기를 바라는 한흑구는 이 세상에서 그 이슬(조국 독립의 날)을 기다리는 자신의 무덤보다 더 목마른 무덤은 없다고 한다. 그만큼 조국 독립을 갈구하는 마음이 강하고, 인간적으로 방랑의 신세인 자신이 죽을 때까지 조국 독립을 맞이하지 못할까 봐 안타까워하였다. 실로 "죽을 때까지 못 뵈올까 / 목이 타고 타고 합니다."라고 고백하는 그 진실함은 잃어버린 조국을 애인에, 되찾은 조국을 새 애인에 비유한 그의 시 「조국」으로도 이어지는 것을 확인할 수 있다. 이렇게 '님'으로 표현되는 '조국' 혹은 '독립', '광복'에 대한 의지는 그의 시 「우리 님께 드림」에서 더욱 구체화한다.

> 만일 내 사랑이 식었거든
> 님의 가슴을 치워다오
> 한 번 식어진 가슴의 피가
> 전보다 더 끓을 날이 있으려니
>
> (중략)
>
> 식어진 내 뺨을 후래치고
> 힘없는 내 가슴을 문질러라…
> 오! 한 번 식어진 이 가슴의 피가
> 전보다 더 끓을 날이 있으려니!

조국에 대한 사랑이 식으면 "뺨을 후래치고 힘없는 내 가슴을 문질러라…"라고 한다. 그러면 가슴의 피가 "전보다 더 끓을 날이 있"을 것이라고 한다. 이는 곧 조국에 대한 사랑이 식지 않을 것이며 식더라도 다시 피가 끓게 하겠다는 의지를 드러낸 것이다. 일관되면서도 진실한 그의 마음과 정신의 흐름은 바로 우리 겨레가 온전히 추구하는 독립 국가를 향한 일편단심이 아니겠는가?

친구의 사망과 죽음 앞에서

1932년 3월 1일 아침, 한흑구에게 한 장의 부음이 도착했다. 그와 함께 조선에서 건너와 함께 청년운동을 했고, 함께 흥사단 활동(제193단우)을 하였던 최경식(崔敬植)의 사망 소식이었다. "최경식 씨께서 시카고에 있는 빌링 병원에서 3월 1일 오전 1시 30분쯤에 사망하셨습니다."라는 전보문의 메시지는 그에게 황망한 봄날의 아침을 맛보게 했다. 빌링스 병원(Billings Hospital)에서 치료하던 중 사망한 그의 소식을 흥사단에서 전하게 된 것은 그날 오전 9시 56분, 한흑구는 그날 아침 비보를 접하고 이렇게 기록하였다.

> 이제부터 필라델피아의 첫봄이 뜻밖에 따르는 듯 따뜻한 햇빛을 비스듬히 등지고 공원 한 모퉁이에 앉아 젊음과 그나마 추억하였더니 오늘 아침 봄소식은 불행한 동무의 부음 가벼이운 한 장의 카드와 같이 무섭게도 전하여 주누나!
> 절반이나 잠에 취하여 책보를 들고 학교로 향하여 문밖을 나가던 나에게 배달부는 웃음 섞어 군의 부음을 쥐여 주고 지나갔구나![58]

봄의 따뜻함과 친구의 죽음 사이에서 삶의 무상함을 맛보는 한흑구의 심정이 담담하게 그려져 있다. 최경식은 1905년 평안남도 평원군에서 태어나 한흑구와 함께 미국으로 유학 온 친구이다. 나이는 한흑구보다 4살 위이지만, 서로 존경을 잃지 않는 우정을 유지해 왔다.

그는 시카고 대학에서 사회학을 전공하고 있었고 교회, 학생회, 흥사단 등 여러 기관에서 늘 지도적 역할을 하고 있었다. 물론 그도 고학생이다. 어느 은행의 중역인 독신 신사의 아파트에서 하우스 워크를 하였는데 그 아파트의 전면(前面)에는 공원과 개천이 있어 전망이 절경이었다. 그는 그 주인이 크리스천이고 마음씨가 매우 관대하고 친절한 사람이라며 늘 주인의 인간성을 칭찬하였다. 그리고 그 은행가는 자주 긴 출장을 하곤 했는데 그럴 때는 뜻이 같은 동포들이 그 아파트에 모여 향수(鄕愁)에 넘치는 이야기로 밤을 새운 일도 있었다. 화제의 중심은 일본 제국의 노예가 된 한국의 장래에 대한 문제였다. 그의 성품은 강직했고 조국 독립론이 나오면 그의 얼굴빛이 달라지곤 했다. 그는 해외 한인들이 특공대를 조직하고 나라를 위하여 목숨을 바칠 청년들을 한국과 일본에 파견, 일본 요인들과 한국의 친일파 거두들을 암살해야만 된다고 강조하곤 했다. 온순하고 얌전하게 보이는 그의 마음은 강철과 같이 애국심이 강하였다.[59] 그랬던 그가 이국에서, 조국의 독립도 보지 못한 채, 더욱이 삼일절 기념인 새벽에 그렇게 세상을 떠났다. 한흑구에게는 잊을 수 없는 일이고, 잊히지도 않을 일이었다. 그렇게 1년의 시간이 흘러 1933년 봄이 왔을 때 한흑구는 그를 기리며 한 편의 시를 발표하였다. 『신한민보』 1933년 5월 18일 자에 「고 최 군의 1년 상」이라는 제목이다. 그중 일부를 보면 다음과 같다.

바로 1년 전 오늘에
그대는 심장병으로 영면하였다.
외국의 젊은 낭인의 고민은
그만이야 외국의 고혼이 되었노라!
그 요란한 공장의 기계 소리,
지심을 울리는 차바퀴 소리,
전쟁 마당 같은 시카고의 한구석
조그만 묘지에 한 줌 흙 속에
그대의 젊은 정열이 식고 말았는가!

그대는 정열의 젊은이,
쌈 싸우던 젊은이였노라!
그대의 고민,
그대의 울분,
그대의 고독,
그대의 환멸,
그리고, 그대의 모든 투구,
오! 그대는 조선 사람의 하나였고,
조선 젊은이의 하나였노라!

한흑구의 기억에 있는 최경식은 '조선 젊은이의 하나'였다. 그렇게 열정적이던 그가 지닌 모든 정열의 표상은 '조선 젊은이'였던 것이다.

1932년의 봄, 그렇게 최경식을 보낸 한흑구에게 또 하나 잊을 수 없는 일이 생겼다. 바로 김호철(金浩哲)의 구금과 축출 명령이었다. 그는 시카고에서 한흑구와 함께 '사회과학연구회'를 창립한 인물이다. '북한노

획문서'에서 발굴된 김호철의 자필 「이력서」에 따르면, 그는 미국 유학시(1927~1932) 학생 신분으로 미국공산당 지도하에서 혁명적 문화운동에 참가, 미국혁명작가동맹·반제동맹 등에 가입하였으며 재미한인사회과학연구회를 조직하여 활동하다가 1932년 3월에 '스캇트보로 사건(the Scottsboro case 1931)'을 계기로 흑인 아동 8명의 사형 반대 운동에 참가한 것이 발각·체포되어 시카고 쿡 카운티(Cook County) 감옥에 수용되었다가 추방당한 것으로 되어있다. 그는 한흑구와 함께 사회과학 연구와 운동을 전개하였고, 시를 쓰기도 하였으며, 미주 흥사단에서 활동하기도 하였다.[60] 그가 감금되어 석방될 때 신한민보 기사에 따르면 그의 추방 이유가 '공부하지 않고 일을 했다'[61]는 것인데, 실질적인 이유는 위에서 언급한 대로이다.

한흑구는 그에 대하여 회고하며 이렇게 기록해 두었다. "시카고에서 공부할 때 가깝던 조선 친구로서 김이라는 나보다 두어 살 위가 되는 친구가 있었다. 내가 그를 친근히 하는 이유는 여러 가지가 되나 무엇보다도 그의 열정이었다. 그는 시도 쓰고 언재(言才)가 있어서 연설도 꽤 잘하였다. 본래 그의 고향이 함경북도 북청이라는 곳인 만큼 그도 함경도의 특유한 열정적 대륙적 성격을 갖고 있는 사람이었다. 이러한 그는 어떤 사상단체에 관계한다는 이유로 미국 정부에서 축출 명령을 받게 되었었다. 사십일 내로 미국을 떠나라는 명령을 받고 이곳저곳으로 러시아로 갈 여비를 주선하려고 다니며 애쓰다가 필경 그의 뜻대로 러시아로 건너가게 되었다. 그와 나와의 사상적 공통성은 없었다고 하여도 형제와 같이 친하였던 그가 억울하게도 축출 명령을 받고 표연히 떠나가게 된 것은 슬프다기보다도 눈알이 쓰라리었다. 아무 주선력도 항의도 할 수 없는 우리들의 처지가 생각났던 때문이었다. 이별에 있어서 슬프지 않은 이별이 어디 있으랴마는 사나이의 동무로서 그를 이별할 때에 나의 슬픔이 더하였던 것이 지금도 생각난다."[62] 그때가 바로 1932년 6월의 일이다.

한흑구는 그가 떠난 뒤, 어떻게 해 볼 수도 없는 상황에서 그 억울함에 마음 아파하며 한 편의 시를 남겼다. '축출당한 K 군을 생각하고'라는 부제가 붙은 이 시의 제목은 비장하리만큼 무거운 「축출 명령」이었다.

> 우리 속 같은 조선 땅에서
> 배움에 목말라 왔던 그대는
> 교실에서 철창으로
> 쫓기다 못하여 먼 나라로 갔구나!
>
> 자유가 좋다는 이 나라이기로
> 검은 머리 우리야 쓸 데 있느냐!
> 고학도 괴로운 것이거늘
> 그같이 축출을 명하더냐!
>
> 디프레션의 홍수는
> 우리들을 교문 밖에 쫓아내거든,
> 공통적 운명이라고
> 저마다 공포에 싸였구나!
>
> 이민 관리는 눈을 굴리어
> 공부 못하는 그대를 잡아갔구나!
> 시험도 못 채운 책을 들고
> 전당 잡히려 다니던 그대들

(삼십일 내로 출국하라는)
축출령을 받았던 그대여!
눈물인들 나왔으랴!
타고 타는 두 눈의 불빛에.

『갈 곳이 없다』던
안타까운 동무의 낯이여!
그나마 『두 편의 시』로서
먼 나라를 갈 여비를 얻었구나!

잘 갔다! 그대여!
푸른 입술 마르기 전에.
두 눈의 타는 불을 세우고
그대는 붉은빛의 ××나라로 갔구나.

『신한민보』의 기록에 따르면 김호철은 석방 후 학업을 이어가기 위하여 유럽행을 택했지만, 구체적으로 어떤 나라로 갈 것인가에 대해서는 나와 있지 않다. 신한민보 1932년 9월 29일 자 신문에 김호철은 「정든 임 이별」이라는 제목의 시를 남겼는데, 이름 앞에 '재독일'이라는 표기로 보아 그 시를 쓸 당시에는 독일에 머물렀던 것으로 보인다.[63] 구체적으로 어떻게 여비를 마련했는지는 모르지만, 한흑구는 그에게 "『두 편의 시』로써 / 먼 나라를 갈 여비를 얻었구나!"라고 표현했다. 그중 한 편의 시는 『신한민보』 1932년 6월 16일 자에 발표한 「작별」이라는 시이다. 김호철은 시의 끝에 "6월 6일 시카고를 떠나면서"라고 부기하였다.

의미 있는 고학 생활

한흑구는 미국에서 유학하는 동안 학업을 위한 학비와 생활비를 벌기 위하여 여러 경제 활동을 했다. 호텔 보이, 스쿨 보이, 자동차 운전사, 백화점 점원, *Revelation* 잡지 강자(江者) 등을 하여 별별 고생을 하였다.64 1930년대 미국에서 유학 중이던 그는 여러 가지 어려움에 직면했다. 그 시기는 대공황(Great Depression)으로 인해 경제 상황이 극도로 악화하였으므로 미국 내에서도 일자리와 생활비를 마련하기가 매우 힘들었고, 이러한 어려움은 유학생들에게도 큰 영향을 미쳤다. 대공황으로 인해 많은 사람이 실직했고, 기업들도 어려움을 겪으면서 학생들에게 일자리를 제공할 수 없었다. 그는 학비와 생활비를 충당하기 위해 아르바이트를 해야 했지만, 일자리를 찾기가 매우 어려웠다. 이뿐만 아니라 언어와 문화의 장벽도 큰 도전이었다. 학문적 글쓰기나 일상 대화에서도 어려움을 겪었고, 미국의 생활 방식과 문화에 적응하는 것도 쉽지 않았다. 이는 학업 성취와 사회적 적응 모두가 영향을 미치기도 하였다. 그리고 사회적 고립감과 정신적 스트레스도 큰 문제였다. 가족과 떨어져 지내면서 고향에 대한 그리움과 외로움을 느낄 때도 많았고, 경제적 어려움과 언어 장벽이 결합하면 심리적 부담이 더욱 커지기도 하였다. 이러한 어려움에도 불구하고, 한흑구는 자신의 목표를 달성하기 위해 끊임없이 노력했다. 그가 후일 조선으로 귀국하여 쓴 회고에는 이렇게 기록되어 있다.

나에게 있어 가장 의미 있는 생활을 보낸 것은 재미 6년간의 고학 생활일 것이다.

시카고에 있을 때 어떤 날 서부에서 계시던 전영택 씨로부터 미국에 있어 고학이라는 것은 불가능하니 그만 귀국하기로 생각하셨다는 편지를 받은 일이 있었다. 이러한 편지를 받은 나는 얼마간 공통적 감상을 가졌으나 아직 도미 일천에 인내함이 좋겠다고 고학이라는 것은 '고(苦)'를 '학(學)'한다는 것을 인식하고 나도 참고 있다는 동정의 동서를 써 보냈던 일이 지금 와서 다시금 기억되는 동시에 이러한 고학난의 통정이 미국 유학생 전부의 공통적 환경이었다고 생각한다. (중략) 여하간 나도 미국 대륙 위에 발을 들여놓은 이후 5년 유반에 전전 유랑하며 고학이라는 생활에서 쓴맛을 퍽이나도 음미하였다.[65]

한흑구에게 있어서 '고학'은 힘들게 공부한다는 의미를 넘어, 삶의 역경 속에서도 포기하지 않고 스스로 학비와 생활비를 벌어 학업을 이어가는 인내와 끈기를 포함한다. 그가 '쓴맛'이라고 표현한 고학 생활은 그의 유학 생활 전반을 통틀어 가장 의미 있는 일이지만, 그것은 후일 회고의 시점에서 바라본 것이다. 실제로는 매 순간 얼마나 큰 고통이었겠는가? 그의 경험을 바탕으로 쓴 콩트 「미국 고양이」에 보면 고학 생활의 비감이 잘 드러나 있다. 그도 처음에는 여름방학 넉 달만 일해도 1년씩이나 공부할 돈을 벌 수 있었지만, 디플레이션이 생겨 여름에도 일할 곳이 별 따기보다 얻기 힘들다고 말한다. 그가 '스쿨 보이' 아르바이트를 하면서 체험을 바탕으로 쓴 이 작품에서 "조그만 일이라도 생기면 모든 괴로운 생각까지 터져 나와서는 멀리 해외에 있는 나의 괴로운 생각이 휩쓸어 나는 것이었다. ··· 이튿날 아침에 그 성마른 미국 여자의 '얄링'하는 소리를 들을 생각을 하니 기가 막혔다. ··· 나는 그들의 집에서 이튿날 아침 걸어 나오고 말았다. 이유 없는 이유를 붙여서 갑자기도 나왔다. 부인의 '나가라!'는 얄링을 들어 불쾌해지는 것보다 경우를 보아 슬그머니 가방을 들고 나서는 눈치도 그동안 미국 와서 배운 나의 경험적 지식의 하나였다."[66] 그렇게 하나씩 배우면서 그 사회에 적응하고, 공부하며 살아왔다. 자본주의의 원리가 깊숙하게 자리 잡은 미국 사회에서 돈은 사람을 부리는 제일 원리가 되었지만, 돈을 앞세운 인간적 굴욕은 그도 견디기 힘들었다. 20대 초에 그가 겪은 굴욕적인 아르바이트에 대한 견해를 담은 「돈과 굴욕」이라는 글에서 그의 생각을 읽어본다.

한참 동안 묵묵히 서서 돈과 굴욕에 대하여 힘없이 생각하였다. 옆에서 바라보던 W군은 먼저부터 주인의 무리한 요구를 여러 번 참고 응하면서 한 번만 더 그런 요구가 있을 때에는 우리는 돌아가고 맙시다 하고 의논하던 생각을 하는지 이상한 눈으로 말없이 나의 모양을 쳐다본다.

얼마 동안 묵연히 바라보던 두 얼굴의 웃음이 터질 때 아무 말 없이 나는 밖으로 나왔다. W군도 그렇게 할 수밖에 없다는 생각을 한 모양이다. 곧 나의 뒤를 좇아 헛렁간 속으로 나와 짐을 묶어 놓았다. 그 후에 주인은 외이려 그곳에 왔다가 여름이 지나기 전에는 돌아가지 못한다는 예약을 한 일이 있지 않느냐고 떠들어댄다. 노예라는 옷을 벗기여 놓고 돈으로 그들의 몸을 끼어 끌고 다니는 심사다. 아무 말도 아무 감정도 없이 거슬러주는, 값없이 던져주는 돈을 받아들고 돌아왔다.

주인은 하인에게 돈을 던져주고 하인은 굴욕을 받아야 할 것이 오늘의 노동자의 처지인 모양이다. 값없이 던져주는 그들의 돈을 긁어서 우리의 귀한 장래를 위하여 값있게 쓰려고 우리는 늘 어떤 굴욕이든지 달게 받았다. 돈값 이상의 굴욕을 요구할 때는 우리는 그대로 그 굴욕을 참을 수 없는 것이다. 돈이 사람을 달구는 저울이 되어 세상을 달구어 놓는 오늘 — 사람이 돈을 달구던 때는 다시 올 날이 있을까!

　노동에 대한 정당한 대우와 합리적이고 인격적인 노사관계에 대한 작가의 생각을 읽을 수 있다. 글의 분위기로 볼 때, 한 학기를 마친 6월 말 무렵 친구 W와 함께 집일 아르바이트를 했지만, 주인(고용주)의 무리한 노동 시간의 요구와 인격적으로도 굴욕스러운 요구에 주인과의 의견 대립을 보이는 이야기이다. 당시 노동자의 처지를 엿봄과 동시에 동양인에 대한 편견과 차별적인 모습도 읽을 수 있다. 미국에서 살아가는 조선인 노동자들이 장래에 가치 있게 사용하기 위하여 고용주들이 보여준 굴욕을 달게 받았다는 현실적인 문제를 이야기하면서, 한흑구는 돈의 값어치 이상의 굴욕을 요구하는 것은 참을 수 없다고 단호히 말한다. 그리고 "돈이 사람을 달구는 저울이 되어 세상을 달구어 놓는 오늘 — 사람이 돈을 달구던 때는 다시 올 날이 있을까!"라고 비판적인 시각으로 글을 마친다. 자본주의가 보여주는 물질 숭배 혹은 자본제일주의적인 현실을 자기의 노동 경험을 바탕으로 성찰[67]하기도 한 한흑구는 미국에서 다양한 노동을 경험하면서 학업을 이어갔다.

　그가 귀국하여 미국 생활의 경험담에서 제일 먼저 떠올린 것은 그에게 가장 의미 있는 '고학 생활'이었다. 때로는 미주 흥사단 활동을 하면서도 의무금을 내지 못할 때도 있었고, 의무금 반감을 요청하기도 하였다.[68] 고학하는 형편이 좀 더 나은 곳으로 전학을 고려하기도 하였고, 학비 면제의 장학금을 받아 학업을 이어가기도 하였다.[69]

조선으로 귀국을 준비하며

　1933년 하반기에 접어들면서 한흑구의 일상에는 여러 가지 변화가 생겼다. 우선 미국에서의 학업을 위하여 템플 대학에서 서던 캘리포니아(남가주) 대학으로 전학을 취한 상태였다.[70] 이주 문제를 비롯해 개인사적으로 매우 분주할 터였지만, 조국의 독립을 위한 일은 개인사보다 우선하는 일이었다. 이미 1930년대가 시작되면서, 일본은 러일전쟁의 결과로 얻은 만주에서의 권익을 행사하고 있었고, 중국에는 국권을 회복하기 위한 운동이 거세게 일고 있었다. 일본군은 1932년 초까지 만주 지역의 대부분을 점령하고, 같은 해 3월 1일에는 일본이 만주국의 성립을 선포하여 만주를 일본 침략전쟁의 병참기지로 만들었다. 이런 국제 정세를 알고 있는 한흑구는 일본의 무력에 국권을 빼앗긴 민족의 앞날이 걱정되고, 아시아의 평화가 위태로운 상황으로 빠져드는 상황을 극복하기 위하여 모두 일어서야 할 때라고 생각했다. 한흑구는 필라델피아에서 맞은 삼일절 기념일에 시 「3월 1일!」을 썼다.

　　생각만 하여도
　　통쾌하던 그날!
　　새 조선이 가즈인
　　오로지 한날은 3월 1일이어라.

　　날카로운 창끝으로도
　　무찌르지 못한 그 마음
　　총으로 쏘아 죽여서도

뺏지 못한 그 정신,
오! 이는 빨간 새 조선의 맘이며,
빨간 새 조선의 첫날이어라.

이 위대한 한날의 선언은
사천 년 내 정신을 밝히려는
새 조선의 행진곡이었노라!
아부지는 창끝에 찔려 넘어졌고,
어머니는 머리 풀려 엎드려졌고,
형은 총에 맞아 죽고,
사돈은 뒷짐 지워 옥에 갇히고,
나와 동무는 도망하여 나왔노라!

몸부림치고,
울부짖고,
고함치고 내달리던 그 마음—
철통같은 그 마음은
오! 이날의 새 선언이 아니었는가!

「젊은 이태리」당의 그 마음,
「젊은 터키」당의 그 마음,
러시아를 불살우는 그 마음이
이날의 새 조선을 불러일으키었노라!
동무여!
이날을 이야기하라!

이날의 내 맘을 다시 가듬어라!
오! 이날을 기념하고,
이날을 다시 일으키어라!

녹 슬은 군국주의자의
창끝은 부러지고,
독 오른 배암은
제 꼬리를 물어뜯고 괴로워하리라!
선풍이여! 광풍이여!
악독한 세상을 모두 휩쓸어 가거라!
오! 새로운 세기로 행진할
서광의 새벽이 발갛게 떠오를 때
우리는 가슴을 헤치고
새로운 조선의 들판을
달음질치리라!
오… 새로운 조선의 들판이여!
붉은 아침의 새로운 노래를 맞아라!

무슨 말이 필요하겠는가? 무지막지한 무력도 빼앗지 못한 정신은 새로운 조선의 마음이고 새로운 조선의 첫날이라는 것을. 한흑구는 서광이 비칠 때 가슴을 열고 새로운 조선의 들판을 달려가리라는 희망을 안고 있다. 그러고는 "새로운 조선의 들판이여! 붉은 아침의 새로운 노래를 맞아라!"라고 노래하였다. 그러면서도 아직은 우리가 싸워야 할 때임을 잊지 않았다. 그는 시 「1933년 광상곡」을 통하여 '이야기하고, 생각하고, 싸울 때'임을 강조하였다.

동무야!
이야기해 보자!
이때가 실컷 이야기할 때고,
이때가 깊이 생각할 때고,
이때가 무섭게 쌈 싸울 때가 아니냐?

1933년!
그대는 굶주림을 가져왔고,
그대는 강폭한 힘을 가져왔나니.
꽃 없는 만주 들판에
봄이 왔는들 무엇 하랴!
매 맞고, 짓밟히고 쫓겨나
이름 없는 가시덩굴 속에 내 몸을 뉘고
강폭한 그네의 총칼이 가슴을 어일 때
오! 누구를 원망하랴!
동무야! 동포야!
피 끓는 그들의 가슴은 듣느냐!

미친 사람을 웃지 말아라!
울부짖는 그를 불쌍타 말아라!
우리는 피땀을 울리고 울부짖고
우리는 미친 말 같이 내뛰야 하리니,
오늘을 뼈가 지리게 생각하고
오늘을 가슴이 처지게 쌈 싸우자!

태평양이 넓지 않고
땅덩어리가 좁은 줄을 알았거든,
쫓겨난 내 신세를 아프다 하지 않겠는가!
집 잃고 이십 년이 휙 지났거든
어느 때 또 내일을 기다리겠는가!
너와 내가 가슴이 터지게 이야기하고,
너와 내가 미친 듯 쌈 싸우면,
오! 오늘의 승리가 빛나리니.

1933년의 선풍아!
그대는 아시아 대륙을 휩쓸고,
갈 곳 없는 유대 민족을 학사실하고,
마르크스의 복음을 불살우고,
사억만의 생명을 구무질하나니………
동무야! 피가 있거든 내내 달리어
미친 듯 오늘을 쌈 싸우라!
오! 우리는 오늘을 이야기하고,
오늘의 울부짖음을 합하여
악독한 원수의 전진을 불쓰우자!

직설적이고, 강한 어조를 보이는 이 작품이다. 일본이 1933년 3월 국제연맹의 권고를 거부하고, 국제연맹을 탈퇴한 직후 같은 해 5월에 발표한 것이다. 만주가 힘없이 허물어지고, 중국이 궁지에 몰리는 모습을 보면서 그는 "꽃 없는 만주 들판에 / 봄이 왔는들 무엇 하랴!"라고 한탄하면서, 우리 민족이 집을 잃고 쫓겨난 현실을 직시하며 "쫓겨난 내 신세를 아프다 하지 않겠는가! / 집 잃고 이십 년이 휙 지났거든 / 어느 때 또 내일을 기다리겠는가!"라고 모두 힘을 모아 "동무야! 피가 있거든 내내 달리어 / 미친 듯 오늘을 쌈 싸우라!"라고 싸우기를 촉구하였다.

그렇게 피를 끓이던 그에게 조선으로부터 어머니가 위독하다는 소식이 날아왔다. 아버지 한승곤 목사와 귀국 문제를 조율한 뒤, 아들인 자기가 먼저 귀국하는 것으로 결정하고 귀국을 준비하였다. 로스앤젤레스에 머물면서 한국 학생들에게 저널리즘에 대한 강의[71]를 하는 한편, 고향과 조국에 대한 그리움을 담은 시 「그리운 생각」과 「우리 님께 드림」을 발표하기도 하였다.

> 불태워 보낸 4년의 내 가슴
> 재만 남아 차디찬 내 가슴 속에,
> 그나마 이 그리운 생각만은
> 화산 속 같이 타고, 타나니—
> 오! 옛날의 동무야!
> 잃었던 옛날의 노래를 불러 보노라!
>
> － 「그리운 생각」 중에서

> 만일 내 가슴이 식었거든
> 님의 가슴을 치워다오
> 한 번 식어진 가슴의 피가
> 전보다 더 끓을 날이 있으려니
>
> － 「우리 님께 드림」 중에서

가슴을 불태운 유학 생활이 재만 남았다고, 정해진 학업도 다 이루지 못한 채 고국으로 돌아가야 하는 자신의 심정이 차디찬 가슴이지만 고향과 조국에 대한 그리움만큼은 화산처럼 타고 있다는 것, 그래서 그리움을 담은 옛날의 노래를 불러보는 한흑구의 마음은 담담하기만 하였다. 그러면서도 조국을 향한 가슴의 피는 전보다 더욱 끓을 날이 있을 것이라는 각오를 다지고 있었다.

그리고 한흑구에게는 오랫동안 부르는 노래가 있다. 자기 자신이 괴로울 때 눈을 감고 고요히 읊는 노래, 호숫가에서 물 위에 비치는 달을 보면서 희망차게 부르기도 하고, 침대 위에 가만히 누워서도 부르던 노래가 있다. 그것은 바로 인도의 시성 타고르(Rabindranath Tagore)가 쓴 「쫓긴 이의 노래(The Song of Defeated)」이다. 한흑구는 「우리 님께 드림」과 함께 이 시를 『신한민보』에 게재하면서 조국의 미래를 생각했고, 그와 같은 심정을 함께 공유하고 싶었다.

이 「쫓긴 이의 노래」는 곧 우리의 조국 「조선」을 두고 부른 것이기 때문이다. 그가 일본에 건너왔을 때 어떤 조선 청년 한 아이 그에게 「조선」을 두고 시를 하나 써달라고 하여서 그가 고맙게 지은 것이다.

이 노래는 조선의 아름답고 빛나는 「맘」을 그리었고 「조선」의 장래와 희망을 고요히 그리고 자신 있게 노래한 것이다.

나는 여러 독자와 같이 이 노래를 여기에 옮기어 깊은 가을밤을 읊어보고 싶다.

소리를 내어 줄줄이 읽어보고 눈을 감고 고요히 맘속으로 불러보자! 「조선」을 아는 이 심을 물어라![72]

그의 마음이 그러했다. 괴로움의 근원은 여러 가지이겠지만, 가장 근원에는 고국이라 부르는 조선의 상실감에서 오는 괴로움이 아니겠는가? 「쫓긴 이의 노래」는 조선의 아름답고 빛나는 마음을 그리었고 조선의 장래와 희망을 고요히 그리고 자신 있게 노래한 것이기에 위로와 희망을 담고 불러본 것이 아니겠는가? 자신과 마음과 크게 다를 것이 없는 민족의 마음이기에 이 노래를 위안 삼아, 이 노래가 품고 있는 희망의 메시지를 새기며 함께 부르고 싶다는 것, 그것은 곧 잃어버린 조국의 주권을 되찾고자 하는 그의 충정 어린 마음의 표현이 아니겠는가? 그는 그렇게 자신을 달래며 1933년 12월 31일 로스앤젤레스에서 열린 '제24회 흥사단대회' 위원으로 참가한 후 1934년 2월 조선으로 귀국 준비를 하였다. 귀국을 앞두고 그가 미주 사회에서 발표한 마지막 시가 「자유」[73]이다.

(전략)
지혜가 많다는 사람들아!
그대들은 어찌 노예가 되었는가?
도덕과 인습의 거짓을 내 목에 매고
권세와 집무로 개인과 국가를 매어 놓고?

하루를 살아도
저 태양같이 살고
한 밤을 살아도
저 달 아래 물결같이 살아라!

세상은 너의 숨 쉬는 살덩이를
모든 거짓으로 속박해도

> 그대들의 속사람은 맬 수 없나니
> 사람들아! 자유의 노래를 불러라!

나라를 잃고 해외에서, 특히 미국에서 살아가는 우리 동포들에게 그가 마지막으로 남긴 말은 "자유의 노래를" 부르라는 부탁이다. 미국 사회에서 그들이 자유롭지 않다는 것이 아니라 '조선'의 민족으로서 강탈된 국권을 찾고자 하는 그 진실한 마음, '속사람'의 진정한 마음, 그 자유를 얻는 것, 바로 그 노래를 부르라는 부탁이다. 다시 말하면 조국의 독립을 위하여 자유의 함성을 지르고 실천하자는 것이다.

03

　　한흑구는 1934년 3월 조선에 돌아왔다. 이후부터 1945년 8월까지의 조선은 일본 제국주의의 압박에 대한 저항이 절정을 이룬 시기였다. 1937년에 중일전쟁이 발발하면서 일본은 조선의 인적, 물적 자원을 전쟁에 동원하기 시작했다. 조선의 경제는 일본의 전쟁 경제에 종속되었고, 강제 노역과 공출이 빈번하게 이루어지면서 조선의 생활은 더욱 궁핍하게 되었다. 그리고 일본은 1939년 일본식 성명 강요 정책을 폈고, 조선인을 황국신민으로 만들기 위해 황민화 정책을 추진했으며, 조선어 교육 금지와 일본 제국주의와 천황에 대한 충성을 강조하는 교육이 이루어졌다.

조선으로 돌아오다

1941년 태평양 전쟁이 발발하면서 조선의 전시 동원은 더욱 강화되었고, 조선인들은 일본군으로 징집되었고, 군수 공장에서 강제 노동을 해야 했다. 이에 조선인들은 일본의 강압적인 통치에 맞서 만주와 중국 등지에서 광복군과 같은 무장 독립운동 단체들이 활동을 강화했다. 조선 내에서는 비밀결사와 지하 독립운동이 지속되었고, 해외에서는 임시정부와 독립운동 단체들이 독립을 위한 외교와 활동을 전개했다.

[그림 9] 『조선일보』(1934. 4. 22.)에 실린 귀국 당시의 한흑구(한세광).
출처: 조선뉴스라이브러리 100

귀국선을 타고

그가 조선으로 귀국을 준비하던 1933년 12월 31일과 1934년 1월 1일, 로스앤젤레스에서 24회 흥사단대회가 열렸다. 상견례, 토론회, 오락회, 간담회 순으로 열렸다. 엑슨리얼파크(エクスンニアルパルク) 수영장에서 열린 오락회에서 한흑구는 준비 위원으로 봉사하였다. 그리고 이튿날, 간담회를 마지막으로 폐회된 이 대회가 한흑구에게는 마지막 미주 흥사단대회였다. 3월 4일, 로스앤젤레스 흥사단 지방회와 국민회 지방회에서는 준비한 귀국 전별회에 참석한 후 샌프란시스코로 이동하여 며칠 지낸 뒤 1934년 3월 23일 조선을 향하여 출발하였다.

그가 조선으로 돌아오는 길, 미국에서 함께 활동하였던 한 친구는 한흑구에게 한 편의 시를 띄웠다. '초보생'이라는 필명으로 쓴 이 시의 뒤에 "이것은 옛 포구를 향하는 그대에게 보내는 나의 건실한 편지노라."라고 하는 부기를 보아 한흑구와 매우 친밀했던 친구로 보인다. 그 내용을 보면 이러하다.

　　　1
에덴을 쫓겨나는 아담의 곁에는
동무 이브가 같이 했고
억세인 주먹이 있었노라
오! 그리고 그대에게는
붉은 피 한 방울이
그대의 조그만 심장 속에 담겼노라

2
이 세상에 가장 귀한 진은
또 가장 미움을 받나니
참 진은 독배를 마시지 않았는가?
그러나― 그러나―
진은 죽지 않나니
진은― 진은― 귀한 것이요
뭇령들은 진을 안고 사라지노라

- 초보생의 「흑구에게 보냄」 전문[1]

　그가 누구인지 정확히 알기는 어려우나 한흑구가 미국에서 생활하는 동안 그가 보여주었던 삶의 진실과 사상의 건실함, 그리고 진리를 향하여 매진하는 강인함의 진정성을 느꼈던 것으로 보인다. 학업도 다 이루지 못하고, 청년운동도, 흥사단 운동도 모든 것을 접고 고국을 향하여 떠나는 한흑구에게 보내는 우정의 시이다. 한흑구가 미국을 떠나기 1주일 전에 발간된 신문이었기에 분명 그도 이 시를 보았을 것이다. 그렇다! 한흑구는 친구와 동지들의 사랑과 우정을 가득 안고 조선을 향하였다.
　그는 1930년대에 태평양을 횡단하는 선박 중 하나인 후버호(Hoover)를 타고 샌프란시스코에서 일본의 동경(東京)까지 횡단하는 여정을 떠났다. 그는 당시의 상황을 이렇게 회고하였다.

　내가 미국을 떠나 기선 '후버호'를 타고 귀국하던 때는 1934년의 이른 봄 4월이었다. '후버호'는 태평양에 최대 거함으로 시속 35노트 이상을 쾌주하여 태평양을 13일간에 횡단할 수 있었다. 6년 전 도미할 때에 27일을 요하던 것이 13일간으로 단축할 수 있은 것도 그간의 스피드업의 소식을 충분히 알려주는 것이었다. 상항(桑港)을 떠난 지 7일 만에 '후버호'의 거선은 하와이에 도착하였다. … 그 이튿날. 내가 탄 '후버호'는 다시 하와이를 떠나서 일본을 향하여 출범하였다. 적도의 근해인 만큼 해상의 공기도 부드럽고 해면도 거울같이 맑고 수평면이 열다. 갑판 위에서 비어(飛魚)가 물 밖으로 떼 지어 날아나는 것과 멀리 수평선 위에 분수탑같이 물을 내뿜는 고래의 떼를 망원경으로 바라보면서 점점 가까워져 오는 고향을 생각하여 보았다.

그가 조선을 떠나 미국으로 가던 1929년, 잠시 하와이에 내렸을 때 그를 반겨주던 친구들을 지금은 한 명도 만날 수 없었고, 7천 명의 동포들은 모두 어디로 갔는지 알 수 없었던 그 쓸쓸함을 안고 다시 배에 올랐다. 그런 쓸쓸함을 채 이기기도 전에 그는 하와이에서 태어나 살던 36세의 중국 여인이 결혼한 남편을 따라 중국으로 가면서 죽어도 하와이를 떠날 수 없다고 바다에 뛰어들어 죽었던 사건, 미국에서 고학하던 중 폐병에 걸린 24세의 필리핀 청년이 고향을 찾아가다가 배에서 죽은 사건, 그리고 역시 고학하던 중국 청년이 고향을 찾아가다 배에서 죽은 사건을 보면서 한흑구는 고향을 그리워하는 인간의 마음을 생각하며 먼먼 태평양을 건넜다.[2]

약 한 달 만에 귀국한 그는 제일 먼저 고향인 평양으로 어머니를 만나 건강을 확인하였다. 병고에 시달린 어머니를 안고 재회의 기쁨이 가득한 눈물을 흘리며, 다시는 어머니를 떠나지 않고 잘 모시겠다고 결심하였다.

『대평양(大平壤)』 창간과 작품 활동의 시작

어느 정도 어머니가 안정을 되찾자, 그해 여름부터 겨울까지 몇 편의 평론을 발표하였는데, 「수필문학론」, 「현대 선구시인 왈트 휘맨연구」, 「현대 조선 시인의 철학적 연구 — 신시단의 단편적 회고」, 「1934년도 미국 문단」 등이 그것이다. 개인적인 창작 활동과 더불어 문학 연구와 평론을 많이 썼던 그는 미국 흥사단 활동의 연장선으로 평양에서 동우회 활동을 이어갔다. 한흑구가 조선에 귀국하기 직전 동우회 평양지회 모임이 1월에 개최되었고, 한흑구가 귀국하면서 평양지회는 새로운 전기를 맞게 되었다. 같은 해 10월에 동우회 추계 모임을 하면서 조선의 독립을 위하여 무엇을 할 것인지 상의하게 된다. 이 추계 모임은 10월 7일 대동군 용악산(大同郡龍岳山)에서 39명의 회원이 모여 평양역을 출발하여 조촌역(趙村駅)에서 내려 도보를 시작하였다. 이 모임의 공개적인 명칭은 '동우회 추계원족회(秋季遠足會)'였다. 쉽게 말하면 가을 도보 산행이었다. 이는 1927년경부터 시작된 흥사단의 정기 등산대(물에 산에 와이카: Y.K.A)에 연원이 있다. 수양동우회 때 일본 경찰의 감시 때문에 집회를 마음대로 가질 수 없게 되면서 등산을 시작한 것이다. 산길을 걸으며 정담을 나누고, 정의를 돈수하고 심신을 단련하면서[3] 구체적인 문제를 의논하였다. 11월에는 전영택(田榮澤)과 함께 종합지『대평양(大平壤)』을 창간하고 한흑구가 편집주간을 맡았다.[4] 그는 창간사에서 "평양의 진화(進化)를 지시하고 평양의 이상(理想)을 수립하는 데 한갓 공기(公器)가 되려 한다. 16만 평양 시민의 장래를 위하여 우리는 서로 이야기하고 또한 서로 듣자. 공정한 언론은 사회의 대변자이며 사회의 이상이다."라고 역설하며 주권을 상실한 민족의 당대 지식인으로서 독립을 갈망하는 국민을 선도하는 선각자적 역할을 하였다.

『대평양』의 창간호를 보면, 한흑구는 「창간사」 외에 주간의 이름으로 「대평양 건설」, 「최근 세계 동태」 등의 칼럼을 썼고, 수필 「독어록」, 시 「사지로부터」 외 2편, 단편소설 「길바닥에서 주운 편지」 등을 발표하였으며, 편집 책임자로서 '편집여감'을 썼다. 이 외에도 그의 글로 추측할 수 있는 글이 있지만, 실명 확인이 어렵다. 이 점을 고려하면 창간호의 많은 부분을 한흑구의 글로 채웠음을 짐작할 수 있다. 그는 미국에서 건너온 지 1년도 채 되지 않은 시간 동안, 평양을 중심으로 한 조선 사회의 현실을 다시 체험하였다. 대도시 평양을 바라보는 그의 눈은 왜인지 고독하고 어둡다. 『대평양』의 창간호에 발표한 시 3편 중 「자정의 평양」을 보자.

    1
하늘의 숨결을 고하는 듯
자정의 밤하늘을 째이는 기적——
건드러진 계집의 깔락거리는 웃음소리
요정의 하룻밤은 이로써 재우치노라.

    2
밭 판 돈, 논 판 돈, 다비 판 돈, 고무 판 돈
때 묻은 돈더미가 노래를 한다.
미친 듯 어우러져 춤춘다………
오, 이 인간의 미련을 보는가!

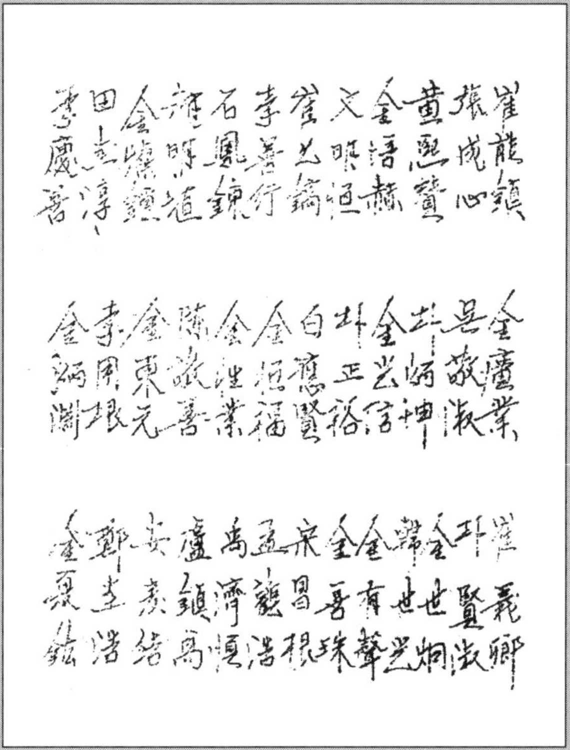

[그림 10] 동우회 추계원족회 참석자 명단. 맨 아랫줄 오른쪽에서 4번째 한흑구(한세광)의 이름이 있다. 바로 그 오른쪽에 한흑구가 역안한 연가곡집 『먼 길』의 작곡가 김세형의 이름도 있다. 출처: 도산안창호전집

3
아담한 계집의 얼굴
그러나 때 묻은 그의 속옷.
미쳐서도 좋다는 사내의 벙얼거리는 얼굴
그러나 알고도 썩어지는 그의 가슴 속.

귀한 젊은이의 정열이
한 잔 술에 재가 되고
배가 불쑥 나온 늙은이의 위엄이
하다분한 손길에 솜같이 되는가?

　　　4
밭[田] 팔아 소[牛] 사서 논 부치다가
소 팔아 아들 장사 지낸 늙은 걸인──
도시의 골목 속에 쭈그리고 자는 그 모양
보는가 덧없는 인생, 가없는 인간.

　　　5
이렇듯
자정의 평양은 깊어간다.
이렇듯이
자정의 평양은 재우친다!

돈과 환락, 부와 가난, 젊음과 늙음, 그리고 대도시의 이미지가 복합적으로 그려진 이 시의 이면에는 어둠으로 상징되는 밤이 있다. 그 모든 것을 덮을 수도 있지만 그 어두운 면의 모든 것이 되는 자정의 시간은 대도시 평양의 현실이다. 그것은 곧 일제강점기를 살아가는 소시민적 국민의 모습이 아닐 수 없다. "덧없는 인생, 가없는 인간"의 모습이 철학적 고뇌에 빠진 20대 중반 한흑구의 모습이다. 그는 그렇게 평양의 삶을 다시 열어가고 있었다.

이 무렵 1935년 연초부터 조선의 문단에서는 하나의 잡지가 속간되었다. 1924년 이광수의 주재로 창간되었던 『조선문단(朝鮮文壇)』이 휴간과 속간을 반복하다가 1935년 2월 이학인(李學仁)에 의해 재차 복간되었다. 처음부터 민족문학 옹호를 표방하였던 이 잡지가 복간되었을 때, 한흑구가 조선문단사 평양지사장[5]에 취임하였다. 이에 앞서 한흑구는 1934년 7월에 창간된 신인문학사의 평양지사를 맡고 있었다. 당시 『신인문학(新人文學)』을 주재하던 노자영(盧子泳)이 직접 평양을 방문하여 한흑구와 사업 이야기를 나누고, 계약을 맺었던 것으로 보인다. 그러던 차에 『조선문단』의 사세 확장을 위한 제안이 한흑구에게 전달되었다. 이에 대한 답으로 한흑구는 이학인에게 1935년 1월 8일 자로 장문의 편지를 보냈는데, 그 내용을 보면 다음과 같다.

> 저는 거 5월에 6년간의 고학 생활을 마치고 미국으로부터 귀국한 지 일천(日淺)에 가사 정리 등으로 대양(帶壤) 중입니다. 아직 연구도 할 겸 양본가(壤本家)에 있으려고 「대평양(大平壤)」이라는 지방잡지를 창간하고 시험해 보는 중입니다. 「대평양」 제2호가 방금 인쇄 중에 있는데 신인문학이 도착하여 하루를 분망(奔忙)히 지내고 있습니다.

신인문학지사를 맞게 된 것은 이번 노 씨가 내방하여 평양 문인들의 원고도 얻어가고 또 선전 기타가 서점보다 퍽 나으리라고 해서 제게 맡기었습니다. 이곳에는 문인회도 있고 문서가 상당히 많습니다. 잡지도 꽤 나가는 모양입니다.
   신동아 500부, 신가정 700부, 삼천리 700부, 중앙 600부, 신인문학 300부, 영화시대 300부가량이 평양에 내려오는데 다 팔리지는 않아도 그 부수가 상당하다고 합니다. 신가정, 삼천리, 중앙, 이러한 순차로 많이 팔린다고 합니다.

   신인문학은 저에게 4할(30전 자리를 18전에) 주고 무대로 10여 부를 줍니다.
   10여 부는 선전을 위하여 문인급(及) 각 학교 문예부에 기부하고 또 포스터도 학교와 서점에 걸어줍니다.
   보증금은 없이 지사를 맡아서 꼭 신용적으로 책임을 다합니다. 무엇보다도 문단인 저로서 할 수 있는 대로 독자가 많도록 선전합니다.
   이상을 참고하여서 저에게 지사를 맡기면 물론 최선껏 활동해 주리다.

   조선문단은 장구한 역사가 있는 이만큼 상당히 될 줄 압니다. 또 그 잡지의 재출현을 축하합니다. 지금까지 문예잡지로 조선문단만한 것이 없었다고 생각합니다. 잘해 보시기 바랍니다.

   마지막으로 이곳에도 원고를 쓸만한 문인이 상당히 집거하고 있다고 생각합니다. 제가 문인회를 관계하는 이만큼 원고도 모집할 수 있겠습니다.[6]

한흑구는 이미 문단에서 평양을 대표하는 문인군에 이름이 난 듯하다. 더욱이 전영택과 함께 잡지를 만드는 일뿐만 아니라 유학파 문사로서 특히 남다른 시각으로 접근하는 평론에서 더욱 두각을 나타낸 것도 그러하고, 전공 분야도 영문학과 저널리즘이기에 당대 잡지 언론인으로는 매우 주목받을 만한 이력을 갖춘 셈이었다. 평양에서 활동하는 문인들과의 하나의 회를 조직하여 활동하는 젊고 유능한 그에게 많은 잡지 언론에서 접촉하였을 것으로 판단한다.

한흑구가 귀국 후에 동우회 활동을 했다는 것은 알지만, 소위 생계유지를 위해 무엇을 했는가에 대한 정보는 거의 없었다. 그 가운데 하나를 확보한 셈이다. 당대 잡지사의 평양지사장으로서 문예지를 보급하고 합당한 경제적 수입을 담보할 수 있었고, 『대평양(大平壤)』을 만들면서 일정한 수입이 있을 것으로 판단한다. 다만 현재 그가 기록상으로 지사장 직함을 가지게 된 것은 신인문학사와 조선문단사인데, 그의 추진력을 고려한다면 다른 문예지나 아니면 수입원을 위한 다른 이력도 있을 수 있겠다. 이 편지에서 "신동아 500부, 신가정 700부, 삼천리 700부, 중앙 600부, 신인문학 300부, 영화시대 300부가량이 평양에 내려오는데 다 팔리지는 않아도 그 부수가 상당하다고 합니다. 신가정, 삼천리, 중앙, 이러한 순차로 많이 팔린다고 합니다."라는 것으로 보아 이들 잡지는 직접 관할하는 것은 아니고 같은 지역에 거주하는 이로부터 파악한 정보일 것이다. 구체적인 것은 알 수 없지만, 한흑구가 이학인(李學仁)에게 보낸 6월 6일 자 편지에 양운한(楊雲閒)을 추천하는 것으로 미루어 그가 평양지역에서 지사 역할을 하는 인물이고, 이와 같은 정보도 공유하는 것으로 판단한다.

한흑구는 『조선문단』 속간 2호에 셔우드 앤더슨(Sherwood Anderson, 1876-1941)의 단편 「잃어버린 소설(The Lost Novel)」을 번역 게재하였다.[7] 아마 이때 평론 「로렌스론」도 함께 보냈으나 차호에 게재한다는 알림과 함께 실리지는 않았다. 그러나 차호(『조선문단』 속간 3호)에도 이 작품이 실리지 않았다.[8] 대신 새로운 원고 「정열의 방랑시인 바이런의 생애와 그의 시」가 실렸다. 그리고 이 무렵 『조선중앙일보』에 「작년 노벨 수상자 피린델로의 허무관, 간단한 철학적 면모」를 2회 연재하기도 하였는데, 한흑구의 이런 면모를 확인한 『조선문단』 편집자는 그를 신인으로 소개하는 장문의 소개 글을 쓰면서 "군(君)은 철학적 두뇌가 풍부하여 장차 괴테와 같은 대문호가 될 것을 믿는다. 군은 창작보다도 평론에 특장이 있다."[9]라고 기록하였다. 이것을 증명이라도 하듯 그는 1935년 연말까지 『조선중앙일보』에 「탄생 70주년을 맞이한 옛츠의 시선」, 「윈담 루이스론, 그의 평론과 소설」, 「기계문화를 구가하는 미시인 칼 샌드벅, 그의 생애와 작품」, 「해학작가 마크 트웨인의 미문학사적 지위」 등을 연달아 연재하기도 하였다.

　이 무렵, 1932년 4월 중국 훙커우 공원에서 있었던 윤봉길 의사의 의거로 체포되었던 도산 안창호가 1935년 2월 10일 질병의 악화로 병보석을 신청하여, 윤치호, 김성수, 이광수 등이 보석금을 내고 대전 감옥에서 2년 반 만에 임시 출옥하였다. 그다음 날 도산은 평양으로 귀향하였다. '오후 평양역에 도착하자 300명의 대성학우회 회원을 비롯한 3, 4천 명의 평양 시민이 역전에 나와 대대적으로 환영'[10]할 때 한흑구 역시 도산을 맞이하는 환영 대열에서 그를 만났다. 이후 "도산은 전국 순회의 길에 올라 공식적인 연설은 제지당하여 할 수 없었으나, 인격 혁명·자아 혁신의 도덕 혁명에 대한 소신을 사담 형식으로 되풀이하다가 평양 근교 대보산 송태산장에 은거하는 길을 택하였다. 일제 당국의 엄중한 감시와 단속 아래 무슨 일인들 구체적으로 추진할 길은 막혀 있었다."[11]

한흑구는 곧이어 『조선중앙일보』에 시 「나」를 발표하였다. 이 작품은 한흑구가 미국 유학 중이던 1932년에 로스앤젤레스에서 쓰고, 『신한민보』에 이미 발표한 작품이었다. '나'라는 제목 아래 '자화상', '나의 예술', '내 집', '내 불평'의 소제목을 단 연작시이지만, 사실 분리하여도 되는 작품이다. '자화상'은 자기의 신체적 특징을 나열하면서 남이 보는 나의 외모적 특징과 자신이 생각하는 것이 다르다는 것을 노래하였고, '나의 예술'은 자기의 예술 세계의 근원이 자기 몸과 우주에 있다는 것, 그리고 창조는 자기 예술과 같이 진화한다는 것을 노래하였다. '내 집'은 자기가 처한 시대적 상황에서 조국을 비유적으로 표현하여 노래한 것이고, '내 불평'은 자기가 지닌 비평적 시선과 사고의 틀을 '불평'이라는 단어로 겸손하게 표현한 작품이다. 이를 '나'라는 제목 아래 묶은 것은 결국 이 모든 것이 별개로 존재하는 것이 아니라 서로 상관을 맺으며 존재하는 자아정체성을 드러낸 것으로 판단한다. 그런데 이 작품을 다시 발표하면서 한흑구는 작품의 끝에 "이상 시편을 춘원께 드리노라 ― 서경에서 작자"라는 부기를 달았다.[12] 그 당시의 춘원은 문단의 큰 별이었고, 정치적으로나 사회적으로도 존경의 대상이었음은 재론의 여지가 없다. 한흑구는 미국에서 돌아온 뒤 잡지 『대평양』을 주재하였고, 동우회 활동을 통하여 애국애족의 마음으로 살아가는 것에 자부심을 지니고 있었다. 그런 차에 조선문단사와도 특별한 관계를 맺었고, 한흑구가 중학 시절에 그 잡지가 창간될 때 주역이었던 이광수와 함께 활동한다는 것이 그에게 참으로 영광스러운 일이었을 것이다. 더군다나 이광수는 그와 함께 흥사단 활동을 하였고, 도산과도 특별한 관계의 인물이 아니었던가. 그런 상황에서 한흑구가 자기의 정체성을 문학적으로 표현한 작품을 공개적으로 '춘원에게 드린다'고 하는 것은 단순한 친분의 여부를 알리는 것이 아니라, 도산 석방과 함께 전해지는 기쁨과 더불어 독립운동과 문학 활동이라는 공동체성을 공유하는 데 있지 않았겠는가? 물론 이광수가 1938년 11월 수양 동우회 사건의 예심을 받던 중 전향을 선언하게 된다는 사실은 한흑구도 이광수 자신도 예측할 수 없었던 일이었지만 말이다.

그런데 같은 해 5월, 한흑구가 일본 경찰에 연행되는 일이 생겼다. 그는 조선문단사 이학인으로부터 책 대금 관련 전보와 편지를 받았지만, 이에 응답할 수 없는 처지가 되었는데, 그것은 갑자기 평양경찰서에 감금되었기 때문이다. 한흑구가 이학인에게 보낸 6월 6일 자 편지를 보면 다음과 같다.

> 이형! 5월 22일 것지도 않은 일에 평양서 유치장에 감금되어 10여 일 후에 나와서 그날 차로 또 봉천까지 오게 되었습니다.
>
> 이 때문에 형의 전보와 편지를 보고도 책대를 붙지 못하게 되었습니다.
>
> 얼마나 미안한지 말할 수 없으며 저로서도 처음 뜻하지 못하였던 불행으로 당하였습니다.
>
> 약 5일 후에는 귀양(歸壤)하려 하는데 귀양하는 대로 계산하여서 보내리다. 아마도 20여 원은 되리라고 생각합니다.
>
> 그리고 지사는 책사(冊肆)에 맡기는 것보다 저에게 그냥 맡겨주시면 여러 가지로 좋을 줄 믿습니다. 후에는 내가 평양에서 떠나게 되어도 양운한(楊雲閒) 씨가 지사를 잘 맡아줄 줄 아오니 「문단(文壇)」 지사는 저이에게 맡기기 바랍니다.
>
> 앞으로 지사를 위해서 잘하려 하오며 이번에는 원고를 이곳 오기

때문에 못 드립니다. 소설 「이국녀의 결혼」이 있으니 그것만이라도 실으시구려.

하도 형께 미안하여 무엇이라고 말할 수 없습니다.

귀양(歸壤)하는 대로 다시 쓰겠습니다.

6월 6일 奉天 한흑구

"것지도 않은 일"이 어떤 것인지 알 수 없지만, 한흑구는 평양경찰서 유치장에서 10여 일 동안 감금되었고, 그 "것지도 않은 일"에 대한 심문을 받은 것으로 보인다. 도산 안창호가 은거 중인 송태산장을 한흑구가 문안차 찾아갔을 가능성이 있고, 이에 대한 일제의 강제 연행은 아니었을까 추측한다. 그리고 유치장에서 나와 봉천(奉天)으로 갔는데 ― 만주 지역에 있는 봉천인지, 아니면 경기도 봉천인지는 알 수 없음 ― 이것도 연행인지 아니면 사무인지도 알 수 없다. 아무튼 이해 5월 이후 한흑구는 『조선문단』에 더 이상 관계하지는 못한 것으로 보인다. "내가 평양에서 떠나게 되어도 양운한(楊雲閒) 씨가 지사를 잘 맡아줄 줄 아오니 「문단」지사는 저이에게 맡기기 바랍니다."라는 표현으로 보아 한흑구는 일본 경찰의 연행으로 무언가 불미한 일이 자기에게 있을 것이라는 예견을 했던 것 같다.

김세형과 재회, 그리고 『먼 길』

한흑구는 평양으로 돌아와 수양동우회 평양지방회원으로 활동을 전개하였다. 특별한 일이 없으면 매월 1회의 정기 모임을 가졌던 평양지방회에서는 등산이나 야유회, 유람과 같이 외형적으로는 놀이 같은 모임도 종종 열어 회원 간의 친목 도모는 물론 조국과 민족을 위한 마음을 서로 북돋우며 항일 정신도 다짐하고 하였다. '동우회 평양지방회' 회의록(동우회 평양반우회록)에 따르면 한흑구는 1934년 9월 1일 오후 본회 월례회에서 '재미(在美) 감상담'을 들려주었던 것으로 기록되어 있다. 구체적으로 어떤 이야기를 나누었는지는 알 수 없지만, 그가 남긴 글들로 볼 때 고학과 학업에 관한 이야기와 유랑, 문학작품 활동과 사회 활동, 흥사단 활동 등에 관한 것으로 추측할 수 있다.

이 무렵, 한흑구보다는 5살 많았던 고향 지우 음악가 김세형(金世炯)이 1935년 6월 19일 조선에 귀국하여 고향으로 돌아왔다. 한흑구와 마찬가지로 평양지방회에서 동우회 활동을 전개하였던 그는 한흑구가 졸업한 숭덕학교를 마치고 1927년 숭실전문학교 졸업 후 한흑구보다 1년 먼저 미국으로 건너가 캘리포니아주에 있는 챔먼(Chapman) 대학과 1934년 웨스턴 음악 대학 대학원 작곡과를 졸업하였다. 그는 미국 유학 시절인 1932년 우리나라 최초의 연가곡(聯歌曲, Song Cycle)인 「먼 길」을 작곡하고 발표하였는데, 그가 귀국하여 연가곡집 『먼 길(The Long Way)』을 출간할 때, 길버트 모일(Gilbert G. Moyle)의 영시를 한흑구가 역안(譯案)하였다.

1932년은 한흑구가 템플 대학에서 저널리즘을 공부하면서 안익태와 함께 생활하던 시기였다. 음악에 대한 깊은 조예가 없다손 치더라도 조선에서 건너온 ─ 더구나 고향지우요 미주흥사단 동지였던 김세형 ─ 그는 한흑구가 미국에서 마지막 흥사단대회에 참석했던 제24회 대회에서 대회가를 연주하고, 토론회에서도 피아노를 연주했으며, 애국가를 인도하였다. 1935년에 귀국한 그는 국내에서 활동하면서 미국에서 독립운동

단체에 가담했다는 사실과 흥사단 「단우의 노래」¹³의 작곡자인 것이 일본 경찰에 알려짐으로써 요시찰 인물이 되었다. 그는 집에서 작품을 쓰면서 1936년 오산고등학교 교원으로 임명되었다. 이 무렵 미국에서 발표하였던 「먼 길」을 조국에서 출간하기로 하였다. 이때 한흑구가 길버트 모일의 시 「My Spirit with Thine Enchained」, 「If All the Happiness That is were Mine」, 「Good Night」, 「O! Blessed Sleep」 등 4편을 번역하였다. 김세형은 이 가곡집의 서(序)에 이렇게 기록하였다.

『먼 길(The Long Way)』 이 가요곡(Song Cycle)은 내가 미국 유학 시에 특히 길버트 모일의 성시(聖詩)를 애독하여 작곡한 것입니다. 그의 시집 『먼 길』에서 내가 좋다고 생각되는 시 4편을 뽑아서 『먼 길』에 대한 나의 인스피레이션(Inspiration)을 작곡 표현한 것입니다. 이 가요곡은 1932년 6월 15일에 미국 라디오 방송회사 수석 테너인 하롤드 스폴딩(Halord Spaulding) 씨가 로스앤젤레스(Los Angeles)시 햄맨 대학 음악회에서 처음으로 노래했습니다. 그 후 1933년 11월 26일에 무어 작곡클럽(M. C. Moore Manuscript Club)에서와 1934년 4월 20일 할리우드에 있는 쓰리 아트 클럽(Three Arts Club) 음악회 등에서 추천되어 불은 노래입니다.¹⁴

김세형은 시인이자 평론가로서 잘 알려진 한흑구에게 번역을 부탁했고, 그의 번역본을 곡에 붙여 출간하였다. 그 가운데 한 작품 「그대에게 매운 나의 마음(My Spirit With Thine Enchained)」을 악보에 맞게 '—'을 넣은 그대로, 한흑구의 번역 원문 그대로 소개하면 다음과 같다.

My Spirit With Thine Enchained

Par—na—ssus is a hill that's hard — to climb; But if at last— I scaled the tower-ing height— And thence sur-veyed the world in its best prime Spred out be—fore my all per—ceiv—ing sight, Straight way mine eyes would fix them—selves—on thee, The fair—est in a scene where splen—dor reigned— A joy un-known be—fore— would come to me And leave my spirit — un-to thine — en-chained— And Oh, the song that from my soul would rise! Such me-lo-dy as on-ly Hea—ven Knows; And as it mount—ed up— ward to the skies In praise of — thee and all—thy—love be—stows, The whole wide world would pause a-while to hear And mar-vel that a maid could be so dear.

그대에게 매운 나의 마음

파나수스 고개를 높흔 — 고개를 나 올라가 —그 우에 올라가 — 아름다운 세계—보았노라 광명의 신이 다스리시는 그 찬란스러운 당—신의 집 화려한 궁전을 보았노라— 넘쳐나는 기쁨—이 기쁨을 당신 맘 속—깊이 매어주오— 우러나는 기쁜 노래 노래 기쁜 노래 궁창에 울리리 저 푸른 궁창까지 울리리 내게 주신 그 사랑으로써 당신을 높이 찬양할 때에만 물은 귀를 기우려——들으—리—

김세형은 당시 조선에서 처음으로 작곡을 전공한 음악가로서 귀국과 함께 언론의 주목을 받았고, 음악 강습회를 열기도 하고, 라디오 방송에도 출연하는 등 국내에서 음악 활동을 전개하기도 하였다. 한흑구 역시 작가로서 다양한 활동을 펼쳤지만, 일제 경찰의 감시를 받는 인물로서 활동에 많은 제약이 있었다. 한흑구가 번역한 위의 작품들은 후일 박대인(朴大仁)의 수정을 받은 작품으로 한흑구와 박대인이 공동 번역한 작품으로 다시 나오기도 하였다.

항일 작품을 발표하면서

그는 자신이 주재하던 『대평양(大平壤)』에 시 「한 줄의 기억」을 발표하는데, 그 부제를 보면 '××을 생각하고'라고 적혀 있다. 당시 일제의 검열을 피하려고 복자를 사용한 것을 염두에 둔다면 내용상으로 볼 때 추측되는 단어는 '고국, 조국, 민족, 고향, 독립' 등으로 볼 수 있다. 그 내용의 일부를 보자.

　　관(棺)을 짓는 목수의 방 안에
　　흩어진 대팻밥같이,
　　어지러운 내 머릿속에도
　　한 줄의 기억…………
　　한 줄의 기억이 남아 있노라.

　　(중략)

> 오, 이 가늘은 한 줄의 기억은
> 그믐밤 풀밭의에 반딧불같이
> 시들어진 내 머릿속에
>   보였다………숨었다………
>   잠겼다………떴다………

그 한 줄의 기억이란 무엇일까? 그가 사용한 복자의 단어들을 생각해 보면 분명 우리나라의 독립과 관련 있는 어떤 사건이 아니겠는가? 최근의 사건이 아닌, 아주 오랜 기억 속의 사건일 가능성이 크다. 어지러운 머릿속이어도 절대로 사라지지 않는 기억, "가늘은 한 줄의 기억"으로 추측할 수 있는 것은 그의 유년 시절 미국으로 망명한 아버지에 대한 것, 그 이별을 슬퍼하던 어머니의 모습, 어린 시절 교회와 학교에서 받았던 조국 독립과 관련한 일련의 민족교육 상황들, 그가 참여했던 3·1운동의 가슴 아픈 기억 등일 수도 있다. 그는 조선으로 귀국하여 위독한 어머니를 만나고, 오랫동안 만나지 못한 누이들과 만나서 미국의 부친 안부며 미국 생활, 흥사단 활동 등에 관하여 말을 나누었을 것이다. 기울어진 조선의 상황이나 허물어지는 자기 집의 상황이 어쩌면 밤의 사막이 주는 적막함처럼 그를 힘들게 했을지도 모른다. 그러나 그는 「밤의 사막」에서 이렇게 노래했다.

> 두려움 배고픔 목마름………
> 그러나 실망은 내 입술을 다 태우지 못하였나니
> 오— 나의 뼛속이 다 마를 때까지
> 반짝이는 저 별과 같이 걸어가리라

조선으로 돌아오다

오랜 유학 생활을 마치고 귀국한 고국은 일제의 강압적 박해 아래 더욱 피폐해지고, 고향의 상황은 더 나아질 줄 모르는 가운데, 한흑구 앞에 또 박해의 어두운 그림자만 서성거리고 있었다. 땅을 잃어버린 농민들의 굶주림을 직시하면 할수록 빼앗긴 고국의 주권을 회복하고자 하는 그 갈망은 더욱 깊어만 갔다. 어느 것 하나 희망적인 것이 보이지 않는 시대의 흐름 안에서 한흑구는 말했다. "실망은 내 입술을 다 태우지 못하였나니 / 오— 나의 뼛속이 다 마를 때까지 / 반짝이는 저 별과 같이 걸어가리라"라고. 이는 곧 죽을 때까지 희망을 버리지 않겠다는 것, 육체는 고통 속에서 죽어가더라도 정신만은 죽지 않는다는 것이 아니겠는가?

한흑구는 국권을 상실한 조국의 땅을 '사막'에 비유하였고, 이를 다시 찾기 위하여 죽음을 각오하고 싸우는 땅으로서의 조국을 '사지(死地)'로 규정하였다. 'WK에게 드림'이라는 부제가 붙은 시 「사지로부터」에서 보는 바와 같이 조국 독립을 위한 서로의 약속을 실현하기 위하여 생명을 태울 결심을 하였다.

사막을 홀로이 걷는 듯
사지 위에 서 있는 나의 그림자.
타는 입술을 깨무는 나의 결심.
아직도 무섭게 강하노라.

길도 없고, 발자국도 없는 사막
이는 내가 넘어야할 사지노라.

늦가을, 부는 바람에
떨어지다 남은 한 이파리 나뭇잎.

외로운 내 가슴의 핏줄기는
아직도 무섭게 뛰고 뛰노라.

아! 결심, 그대와 맹서한 결심이여,
이는 내 생명을 태울 결심이노라.

   그가 미국에서 흥사단 활동을 하였고, 당대의 조선인 지식인이라는 사실만으로도 일제의 감시를 받을 수밖에 없었다. 일제는 어떠한 명분으로라도 그를 압박하거나 아니면 회유하여 친일의 길로 돌아서도록 갖은 노력을 하였을 것이다. 그런 달콤한 현혹을 이기고, 협박과 회유의 칼날 아래 살아가는 가운데 그가 느낀 것은 언제라도 죽을 수 있다는 불안감이었다. 그러나 그가 남긴 「유언」을 보면 그런 육체적인 죽음을 넘어서는 고귀한 정신세계를 읽을 수 있다.

   1
내가 만일 젊어서 죽거든
비 오는 날 질퍽한 풀판 밑
저 늙은 소나무 아래 묻어 달라!
내 무덤 위에는 비석이 쓸데없노라.

   2
나의 무덤 위에는
꽃나무와 푸성귀가 성하리!
꽃나무도 풀도 가시덩굴도 그대로 두어 달라!
나의 무덤에는 다시 손질 말라!

3
　　봄에는 꽃이 피고
　　여름에는 풀이 파릿파릿 빛나고
　　가을에는 나뭇잎이 떨어지고
　　오 겨울에는 가시가 남아 눈 속에 날카로우리!

"내가 만일 젊어서 죽거든" 이 한 줄 안에 놓인 그의 결의는 그 어떤 말보다도 절실하지 않은가? 비석도 세우지 말며 손질도 하지 말라는 이유는 무엇일까? 다시 손질하지 않아도 죽으면 썩어 없어질 육체보다는 죽여도 죽여도 절대 죽지 않는 정신의 표상으로 봄에는 꽃으로, 여름에는 풀로, 가을에는 나뭇잎으로 자신의 존재를 드러내리라는 것이다. 그리고 "겨울에는 가시가 남아 눈 속에 날카로우리!"라는 이 한 구절 안에 결코 죽을 수 없는, 아니 죽지 않는 그의 독립을 향한 날카로운 의지와 정신이 그대로 나타난다.

한흑구는 일제의 감시를 받으면서도 시를 지속해서 발표하였다. 중국과 만주를 다니면서 흩어진 우리 민족의 생활상을 눈여겨보기도 하였고, 압록강과 두만강을 건너며 동포들의 삶을 가슴에 담기도 하였다. 말로 이루 다 할 수 없는 삶의 한순간을 그는 시로 표현하기도 했는데, 그의 의지와는 상관없이 일제는 그의 시를 부분 삭제하는 일이 많아졌다. 한번은 『대평양』을 주재하던 중 1935년 6월 만주 지역을 방문하면서 두 편의 시 「차외의 풍경」과 「차내의 풍경」 두 편을 동아일보에 보냈는데, 「차외의 풍경」은 전문 삭제를 당하여 현재는 제목만 남은 작품이 되고 말았다. 전문 삭제의 이유는 "만주의 산허리를 갉아 먹고 있는 백의인의 유랑 생활을 그렸다."15라는 것이다. 참으로 안타까운 일이 아닐 수 없다. 일제의 검열을 피한 「차내의 풍경」을 보자.

    1
맞은편 교자 우에 잠든 사람.
빠져질 듯 늘어진 고개가 건들…건들…
저절로 벌어진 그의 입……
입으로부터 흘러내리는 작은 시내……
    감초지 못할 인간의 취한 몸
    어쩔 수 없는 인생의 피로다! 피로다.

    2
이리저리 꾸부러진 사람의 사지들.
노동자의 다리……너무나 무게가 크다.
양복쟁이의 다리……배꼽이 왜 보이노?
창가에 괴인 젊은 여인의 팔목……팔목 시계.
입체적 좁은 공간 안에서 쉴 곳 찾는 팔과 다리들!
몸뚱이 하나 끌고 다니기도 피로다. 피로야!

    3
피로에서 피로로……
흘러가는 인생의 보따리.
시간과 공간 위에서
시들어 가는 인생들.
손바닥만 한 지구덩이.
넓고, 깊고, 끝없고, 끝없는 인생의 바다.

겉으로 보기에 「차외의 풍경」처럼 일제가 "만주의 산허리를 갉아 먹고 있는 백의인의 유랑생활을 그렸다."라고 판단할 만한 구체적인 이유는 보이지 않는 것 같지만 실상은 만주 땅에서 하루하루 벌어 먹고사는 동포의 비참한 모습을 그린 것이다. 이런 모습이 무엇이 자랑스러워서 시로 그렸는지 되물을 수도 있겠지만 한흑구의 의도는 다른 곳에 있다. 이런 상황을 묘사하여 역설적으로 우리 민족의 마음 깊은 곳에 머무는, 존재 이유에 대한 근본적인 질문을 상기시키는 것이다. 나라를 잃고 타국살이를 한 것은 결국 우리 스스로가 힘을 기르지 못한 결과이기에 우리 민족의 정체성을 확보하고, 우리가 존재하는 궁극적인 이유의 도달점은 평화로운 독립국에 있다는 것을 말하고 싶었다.

이 무렵 한흑구는 자신이 나고 자란 평양을 중심으로 한 지역을 배경으로 한 편의 장편소설 「4형제」를 『농민생활』에 발표한다. 그가 쓴 3번째 장편소설로서 1920년대와 30년대의 시대 변화에 적응하는 4형제의 이야기이다. 한흑구는 이 작품의 집필 의도를 이렇게 말하고 있다.

> 「4형제」는 특히 조선의 과거 10여 년 동안 일반 농촌과 도시에서 일어나는 신구사상(新舊思想)의 발전하는 현상을 그려 내놓으려고 힘쓴 것입니다. 제명과 같이 농촌에서 생장하는 4형제가 농촌과 도사에서 성장하는 가운데 그들의 사상이 어떤 방면으로 변화해 나가는가 또한 그들의 사상을 변화시키고 있는 사회라는 객관적 현상을 이야기하는 데 힘썼습니다. (중략) 전체적으로 조선의 과도기적 사회 현상이 밟고 나가는 그 고민을 말하고 이 고민을 이기고 싸워 나가는 인물을 이 소설의 주인공으로 하였습니다. 흙과 자연과 인생과의 관계, 종교와 예술과 과학의 새 사조가 조선의 농촌과 도시 사람에게 어떠한 변화를 주고 있는가 하는 것을 이 소설에 나타난 4형제를 대언자

(代言者)로써 내세웠습니다.¹⁶

일제가 우리나라를 강제 병합하던 시기에 태어나 신식교육을 받은 부모의 영향과 외국인 선교사들로부터 받은 그리스도교적 영향, 평양과 서울에서 공부하고, 미국으로 건너가 신학문과 자유를 체험하고 돌아온 한흑구의 눈에는 일제의 식민지 체제의 안타까운 우리 현실이 보였다. 이미 우리나라 인구의 80% 이상이 거주하는 농촌사회의 모습은 여전히 반봉건적인 질서가 유지되고 있고, 도시는 일본 문화의 영향을 강하게 받고 있었다.

'생산, 유통, 소비의 모든 부문에서 식민지 지배체제와 자본주의 체제에 편입된 농촌사회는 지배 정책의 추이와 경제의 부침에 따라 늘 위기의 가능성을 안고 있었다. 그 가능성이 가장 심각한 형태로 나타난 것이 1920년대 말과 1930년대 초의 세계 대공황과 농업공황의 파도였다. 일제강점기에는 제한적이나마 공업화와 도시화가 이루어졌다. 그러나 공업화는 처음부터 식민지적 성격을 강하게 띠고 있었다. 일제는 효율적인 식민지 지배를 위해 처음에는 조선인에 의한 공업화를 가로막다가 3·1운동 이후에야 조선인의 자본 투자를 허용했다. 그러면서 공장과 공장노동자들이 늘어났다. 그러나 일제강점기 내내 자본 투자를 주도한 것은 일본인 자본가였으며, 일제에 협력한 소수의 조선인 자본가만 살아남아 자본축적에 성공했다. 조선인 공장노동자는 일본인 노동자에 비해 저임금을 받는 등 민족 차별에 시달렸다. 이뿐만 아니라 일제는 우리의 전통적인 도시 체계를 파괴하면서 일본인이 많이 살고 일제의 식민지 지배에 필요한 곳이 신흥도시로 부상하기도 했다. 우리가 알고 있듯이 일제강점기 이전부터 우리 사회에는 서구의 다양한 사조가 들어왔다. 처음에는 사회

진화론이 당대의 지식인들에게 큰 영향을 미쳤다. 그러나 강제 병합을 전후해 사회진화론의 한계를 극복하려는 움직임이 나타나기 시작했다. 그 움직임은 1910년대 중반부터 국가 주권이 인민에게 있다고 보는 민주공화주의로 귀결되었다. 3·1운동을 계기로 1919년 4월 상하이에서 한국 역사상 처음으로 인민의 평등과 자유를 보장하는 주권재민의 근대국가로서 대한민국임시정부가 출범한 이후 민주공화주의는 거스를 수 없는 대세가 되었다. 3·1운동 이후에는 사회주의도 청년층을 중심으로 빠르게 확산하면서 민족해방운동의 유력한 이념적 토대가 되었다. 민주공화주의, 사회주의 등 새로운 사상의 확산은 새로운 계층(소년층과 청년층, 여성 계층)의 출현과도 밀접한 관련이 있었다. 강제 병합 이후 교육도 언론도 일제 식민지 지배 방침과 관련해 굴곡을 겪었다. 1919년 3·1운동 이후부터는 시사잡지를 비롯한 많은 잡지가 발간되었고, 근대교육에 대한 열망이 높아지면서 입학 경쟁이 벌어지기 시작했고 민족언론과 민족교육이 가장 활발하게 일어나기도 했다. 1930년대 들어 언론은 상업화되기 시작했고, 교육도 일제의 통제 아래 입신출세의 장으로 전락했다. 중일전쟁을 전후하여 제도권 언론은 모두 일제가 벌인 침략전쟁의 도구로 바뀌었고, 학교에서는 학생들을 침략전쟁에 동원하기 위한 황민화 교육이 강화되었다.'[17]

이런 시대의 흐름을 모두 겪은 한흑구는 우리 국민이 빨리 일제로부터 벗어나 세계 국가의 한 일원으로 당당하게, 부강하게, 평화롭게 살아가기를 원했다. 그것은 혼자의 힘으로 어렵고, 많은 국민의 마음이 모이고, 행동에 일치를 이룰 때 가능한 일이다. 이를 한 단어로 말하면 바로 '항일이요 독립'이다. 한흑구는 장편소설 「4형제」를 통하여 이것을 말하고 싶었다.

어머니와 사별

1934년 4월, 평양에서 어머니를 만난 한흑구는 어머니를 곁에서 모시지 못한 것을 가슴 아파하면서 다시는 어머니 곁을 떠나지 않을 것을 약속하였다. 1929년 1월의 추운 겨울, 평양역을 떠날 때 눈물로 서계시던 어머니의 마지막 모습을 뵌 지 5년 만의 상봉이었다. 병고에 시달린 흔적이 역력한 어머니의 건강을 확인하고, 다시 평양 생활을 이어나가던 1년 반의 시간, 1935년 12월 12일 새벽 3시, 한흑구의 어머니가 돌아가셨다. 임종하던 한흑구는 눈물을 머금고 눈을 감으시는 어머니의 눈물을 닦아드렸다. 누나들과 동생, 그리고 친지들과 교인들이 모인 가운데 장례식을 마친 한흑구는 얼마 전 길선주 목사가 묻힌(1936년 12월 3일 장의), 옛 평양성 서쪽에 있던 서장대(西將臺) 묘지에 어머니를 안장하였다.

어머니가 떠난 고향집에 돌아와 어머니의 유품을 정리하고, 가장으로서 집안의 분위기를 추스르며 일상을 회복하려고 했지만, 어머니를 사별한 슬픔은 좀체 가시지를 않았다. 그는 어머니의 장례를 치른 6개월 뒤 어머니와의 이별에 대한 슬픔을 회고하며 이렇게 썼다.

> 미국으로 건너가서 13년 만에 아버님을 만나고 또 어머님이 병드시었으니 곧 귀국하라는 전보를 받고 아버님을 외국에 두고 다시 떠나온 것이라든지 모두가 슬픈 일이었다.
> 병보를 받고 귀국한 지 1년 반에 병든 어머님은 작년 겨울에 나를 영영 떠나가고 말았다.
> 애정 많으시던 어머님을, 홀로 계시던 어머님을, 영원히 잃어버리던 나의 가슴은 말할 수 없이 쓰라리었다.

한 번도 어머님께 아들로서의 기쁨을 드리지 못한 오늘에 그처럼 어머님이 돌아가신 것은 나의 일생을 두고 잊지 못할 슬픈 기억이 되고 말았다.

『외아들은 죄인이다.』

노부모를 모셔야 하고 언제나 외롭고 부자유한 존재는 외아들 된 사람이고 그는 마치 죄나 지은 사람처럼 인생의 외로움과 슬픔을 누구보다도 더 가져야 하는 운명에 처하여 있다고 생각하였다.[18]

한흑구는 어머니의 죽음을 "나의 일생을 두고 잊지 못할 슬픈 기억"이라고 하였다. 그만큼 어머니는 그의 존재와 다름이 없을 만큼 소중한 존재였다. 그도 그럴 것이 그가 7살 때 아버지가 망명을 갔고, 어머니 홀로 10년간 한흑구를 돌보고 교육했지만, 한흑구는 17살부터 어머니 곁을 떠나 생활하였고, 서울로 일본으로 미국으로 방랑 생활을 하면서 어머니를 제대로 모시지 못한 죄스러운 마음이 컸으리라. 그런 마음이 컸던 한흑구는 1936년 1월, 어머니와의 사별에 대한 슬픔과 그리움을 담은 시 「가신 어머님」을 썼다. 이를 『신인문학』(제13호, 1936년 3월)에 발표하였다. 그 전문을 보면 다음과 같다.

  1
이 작은 지구의 유성이
1935라는 시간의 커브를 돌아서려던
이 해의 마지막 달이 찼다 이지러지던
12월 12일 새벽녘
닭이 세 번 울어 캄캄한 빛이
얇아가던 새벽 3시에

어머님은 사랑하던 나의 어머님은
식어가는 이 불덩이의 표면을 떠나서
영원히 영원히 돌아가시다!

   2
태양이여! 불덩이여!
따뜻하고 밝게 하는 빛이여!
검은 공간을 뚫고 속삭이는 별의 떼여!
20억만의 별들이여!
망원경으로도 볼 수 없는 억억만의 별들이여!
그대들은 이 지구와 무슨 상관이 있느냐?
그대들은 우리의 생명과 무슨 상관이 있느냐?

공간아 검푸른 공간아!
네 품이 얼마나 넓어서 넓어서
무한대한 시간을 품고 있느냐?
시간아! 인생에 있어서 너무나 짧구나?
너는 왜 우리와 함께 무한하지 않으냐?
60이 길다고 내 어머님을 잡아갔느냐?

흐르고 흘러도 끝없는 강물아!
가만히 앉아서도 끝없는 산악아!
오로지 한 줌의 흙과 한 방울 물이
우리의 아름다운 육체를 만들었던가?
마르고 썩어질 우리의 육신이었느냐?

3
오오 어머님은 가시다
그 몸이 가시고 그 이름이 가시다
오오 그러나 그 아름다운 정령이여!
나를 나시고 미래를 나시고
과거를 나시었던 나의 어머님이여!

그의 몸은 싸늘한 흙 속에
암흑과 침묵의 지심 속에서
죽음이라는 절대의 시간과 흘러가지마는
아직도 외아들을 사랑하시는 그 마음
내 귀에 말이 되어 들려주시고,
내 등에 손이 되어 어루만져 주시건마는
오 어머님이여! 어머님이여!
당신의 정령은 어느 곳에 계시나이까?

　　　4
땅 위에 계시나이까?
별 위에 계시나이까?
단테의 「신곡」 가운데 계시나이까?
오 어머님이여! 당신의 정령이여!
사랑하는 당신의 정령은
영원히 영원히 저와 같이 계소서!
그 무한대한 「사랑」이 나와 같이 있게 하소서!

한승곤 목사는 부인의 병고는 알고 있었지만, 선종 사실은 모른 채 흥사단 제22차 북미 중서부대회의 대회장을 맡기도 하고, 국민회의 임원회를 주재하는 등 조국 독립운동과 관련하여 바쁜 시간을 보내고 있었다. 한흑구의 어머니가 선종하였다는 사실이 미국 시카고에 있는 그의 부친 한승곤 목사에게 전달된 것은 1936년 1월, 사후 약 한 달 뒤였다. 부인의 선종 소식을 들은 한승곤 목사는 이를 흥사단과 국민회, 그리고 미주 한인교회에게 알리고, 관계하였던 일들을 정리하면서 귀국을 준비하였다. 로스앤젤레스 교회와 미주흥사단이 연합하여 한승곤의 송별회를 마친 것은 1936년 3월이었지만, 즉시 귀국하지 못하고 5월에 북미 대한인국민회 총회 대표 회의를 열어 임시정부 재정 후원 문제와 항일 독립운동 세력 규합, 재미 한인사회의 발전책 등 귀국의 순간까지 조국 독립의 방향을 논의하고 미주 사회의 한인들을 돌보는 일에 매진하였다. 이것을 마지막으로 조선행 배를 탄 한승곤 목사는 1936년 6월 20일 조선에 귀국하여 고향인 평양에 도착하였다. 부인의 묘지를 찾아 애도의 뜻을 표하며 가족들과 함께 또다시 슬픔에 빠졌지만, 조국의 내일을 위하여 마냥 슬픔에 빠져있을 수 없었기에 슬픔을 추스르고 일어나 미주흥사단 활동의 연장선으로 국내의 동우회 활동을 이어갔다.

『백광(白光)』 창간과 수양동우회 활동

한흑구는 미국에서 돌아온 아버지가 경창문 교회의 목사로 부임하였기에 고향집에 함께 머무르지는 못했지만, 아버지와 함께 동우회 평양지부에서 흥사단 활동을 하였다. 그러면서 「모더니즘의 철학」, 「제국주의의 시인, 루드야드 키플링론」,「미국문단개관」,「현실주의문학론, 가장 개괄적인 문학사적 탐구」,「설야 민촌 등 제씨의 작품에 대하여」,「미국 문단의 근황, 작가들의 동태 기타」,「현대소설의 방향론」,「비평문학의 방향론, 과거의 전통과 빛 현대의 제상」 등의 비평문을 발표하기도 하였다. 이뿐만 아니라 그가 미국에서 유학할 때 관여하였던, '북미조선학생총회'와 그 총회가 발행한 기관지 『우라키』 제7호에 논문 「미국 신문의 판매정책론」,「현대 영국 문단의 추세」와 번역소설 「죽은 사람」,「잃어버린 소설」 등을 발표하면서 귀국 후 우리 문단의 중요한 작가로 자리매김하였다. 그런 가운데 1936년 10월에는 평양의 유지였던 고(故) 백선행 여사의 기념사업으로 안일성(安日成)이 백광사(白光社)를 설립한 후, 월간지『백광(白光)』을 1937년 신년호부터 발간하기로 하고, 한흑구와 함께 그 잡지를 주재하였다. 우리 문단에 이미 알려진 바대로 이 잡지는 평양 지역의 저명한 독지가였던 백선행(白善行)의 뜻을 기려 수립한 '백선행기념관 재단'의 후원으로 백광사에서 발간하였다. 창간호에는 평양 출신의 작가 전영택이 편집 겸 발행인으로 이름을 올렸고, 편집 실무는 백선행의 양아들 안일성과 평양 출신의 작가였던 한흑구가 담당하였다. 한흑구는 잡지를 발간으로 당대의 가장 정확한 비판자 역할에 충실하며 '정의와 인도(人道)'를 위하여 헌신하였다.

[그림 11] 평양문인좌담회 장면. 안일성과 한흑구는 1936년 10월 27일 오후 5시 평양의 기자림 봉황각(箕子林 鳳凰閣)에서 평양문인좌담회(平壤文人座談會)를 열었다. 대담에 참석한 사람은 국문학 및 영문학자인 양주동(梁柱東), 소설가 이효석(李孝石), 희곡작가요 소설가인 이석훈(李石薰), 소설가 김영석(金永石), 희곡작가 한태천(韓泰泉), 시인이요 국문학자인 유창선(劉昌宣) 등이다. 중앙의 오른쪽 안경을 쓴 사람이 한흑구이다. 출처: 『백광』창간호(1937. 1.)

『백광』은 조선 전역을 상대로 평양에서 발행된 최초의 종합지였다. 창간호에는 「고(故) 백선행 여사 약력」, 「조만식 씨 방문기」, 「평양문인좌담회」, 조만식, 김동원, 이광수, 주요한의 축사 등 지역색을 담은 기사들이 다수 실렸다. 한흑구가 공부하였던 숭인학교의 후신인 숭인상업학교에도 당시 2만 원 상당의 토지를 기부하였던 백선행 여사에 관한 기사도 6쪽에 걸쳐 실려있다. 이를 바탕으로 간단하게 그녀의 행적을 정리하면 다음과 같다. 백선행 여사는 1849년 음력 11월 19일 평양 중성(中城) 산골, 한 가난한 집안의 무남독녀로 태어났다. 그는 7세에 아버지를 여의고, 14세 되던 해에 평양 남문 밖에서 싸전을 하는 31세 된 안재욱(安載旭)에게 출가하여 행복하게 살았으나 16세에 남편을 잃었다. 그때의 어머니와 딸, 두 미망인은 슬픔을 가누지 못했으나 집을 옮겨 작은 구골(당시의 백광사 자리)에서 청물 장사(염색업자)를 시작했다. 두 모녀는 악의악식(惡衣惡食) 근검절약, 노력과 인내로써 오로지 가산을 모으는 데 힘을 다했다. 그가 44세 때, 어머니마저 세상을 떠나고 그는 혼자서 재산을 늘려나갔다. 그리고 자기 재산을 사회에 내놓았고, 광성(光成)보통학교·숭현(崇賢)여학교·지방의 창의(彰義)학교를 재단법인으로 세웠으며, 숭인상업학교에도 2만 원 상당의 토지를 기부했다. 여사는 하고 싶은 교육 사업을 이루어놓고 1933년 5월 8일에 향년 85세로 영면하였다. 백선행 여사에 관한 이야기는 한흑구도 익히 알고 있었고, 안일성과 함께 잡지를 창간하는 일이 의미 있는 일이라고 생각하였을 것이다.

1937년 1월 『백광(白光)』 창간호에 게재된 글 중에서 「평양문인좌담회」는 매우 의미 있는 기획이었다. 그 당시 좌담회에 참석한 인사들은 국문학 및 영문학자인 양주동, 소설가 이효석, 희곡작가요 소설가인 이석훈, 소설가 김영석, 희곡작가 한태천, 시인이요 국문학자인 유창선 등이다. 당시 주간을 맡았던 안일성이 좌담을 진행하였고, 한흑구가 속기와 좌담을 곁들이는 방식을 취하였다. 오늘날처럼 녹음을 쉽게 할 수 있는 상황이 아닌 가운데 출연 인사들의 말들을 속기로 처리하고, 그것을 문장화하는 일은 결코 쉬운 일이 아니다. 특히 당시 전국적인 명성을 지닌 양주동의 어투를 최대한 살리려는 한흑구의 묘사력 역시 돋보인다.

1935년 『대평양』 신년호에 「조선문단전망 — 과거, 현재, 미래의 상심에서」를 발표한 한흑구가 문단의 전체 조망을 염두에 두고, 자신의 견해를 밝히는 모습은 인상적이다. 안일성과 대담의 흐름을 사전에 조율했을 것으로 판단되지만 조선문단의 전체 흐름을 모르고서는 그 맥을 쉽게 짚을 수는 없을 것이다. 그런 면에서 볼 때, 한흑구가 지닌 조망력은 평론가의 자질을 충분히 보여준다고 하겠다. 1935년 『조선문단(朝鮮文壇)』 23호 한흑구의 소개 내용을 보면 평론가의 자질이 뛰어나다는 『조선문단』 편집자의 견해 역시 이를 뒷받침해 준다. 한흑구가 보여준 세계문학과 애란문학, 조선문학에 관한 비교 관점은 이 좌담회를 더욱 풍성하게 해줄 뿐만 아니라, 1930년대 문학을 바라보는 오늘의 시각에도 시사하는 바가 있다.

그리고 1936년 4월에는 임시정부를 헐뜯는 한 젊은이의 글을 읽고 임시정부를 옹호하는 장문의 논설문 「고(告) 양록(楊綠) 군(君) — 남화통신(南華通訊)을 읽고서」를 『한민(韓民)』 제2호에 발표하여 많은 이의 경거망언을 경계하고, 조국 독립운동을 방해하는 일이 없도록 당부하기도 하였다. 그러나 한흑구의 이런 활동을 눈여겨보던 일제는 그를 가만히 놔주지를 않았다. 그가 신인문학사와 조선문단사의 평양지사장으로 활동할 때 얼토당토않은 이유로 일제 경찰로부터 감금되기도 한 것을 미루어 볼 때, 문서나 한흑구의 자기 기록상으로 남겨지지 않은, 많은 핍박이 있었다는 것을 짐작할 수 있다. 이런 조선 국내의 상황과 함께 우리가 역사적으로 이미 알고 있듯이 일본은 1931년 만주 침략(만주 사변)을 시작으로 1937년에 중일전쟁을 일으킨 뒤에는 동남아시아에 진출하였다. 이어 1941년에는 기습적으로 태평양에 있는 하와이를 공습하여 태평양 전쟁을 일으켰다.

1936년 6월 조선총독부의 새 총독으로 부임한 미나미 지로(南次郎)는 우리나라의 민족 정체성을 말살하기 위하여 황국신민화정책을 펼치기 시작했다. 이는 조선인을 일본의 왕에게 충성하는 국민으로 만들겠다는 야욕으로 우리말과 글을 사용하지 못하게 하고, 일본어를 '국어'라고 하여 오로지 일본어만을 사용하도록 하였으며, 우리의 역사교육을 금지하고, 일본 왕에게 충성을 맹세하는 '황국신민의 서사'를 외치게 했다. 이뿐만 아니라 일본 왕실의 조상을 모신 신사에 참배하도록 강요했으며, 조선인의 성명을 바꾸는 일도 강제적으로 시행하였다. 이를 따르지 않는 조선인에게는 여러 불이익이 따랐는데, 대표적인 것이 일반인들은 식량 배급에 차별받았으며, 각급 학교에 들어가기가 힘들었고, 청년들은 징병과 징용의 대상자로 일본의 전쟁에 동원되기도 하였다. 창씨개명을 거부한 사람들을 '불령선인(不逞鮮人)'이라고 부르며 탄압하기도 하였다.

이 무렵, 한흑구는 평양에서 일제의 혹독한 감시하에 잡지 『백광』을 만들고 있었고, 1937년 4월에는 이화여전 음악과 출신의 방정분(邦貞分·농촌계몽운동가·전 포항여고 교사)과 결혼하였다. 축복받고 행복한 결혼 생활 속에서도 그는 항상 초조하였다. 시대가 그러하였고, 사회가 그러했으며, 그가 살고 도시가 그러했으며, 개개인의 사람이 그러했다. 1937년 봄이 왔을 때, "봄이 오는 것을 무서워하리만큼 나의 신경은 너무나 과민되었을까? 봄은 또다시 새로운 초조를 싣고 오지 않느냐?"[19]라는 그 예견은 그대로 맞아떨어졌다. 같은 해 5월, 재경성기독교청년면려회에서 금주운동 계획을 세우고 '멸망에 함(陷)한 민족을 구출하는 기독교인의 역할' 등의 내용을 담은 인쇄물을 국내 35개 지부에 발송하면서 일제가 동우회 관련자들을 대대적으로 검거하는 일이 발생했다. 소위 '수양동우회 사건'(修養同友會事件)에 연루된 그는 1937년 6월 28일 안창호, 조만식, 김동원, 한승곤 등 동우회 지도자들과 함께 치안유지법 위반 피의자 신분이 되었다. 1938년 3월에 이르기까지 관련자 181명이 치안유지법 위반으로 송치되었고, 그들이 구류를 살면서 정식 기소와 기소 유예, 기소중지 처분 등을 받을 때 한흑구도 기소중지 처분을 받았다. '기소중지'라는 것이 일시적으로 멈춘다는 것, 어떤 사유가 있어 수사를 계속할 수 없으니 그 사유가 해소되면 다시 수사한다는 뜻이지 않는가? 이는 곧 계속해서 한흑구를 감시한다는 의미이다. 그는 어쩔 수 없이 일제의 강압적인 조치와 탄압을 피하여 평양을 떠나야만 했다. 수양동우회사건은 1937년 검거된 이래 참으로 지루한 재판이었다. 2, 3년 징역은 이미 미결수로 치른 상태였건만, 구류 통산부터가 억울한 판결이 아닐 수 없었다. 단우 대부분은 실직 상태로 생활의 위협은 극도로 달해 있었다. 피고 신분으로 모두가 살길이 막막했다."[20]

　주지하다시피 한흑구의 부친 한승곤 목사가 1936년 6월 귀국하여 평양 인근의 경창문교회와 안주교회에서 목회 활동을 하였고, 한흑구는 잡지 『대평양』과 『백광』을 발행하며 부자(父子)는 수양동우회 활동을 하고 있었다. 이 사건으로 미국 흥사단의 의사장을 지냈던 한승곤 목사는 더욱더 심한 고문을 받았고, 한흑구 역시 오랜 시간 감금되어 조사와 탄압을 받게 되었다. 부친 한승곤의 재판이 진행되기 전 그는 약 2개월의 구류를 살았다. 일제로부터 어떤 협박과 회유를 받았는지에 관한 기록을 찾지 못해 구체적인 내용은 알 수 없지만, 곤욕을 치른 이후 한흑구는 가산을 정리하고, 신의주를 오가며 종사했던 자동차 관련업도 그만두고, 편집주간으로 있던 『백광』도 발간하지 못하고, 평양에서 60여 리 떨어진 평안남도 강서군 성태면 연곡리로 이주하였다. 그러던 중 동우회 사건으로 1937년 6월 28일 검거된 도산은 8월 6일 동우회 해산을 강요받은 뒤 11월 1일 종로경찰서 유치장에서 서대문형무소에 이감되었다가, 12월 24일 병보석이 되어 당시 경성대(京城大) 부속병원에 옮겨져 주거 제한으로 치료를 받던 중 1938년 3월 10일 도산은 서거하였다.[21] 그의 아버지 한승곤은 정식 기소가 되어 재판받는 중이었고, 한흑구는 일경의 면밀한 감시 속에서 지내야만 했다.

    수양동우회 사건은 3심 마지막 공판에서 1941년 11월 17일 피고 전원 무죄 언도를 받기에 이르렀는데, 5년에 걸친 무시무시한 시련이었고 몸서리쳐지는 고행의 과정이었다. 일본 군국주의 세력은 동우회를 멋대로 해산하고는 그 자산 일체를 압류하고 몰수하는 날강도의 만행도 서슴지 않았다. 동우회와 회우들의 현금은 말할 것도 없고, 사무실 집기도 매각하는가 하면, 통속 교육 보급회 토지까지 처분하여 이른바 국방헌금으로 고스란히 앗아 갔다. 미주에서의 흥사단 창립 24년 만에, 그리고 서울에서의 수양동맹회 발족 만 15년 만에 겪게 된 최대의 치욕이요, 뿌리마저 뽑히는 위기가 아닐 수 없었다. 국권을 빼앗긴 이후 안악 사건, 105인 사건의 갖은 악형과 옥고를 치르고 나서 또다시 동우회 사건에 휘말린 단우들 대부분에게는 이민족 통치로 인한 시련과 수모의 연속이었던 만큼 신민회와 흥사단 계열 인사들은 우선 살고 볼 노릇이었다. 민족 부흥 운동에 관련된 것 자체를 죄악시하던 무단통치 시대의 벅찬 보상에도 불구하고 살아남기 위하여 후일 마지못해 협력하고 전향하는 단우도 없

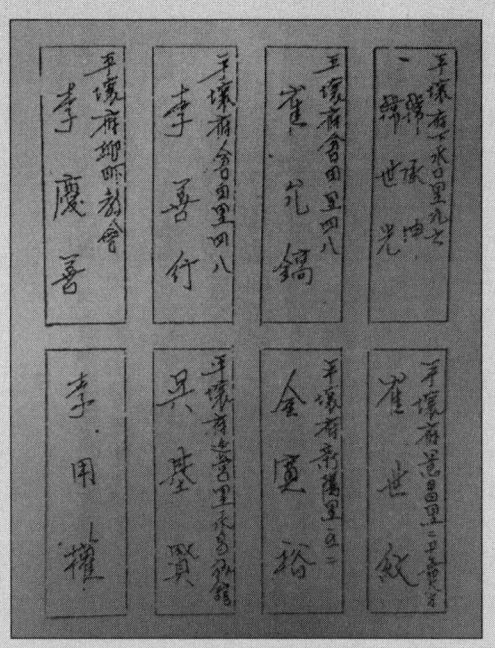

[그림 12] 동우회 평양지방회 명부. 오른쪽 맨 위에 아버지와 아들인 한승곤과 한흑구(한세광)의 이름이 한 칸에 나란히 적혀있다. 출처: 도산안창호전집

지 않았는데, 본능적인 생명 부지 자체를 탓하기야 어렵겠지만 의식과 정신은 적잖이 훼손되어 가기도 하였다.[22] 한흑구는 기소중지 처분을 받고 석방된 뒤 "지나사변이 대동아전쟁으로 확대되는 바람에 '요시찰인'으로 끌려다니다 못해, 강서군에 있는 조상의 농촌으로 낙향하여 과수원에서 세월을 보내고 있었다."[23] 그러나 그는 작가의 삶을 포기한 것은 아니었다. 생활이 어려울수록 더욱, 감시의 강도가 높아질수록 더욱 그는 그 특유의 강인함으로 그것을 견뎌냈다. 그는 말한다. "아무리 내 생활이 빈곤하다 함으로써 한 예술가의 전 생애의 가치가 무의미해지리라고는 생각할 수 없다. 한 작가의 빈곤한 생활은 결코 한 자각의 예술을 파괴할 수 없"[24]다는 것을 역사로 분명하게 인식하고 있었다.

검열로 삭제된 원고와 방송

조선총독부는 1927년 경성방송국을 설립하여 라디오 방송을 통한 식민성 구축을 강화하기 시작했다. "공중 문화예술의 힘이 내선 민중의 융화기관이 되리라."라는 기대에서 드러나듯이 일제는 식민지 조선을 통치하기 위한 수단의 하나로 경성방송국을 설립했다. 따라서 편성 및 프로그램의 내용도 그에 맞는 수준을 벗어나지 못했다. 일제는 조선인 청취자를 끌어들이기 위해 일본어 방송과 우리말 방송을 별도로 내보내는 이중방송을 실시했다. 이중방송은 방송이라는 선전 도구에 더 많은 조선인이 귀를 기울이게 할 필요에 따라 채택되었다. 이후 5년간의 시기는 우리말 방송의 황금기였다. 그러나 전체 조선인 인구에 비추어 볼 때 방송의 영향력은 상대적으로 미미한 편이었다. 특히 라디오가 거의 보급되지 않은 농촌에서는 더 그러했다. 조선방송협회는 형식상 조선총독부와 무관한 사단법인이었지만, 실제로는 조선총독부가 방송의 성격 및 방향 결정에 영향을 미쳤다.[25] 조선방송협회는 경성방송국을 경성중앙방송국으로 개칭하는 동시에 1·2차 방송망 확충 계획을 수립, 1935년 9월의 부산방송국 개국에 이어 1936년 3월에 평양방송국을 개국하고 같은 해 11월 15일 본방송을 시작하였다. 이 무렵 한흑구는 평양방송국에 근무하던 이석훈(李石薰)의 부탁으로 영미문학에 관하여 방송할 기회가 생겼다. 일반적인 이야기보다는 색다른 방송을 권하던 그에게 한흑구는 '미국의 흑인문학'에 관한 원고를 만들어서 방송 일주일 전에 보냈다. 방송원고는 평양도청을 거쳐서 총독부 도서과 검열을 통과해야만 방송할 수 있었다. 그런데 며칠 뒤 이석훈이 평양도청에 불려 가서 톡톡히 훈시받고, 사무상 실수하였다는 시말서를 쓰고 나왔다. 한흑구의 원고가 전문 삭제당했다는 것이다. 결국 그 내용은 방송할 수 없었다. 한흑구가 말하고자 했던 원고 내용을 보면 이러하다.

흑인들은 아프리카의 원시림 속에서 백인들에게 납치되어 자연과 자유를 빼앗긴 채 미국의 신대륙에서 노예 생활을 하게 되었다. 그들의 문학은 노예해방을 전후해서, 이 비참한 노예 생활을 그려낸 것이다. 흑인 시인 랭스턴 휴스의 시에는 이런 구절이 있다.

이 세상의 검둥이들은
무엇하려고 태어났을까!
이 세상엔 목화 딸 사람이 없어서
우리 검둥이가 태어났다네.

조지아나 텍사스의 목화밭에서 일을 하고 있는 흑인들 사이에서는 이런 노래가 들려오고 있습니다. 흑노(黑奴)들은 아프리카나 바나나 숲 위로 떠오르는 태양을 동경하고 늘 고향의 집을 안타까이 그리워합니다. 그들의 시나 노래의 주제는 모두 집을 생각하고, 고향을 찾자는 것입니다. 「버지니아의 나의 집」이라든지, 「켄터키의 옛집」, 「스와니강가의 나의 집」, 「행복한 집, 나의 집(Home, Sweet Home)」 등, 그들은 언제나 그들의 옛집, 그들의 고향을 안타까이 그리워하고 찾으려고 울부짖고 있는 것입니다.

이 원고는 청취자들에게 오해 사기기 쉬우므로 전문 삭제한다는 일인 검열관들의 구실로 방송하지 못한 것이다. 이렇게 원고를 쓴 한흑구의 속내는 달랐다. "이렇게 나는 흑노들이 '집', '고향'을 동경한다는 것을 강조하면서 — 우리도 잃어버린 우리의 집, 우리의 조국인 대한을 찾아야겠다는 것을 은유로 삼아서 썼던 것"이다.[26] 한흑구는 일본 경찰의 감시를 받는 몸이었지만, 그는 조국의 독립을 위하여 그가 할 방법을 세웠다. 그러면서도 흑인들이 처한 시대적 환경에 대한 긍련함도 지니고 있었다. 그는 소설 「죽은 동무의 편지」에서 서술자의 입을 빌려 자기 자신이 흑인 되어 그들의 설움을 씹어보고 싶었지만, 그들보다 나은 것이 무엇인가 되물었다. 그리고 "늙은 할아버지와 손자 애들이 서로 병창하는 듯한 거쉰 목소리와 새맑은 목소리가 합쳐서 '홈 스위트 홈'의 노래를 부르는 것을 들을 때에는 나는 말할 수 없는 향수(鄕愁)보다도 인생의 환멸을 느낄 때가 많습니다."라고 말했다.

조국이 처한 현실과 민족이 처한 환경이 결코 흑인들의 그것과 다를 바 없는 것을 생각한 그는 조국에 대한 그리움도 있지만, 인간의 가장 근본적인 생존의 이유에 대한 의문이 들 정도로 인생의 환멸을 느끼는 순간도 많았다. 그렇게 인간적인 고뇌와 민족의 한 사람으로서 조국을 생각하는 마음이 교차하는 지점에서 한흑구는 슬프고 괴롭고 인생의 환멸을 더욱 맛보았다. 그럴 때마다 그는 또한 더욱 살고 싶고 더욱 인간의 의의를 생각했었다.[27]

성대장 주인의 농촌 생활

연곡리로 이주한 한흑구는 자택을 '성대장(星臺莊)'이라 이름을 붙이고, 손수 주변의 넓은 밭과 과수원을 일구며 지냈다. 신혼 생활의 시작과 함께 다가온 시련 앞에서 그는 조금도 흔들림 없이 더욱 당당한 모습으로 살았지만, 그의 시 「가을 언덕」에서 보는 바와 같이 자주 깊은 묵상에 잠기며 인생에 대한 깊은 생각을 한듯하다.

> 가을 언덕은 너머나 쓸쓸하고나
> 밤새워서 울부짖는 벌레들은 다 어디로 갔나
> 한 이파리 덧없음을 어루만져 보고
> 말라 없어지는 찬 이슬방울 위에서
> 인생의 가이없음을 바라봄이여
> 잡초 우거진 가을 언덕을 헤매이는 나의 맘.

한흑구는 삶의 많은 것에 제약받았다. 소위 불령선인으로 일제의 강한 감시를 받는 상황에서 그는 자주 하늘을 쳐다보며 자신과 가족 그리고 고국의 미래를 생각하며 무거운 마음으로 살아갔다. 1937년 9월, 그는 연이어 두 편의 시 「이향의 가을」과 「나체의 처녀」를 쓰는데, 이 두 편의 시에는 한흑구의 아내가 소재로 등장한다. 언뜻 보면 여성의 순결성을 염두에 두고 쓴 서정시 같은 느낌을 주지만, 한흑구의 많은 시들이 그 내면에 숨겨진 고뇌와 투쟁심, 저항심이 있음을 간과해서는 안 된다. 이 작품 역시 그 내면은 일제의 탄압을 받는 자신의 외로움과 고독을 노래하면서도, 몸으로 직접 부딪는 투쟁을 하지 못하고 일제의 감시 아래 '보이지 않는 감옥'에 갇힌 자기의 심정을 노래하고 있다. 물리적으로 일제에 항거할 수 있는 상황이 아니기에 그저 "깊어가는 가을 하늘, 이 고요한 밤에 나의 눈은— / 무한한 하늘 위에 영원한 순정을 고요히 고요히 취하고 있습니다."(「나체의 처녀」 중에서)라고 했다. 그리고 「이향의 가을」에서 이렇게 노래하였다.

> 사람이 산다는 것은 무엇인가?
> 한 번만 죽으면 다시는 영원히 죽지 않을 것을!
> 차라리 나에게도 전쟁이 있으면
> 나의 팔다리를 자르고,
> 나의 머리가 산산이 부서지도록 쌈이나 하여 볼걸!
>
> 아!
> 그보다 어느 때나 평화가 오지 않으려나?
> 중추의 밤하늘 위에는
> 조그만 별 하나 빤짝이지 않는구나!

이향(異鄕)은 그가 평양을 떠나 머무는 연곡리를 말한다. 이 땅은 그의 선대에서부터 내려온 땅이어서 '이향'이라는, 즉 다른 고향이라는 이름을 붙인 것으로 보인다. 별 하나 없는 밤하늘만큼 암울한 조국의 현실 앞에서 차라리 전쟁이 있다면 목숨을 내어놓고 싸워보기라도 할 것을, 그렇지 못한 현실 앞에서 번뇌하는 모습을 읽을 수 있다. 이런 번뇌에 찬 한 흑구의 모습을 그의 수필「재떨이」에서 엿볼 수 있다.

멀리서 소리가 난다.
나의 귀는 그것을 들으려고 한 것이 아니라 그 가늘고 긴 소리가 검은 보자기로 쫴-악 싸고 있는 나의 귓속으로 수은(水銀)의 무거운 그리고 무수한 가루와 같이 새어 들어온 것이다.
나의 눈은 덮고 있는 두 보자기를 열어젖히었다. 그러나 눈은 암흑을 볼 수 없었다. 그러나 눈은 밤을 보았고 소리를 들을 수 있었다.
나의 손은 성냥갑을 더듬었고 담뱃갑을 당기어 왔다.
벽 위의 시계침은 오전 세 시를 L자로 그리고 있고 담배를 빨고 누운 나의 두 입술은 길 겨울의 밤을 세 번이나 울어 고하는 닭의 소리를 차디차게 감촉(感觸)한 것이다.
내가 촌으로 와서부터 가지게 된 한 가지 생리적 습관이라는 것은 밤 세 시에 깨어서 닭의 울음을 귀담고 담배를 한 대씩 태워 버리는 그것이다.
말하자면 나는 잠이 줄어지는 것이라고 생각한다. (중략) 매일매일 잠을 잃어버리는 나의 몸은 확실히 생리적으로 그리 행복한 것은 되지 못한다. (중략) 이제 나의 서실의 창문(窓門) 위에서 나의 눈과 속삭이 하는 저녁별이나 나의 뺨을 어루만지어 주는 보름달을 나에게서 뺏어갈 자가 없을 것이다.

나의 세계에는 주산반(珠算盤)으로 계산하는 시간도 없고 색으로 칠하는 공간도 없다.

낡디 낡은 책 한 권과 신농씨시대(神農氏時代)의 목 굽은 호미 한 자루 그리고 성냥 상자(箱子)로 만들은 배꼽 나온 재떨이 하나로서 나의 세계의 무한한 영역 위로 무수한 곤두벌러지의 상대(想隊)가 진군(進軍)하여 끝없을 뿐이다.[28]

겉모습은 안빈낙도(安貧樂道)에 가깝다. 그러나 그 내면을 알고 보면 시대적 상황이 가져다준 불안과 초조, 작가의 행동과 활동 반경의 제한 등으로 이어지는 그의 처지가 숨어있다. "나의 생활의 표면적 변동의 원인이라는 것은 물론 「돈」에서 기인한 것이지마는 그렇다고 그것만이 변동의 원인의 전부는 되지 못한다."라는 그의 변술(辯述) 너머에 위와 같이 말로 다 할 수 없는 사연이 있었다. 시골로 이사를 온 후 생긴 생리적 습관이 '잠을 잃어버린 몸'에는 결코 행복한 것이 아니라는 그의 고백은 이를 충분히 가늠케 한다.

정신적으로나 육체적으로 그렇게 편안하지 않았던 그였지만, 자기 생각을 담담하게 정리해 내고 있다. 그는 이 수필에서 크게 '잠과 창조'의 관계와 '재산과 돈의 흐름'에 대한 자기 생각을 담담하게 펼치는 여유를 보여준다. 자신이 처한 현실을 비관하거나 그로부터 도피하는 것이 아니라 있는 그대로 수용하는 가운데 도시에서 가질 수 없었던 것을 '소유'하게 된 것(자연의 아름다움과 서재)에 만족한다고 한다. 미국 유학을 마치고 귀국한 후 4년여의 세월 동안 그가 가졌던 이상과 현실적 성과들을 모두 버려야 하는 상황들이 그를 만족스러운 삶으로 이끌지는 않았을 것이다. 그런데도 시골 생활에 만족한다는 것, 그의 고백이니 진실로 받아들여야 하지만 그 내면에 흐르는 고독감은 숨길 수 없는 그림자로 다가온다. 그런 고독과 소외 그리고 당시 자신이 넘어설 수 없었던 제한적 현실 앞에서 책을 읽고 글을 쓸 수 있는 자신만의 공간이 있다는 것은 분명한 위로(慰勞)로 다가왔다. "나의 서실의 창문 위에서 나의 눈과 속삭이 하는 저녁별이나 나의 뺨을 어루만지어 주는 보름달을 나에게서 뺏어갈 자가 없을" 곳, 그 자유로움이 있는 곳이 바로 그가 말하는 '촌'이다. 그가 이주한 곳이 '성태(星台)'면이기에 자기 집(서재)을 성대장(星臺莊)으로 이름 붙이고 마음의 여유와 자유와 넉넉함을 갖고자 했던 것으로 보인다. 수많은 상념에 잡힌 자신의 상황을 "나의 세계의 무한한 영역 위로 무수한 곤두벌레(장구벌레의 평양어)의 상대가 진군하여 끝없을 뿐이다."라고 술회한다. '곤두벌레'는 모기의 유충을 말하는데 겨울에 무슨 모기 유충이냐고 반문할지도 모르지만, 이 곤두벌레의 상대는 작가의 상상 이미지이다. 그래서 '상대(想隊)'라는 용어를 사용하고 있다. 유충들이 바글거리는 이미지를 빌려 와 자신의 상념이 그만큼 복잡하다는 것을 은유적으로 표현한 것이다.[29] 이와 비슷한 시기에 그가 발표한 시「백몽의 포에지」는 그의 수필「재떨이」의 전편이라고 할만하다. 그 시의 일부를 보면 다음과 같다.

   2
기울어진 한밤중에
도덕같이 깨어 앉은 나.
잠자는 아내의 책상 서랍을
무음(無音)의 칼로 가만히 가르고 나서
하-트형(形) 거울,

[그림 13] 강서군 성태면 연곡리의 모습. 이 사진은 『사해공론』 제5권 제1호(1939)에 게재된 한흑구의 수필 「재떨이」에 삽입된 실사(實寫)이다. 사진 설명이 없어서 속단할 수는 없지만, 그 당시 한흑구가 거주하던 지역으로 추측한다. 출처: 국립중앙도서관

코티분(粉)곽 클로버 크림병(甁)⋯⋯⋯⋯
레몬 비누, 빨간 립스틱⋯⋯⋯⋯
나의 살 없는 왼손가락은
수첩 속에 잠든 연필을 빼내다.

온 저녁을 쌈하고
    잠에 포로(捕虜)된 아내.
혼자 해방된 나의 그림자는
    시월의 포에지를 도적하고 있다.

  4
윗목에 진을 벌린
울긋불긋한 상군(想軍)⋯⋯⋯⋯
그것들이 돌격(突擊)과 퇴각(退却)을 바꾸며
지성(智性)과 오성(悟性)의 반격(反擊)을 받아
이미 반 이상 찬 잔해(殘骸)가 되다.
「호머」의 「일리아드」 대(隊)도 전멸하고,
「쇼펜하우어」
「니-체」
「셰익스피어」 등의 장군들도
그 용감한 장병과 함께 순사(殉死)하다.

아아 전쟁은
    결코 피로를 모른다
무 — 연한 초원을 달리는
    지성(智性)의 군마(軍馬)의 떼들.

재떨이 속에는
　　튀다 남은 총탄의 공각(空殼)
　　나의 무명지(無名指)는
　　굳은살이 배긴지 이미 오래다.
　　무수한 두개골(頭蓋骨)들이
　　단을 이루어 쌓인 책상 속. 그 위에
　　깨어진 꽃병 속에는
　　물도 없고 시들은 황국(黃菊)도 없다.
　　모기를 날리며 창문을 열고
　　무겁게 날리며 덮인, 덮인,
　　투명(透明)된 달빛을 깨여본다.

　　온 저녁 쌈하고 누운 아내는
　　　　아직도 흑몽(黑夢)의 세계에 잠기어 있고
　　시월의 이른(검은) 새벽 심포니는
　　　　백몽의 도적을 포위한다……

　피곤함에 젖어 잠든 아내의 세계를 '흑몽의 세계'로, 잠들지 못하고 깨어 앉은 자신의 세계를 '백몽의 세계'로 대비한 한흑구는 잠들지 못한 채 사변적 상상의 세계를 노래하고 있다. 그러나 이것을 단순히 상상적 유희로만 판단할 수는 없다. 그가 수양동우회 사건의 여파로 농촌으로 피신하여 은거 중인 그의 상황을 고려한다면 이는 하나의 전쟁을 희화화한 것으로 볼 수 있다. 당시의 국제 정세와 국내 정세, 그리고 자신이 처한 현실적인 환경과 감옥 아닌 감옥에 갇혀 지내야 하는 날들에서 오는 정신의 압박감 등이 혼합된 이미지가 아니겠는가?

성대장 주인 한흑구는 연곡리 생활 1년이 가까워질 무렵, 평양의 친구들에게 보내는 보고 서한 형식의 글을 한 편 발표하였다. '귀농생활보고'라는 부제를 단 「도시의 향우에게」[30]는 그가 연곡리로 오게 된 이유와 농촌 생활의 이모저모를 그야말로 보고서와 같이 상세히 기록하고 있다. 그가 농촌으로 온 동기를 보면 이러하다.

> 내가 출촌(出村)한 동기는 아주 간단하고, 또한 아무러한 낙관과 비관을 말할 만큼 커다란 정신적, 생리적 생활의 돌변을 의미한 것은 아닙니다. 구태여 출촌의 동기를 말하자면 먼저 말한 나의 소극적 낙관성의 소치임에 불과한 것입니다.
> 전차를 타고 차를 마시는 돈으로 서적 구입할 것. 『오뎅』이 먹고 싶거든 얼구맹이 할머니 집에 가서 상술이나 한잔 마시고 번대머리 영감의 바가지장단에 맞추어 수심가(愁心歌)나 한 곡조 들을 것. 요정이나 카페에 가는(돈 있는 친구의 덕으로 건둥따라 다니었으니까) 시간으로 독서와 창작 공부를 할 것. 도시의 생활비를 어느 모로든지 우감(牛減) 내지 그 이상을 절약할 수 있는 것. 나의 서재에는 쭈그러진 막코잡만이 너더분하여 있소. 그러고 한 가지 원이 있다면, 이 생활 절약비로써 나의 성격과 비슷한 홀아비 문인 한 분을 무료 식객으로 청하여 나의 대화를 살지게 하고 싶은 것뿐. 이러한 것이 나의 출촌하게 된 외면 생활의 동기랄 할 수 있겠지요.

출촌의 동기, 결론적으로 말해 한흑구 자신의 소극적 낙관성의 소치요, 위에서 몇 가지 열거한 외면적인 것들을 누리고 싶은 것이다. 당대의 지식이요, 지도자였던 한흑구가 평양 생활을 접고 농촌으로 내려온 동기라고 이해하기에는 너무 일상적이고 평범한 것이 아닌가? 당시 황국신민화정책을 추진하였던 조선총독부의 칼날과 중일전쟁의 전시체제를 유지하려고 조선의 지식인들을 박해하던 분위기 속에서 그는 동우회 사건의 피해자가 되었는데, 그런 영향이 없다는 것이 이해되는가? 우리는 그가 남긴 문구 너머를 보아야 한다. '소극적 낙관성'과 '외면 생활의 동기'가 그것이다.

한흑구는 자기의 낙관성을 '소극적 낙관'이라고 명명하였다. 이는 '해외 생활에서 체득한 다소「교양」으로부터의 낙관성에 불과한 것'으로 선천적인 것이 아니라는 것이다. 이는 곧 현실을 직시하고 나가기 위한 적응의 방식이었다는 것이다. 이는 곧 그가 농촌으로 오게 된 것은 그가 처한 시대적 상황 속에서 어쩔 수 없는 선택이었다는 것이다. 평양과 서울, 일본을 거쳐 미국과 캐나다, 다시 평양으로 돌아온 그의 도시 방랑 생활을 비추어 볼 때, 그의 농촌 생활은 '생활의 혁명'이었던 것이다. 친구들을 다만 그것을 낙관적인 성품 때문이라고 하지만 실상은 그렇지 않다는 것이다. '외면 생활의 동기'일 뿐 내면의 동기는 아니라는 것, 그 내면의 동기는 바로 일제의 정책에 항거하는 삶이었다. 문서 검열이 최악에 치닫던 시절, 조선총독의 황국신민화정책에 반하는 언행들을 열거할 수는 없었다. 동우회 사건 이후 수많은 애국지사가 일제의 고문을 견디지 못해 그들의 회유에 넘어갔지만, 한흑구는 전향의 회유에도, 성명을 일본식으로 바꾸라는 협박과 달램에도, 먹고사는 일의 고통도 모두 이겨내고 당당하게 살아가기 위하여 농촌으로 올 수밖에 없었다.

조상이 남겨준 임야를 개간하여 생활비를 충족하면 최소한의 생활은 가능하기에 한가하고 평범한 삶이지만 사실은 놀 때가 없다는 것, 가족과 함께 살면서 읽고 싶은 책을 읽고, 글을 쓰며 사색의 삶을 이어가기에는 나쁘지 않음을 고백한다. 그가 말하는 연곡리의 생활은 정말 촌부의 모습 그대로이다. 정말 드라마의 한 장면 같은 그의 일상을 잠시 보자.

노악산(老岳山) 위에 해가 채 퍼지기 前에 닭이들과 함께 일어나서 40마리의 닭 모이를 뿌리고 저마다 한 알이라도 더 쪼아 먹으려고 설래 치고 싸우는 양을 보고 서서 웃고.

하루같이 그 색을 푸르르게 하던 밀보리밭의 지평선이 어느덧 누으렇게 되었나 하고 들길을 걸어 나가고.

동웅(東雄 ― 한흑구의 장자, 필자 주)이의 부족할 음유(飮乳)를 보탬이라고 평양서 사가지고 온 산양을 뒤뜰에 내어다 매이고. 먹이지도 않는 신짝 같은 산쥐들이 혹시 치우지나 않았나 휴간(休間) 속을 들여다보다가 반찬대구리 반쪽을 다 뜯어다 먹은 비인 덫만 남은 것이 뵐 때, 그놈의 쥐들을 성가시게 욕하고 고양이를 먹이면 그만일 줄 알았더니 고양이는 추위를 너무나 잘 타는 것이 되어서 겨울에는 꼭 방안에서만 길러야 한다니 얻어 오지도 못하고 『네꼬이라즈』를 사자 하니 촌장에서는 구경도 못 하고 자살자의 성화에 맘대로 사기도 힘든다니.

이렇게 망설이노라면, 부엌에서 아내가 동웅이가 깨었다는 소리에 방으로 뛰어 들어가 그 애를 안아 나오고.

나에게는 먹을 것을 안 주냐는 듯이 도야지 우리 속에서는 꿀꿀꿀 도야지가 보채고.

이러다 조반을 먹으면, 나는 서제로, 아내는 채원으로 토마토, 캐비지, 쥐무, 배채, 땅콩, 가지, 외호박, 참외, 수박, 감자, 당초, 마늘, 파, 옥수수 등이 얼마나 자라났나 동웅이를 안고 한 바퀴 돌고.

토마토, 『하꾸메』, 파 일전어치, 박 칠전짜리 한 개…… 이렇게 시장에서 사다 먹던 것들이 채원 안에 가득히 차 있는 것이 얼마나 신기

한지! 재미있는지 아내는 이따금 서제를 향하여 『토마토가 또 맺었어요』 하고 고함을 칩니다.

글쎄, 지금 같이만 아내가 농촌 생활을 좋아했으면 문제가 없지마는 그도 도시출생, 더구나 이전(梨專) 출신(이전(梨專)을 비평함은 절대 아니지만)이라 혹시 촌의 염증을 일으키지나 않을까 조마조마한 나는 『아 또 맺었어! 참 신기하죠!』 하고 서창을 한번 열어 보이고.

그렇게 하루하루 농촌 생활을 전개하는 품이 영락없이 촌부의 모습이다. 그러나 그는 먹고사는 일에만 얽매인 것은 아니었다. 무지한 농촌 청년들을 일깨우고, 여성들을 계몽하는 것이 조선을 일으켜 세우는 힘이라는 것을 알고, 부인에게 농촌 여성을 위한 야학을 열어 여성들을 가르치도록 하였다. 민족의식이 투철하고, 나라를 사랑하는 마음이 컸던 부부는 그곳에서 농촌 여성들을 위한 야학을 시작했다. 1938년 겨울 무렵, 한흑구는 청년들의 요청으로 야학을 시작했고, 이어 방정분은 동리의 부녀들을 대상으로 야학을 열었다. 방정분이 친구 K에게 보내는 편지 형식의 「농촌부녀야학통신」의 내용을 보면 이러하다.

작년 겨울 이곳 청년들의 간청으로 부군이 야학을 시작하자 야학교의 문밖에는 처녀애들과 젊은 농촌부녀들이 구경하며 오기 시작하더니 몇 날 후에는 또 나더러 부녀야학을 지도해 달라고 수십 명이나 떼를 지어 왔습니다.

그들은 소학교에도 가보지 못하나 이들이 대다수이었고 그들의 배우고자 하는 것은 편지를 쓸 수 있을 정도의 한글 배우기와 돈 회계를 할 수 있을 정도의 산술 공부와 국어 배우기와 자수 재봉 등을 가르치어 달라는 것이었습니다. 하도 그들의 배우고 싶어 하는 열심을 볼 때

나는 기쁜 마음으로 쾌히 승낙하고 수신, 국어, 산술, 재봉 등의 시간표를 짜서 부녀야학회를 시작하였습니다.

약 100호가 되는 동리임으로 첫날부터 너도나도 몰리어 드는 학생들의 수효가 30여 명이나 되었습니다. 10세 이상으로부터 20세 내외의 소부(少婦)들이었습니다.

그런데 우리가 야학을 시작하는 데는 여러 가지 문제가 없지 않았습니다. 무엇보다도 중요한 문제는 첫째 그들의 부형이 야학을 찬성하여서 쾌히 승낙하는 분들도 있고, 또 촌계집애가 야학이 다 무엇이냐고 반대를 하는 이들도 적지 않았습니다.

그보다도 17, 8, 9세의 젊은 색시들이 어두운 밤중에 야학을 다닌다는 것이 꼴이 틀렸다고 시부모의 엄한 반대에 어떤 이들은 눈물을 흘리면서 싸우고 본가로 가는 이까지 생기게 되었습니다. K우! 아직도 우리 농촌은 이와 같이 우매하고 완고한 데는 기가 딱 막히지 않을 수 없었습니다.

둘째로는 경제문제이었습니다. 여교사의 월급은 그만둔다 하더라도 한 자루의 연필과 한 책의 공책을 사기 위하여 십여 전의 돈이 그들의 손에 있는 이가 별로이 없었습니다. 반대를 하는 부모를 가진 이들이 더욱 그러하였습니다.

또한 이곳 학원의 온돌방 1실을 빌리어서 야학 장소로 하였던 만큼 교실에 불을 살려 넣을 나무도 있어야 했고, 밤마다 켜놓을 석유등에 기름도 사 와야 했습니다. 이런 것을 위하여서는 학생들이 매일 밤 짐을 한 단씩 번갈아 가져오기로 했고, 석유도 한 등잔씩 가져오기로 했습니다.

K우! 이런 것이 농촌부녀야학에 대한 이런 문제라고 할 수 있는데 이것은 아주 사소한 경제문제인 것같이 생각할 수 있으나 그 실 농

촌의 실제에서 보면 커다란 문제가 아닐 수 없습니다. 그러니 K우! 우리가 남녀평등을 부르짖고 여성해방을 입으로 부르짖고 있지마는 이러한 조선의 농촌 생활과 가정 제도와 농촌경제의 작은 실제나마 소홀히 간과할 수 없는 여성운동의 대문제이라는 것을 이곳에 나와서 새삼스러이 느끼어 볼 수 있었던 것입니다. 처녀애로부터 시어머니가 될 때까지 농촌의 젊은 여성들은 일절(一節)의 경제권도 가질 수 없는 것이 우리 조선 농촌의 일반적인 현상이라고 생각합니다.

 이런 문제를 모두 해결하고 야학을 시작하기에도 곤란이 많았지마는 학령(學齡)이 훨씬 넘은 학생들을 가르치는 데는 적지 않은 문제가 있었습니다. 그러나 나는 교육학을 전공하지 않았으니만큼 이들을 지도할 만한 특별한 교육방침을 가지지는 못하였습니다.

 이 때문에 농촌부녀야학에 대하여 근본적으로 문제된 것은 위에 말한 여러 가지 중에서도 특히 성인교육에 대한 특별한 교육학적 연구가 필요하다는 것을 깨달았습니다. K우! 겨울 두 달 동안에 수고스러이 그들을 가르친 결과는 다소 나의 기대에 어그러지기는 하였으나 그 성적이 아주 보잘것없는 것은 아니었습니다. 무엇보다도 우리 한글은 두 달 동안에도 해득할 수 있는 것이라고 생각하리만큼 그들은 한글을 곧잘 배웠고, 편지글 작문 등을 쓸 수 있습니다. (중략) 클클한 사정 급한 사정 기쁜 사정을 자기의 손으로 부모 친구에게 편지를 쓸 수 있고 장거리에 나가 닭 한 마리에 얼마, 저고리 치맛감이 얼마…… 이렇게 적은 돈 계산이나마 시원시원히 계산할 수 있다면 우리 농촌부녀들의 일상생활이 얼마나 경쾌해질 것인가 생각할 때 무엇보다도 농촌부녀들의 문맹을 하루속히 타파하는데 조선여성운동의 제일의 적 임무가 있다고 생각합니다.[31]

한흑구는 연곡리에서 농촌 청년들을 위하여 먼저 야학을 시작하였고, 여성을 위하여 그의 부인이 야학을 시작하였다. 그렇게 광복이 될 때까지 그는 아내와 함께 농촌 계몽운동을 전개하였다. 방정분의 글 「농촌부녀야학통신」 말미에 보면 필자를 농촌계몽운동을 하는 사람으로 소개하고 있다. 이는 이미 한흑구의 아내 방정분은 농촌계몽운동가로 알려져 있다는 것을 의미한다.

한흑구는 부인의 「농촌부녀야학통신」과 함께 「농촌부인은 고달프다」[32]라는 글을 보냈다. 같은 잡지에 부부가 나란히 글을 실었고, 내용도 농촌부인에 관한 글이다. 한흑구는 동네의 청년들을 모아 가르치고, 부인은 젊은 부인들을 모아 가르치는데, 당대의 지식인이요 민족애가 높은 부부의 눈에 비친 농촌의 실상은 참으로 기가 막히지 않을 수 없다. 한흑구는 그의 예리한 시선으로 연곡리에 함께 사는 100여 호의 집의 형편을 관찰하고 이렇게 기록하고 있다.

반%도 아니 되는 3호가 지주이고, 2%도 아니 되는 14호가 반자농이요, 기타 약 75%는 순전한 그야말로 땅 한 조각 없는 소작인들입니다. 소작인들 가운데 자기의 가옥을 소유하였다고 하는 사람이 약 30%, 그나마 가대(家垈)를 겸유한 사람은 그중에서 5%나 되나마나 합니다. (중략) 일 년 동안에 5, 6식구가 총출동을 하다시피 새벽의 미명으로부터 해떨어질 때까지 뜰에서 소 이상의 노역을 하여야 1년 수입이 500원을 미과합니다. 이 500원 중에서 농사에 씌운 농채(農債)를 반 이상 제하고, 또 그 반은 생활비 부족으로 인한 부채 등을 모두 이자부(利子付)해서 갚아주게 되면 흔히는 하루 종일 지주의 마당귀에서 마당질을 하여 넣어놓은 볏섬만 바라볼 뿐, 키와 각지와 비만을 들고 집으로 돌아오게 되는 것이 소작인들의 공통적인 운명입니다.[33]

이것은 한흑구가 머무는 연곡리만의 사정은 아닐 것이다. 당시 우리 농촌이 처한 현실적인 문제들이고, 일제강점기 아래에서 이를 타개할 만한 상황은 더욱 아니었다. 그래서 미력하나마 농촌 사람들을 위하여 야학을 연 것이 아니겠는가? 그가 쓴 「농촌부인은 고달프다」 역시 도시의 향우에게 보내는 글 못지않은, 농촌 부인들의 실상에 관한 보고서와 같다. 한흑구는 운명처럼 돌고 도는 농촌부인들의 삶에 용기를 북돋우면 이렇게 예찬하고 응원하고 있다.

한번 났다가 한번 죽으면 그만인 세상, 늙으면 또 젊은 때를 잊어버리고 옛날의 시어머니하던 버릇을 또 반복하게 된다. 성내(城內)가 50리도 못 된다고 해도 나이 70이 넘도록 한 번도 가보지 못하고 한 곳에서 자라나다가 그곳에 쓰러져 죽는 잔디풀과 같이 그곳에서 자라서 그곳에서 고이 죽으면 그만인 그들이다. (중략) 농촌의 부녀들이여! 조선 농촌의 부녀들이여! 그대들은 순수러운 양이며 억세인 소이며 대지의 아들들을 키워주는 순수무후한 어머니이라. 그대들의 고달픈 생활을 그리기에는 끝없는 하늘 위에 별떼들을 그리기보다도 힘들다. 행복할지어라! 농촌의 부녀들이여.[34]

한흑구는 단순히 농사일만 한 것은 아니었다. 틈날 때마다 수첩을 들고 논과 밭으로 다니면서 농사하는 정형(情形)을 사실적으로 농사 일지에 적는 일, 농사 지식이 앞선 작가들의 작품을 읽는 일 등이다. 그는 말한다. "나는 어느 날이든지 이 농촌의 온갖 생활을 한번 기록하여 보리라고 생각은 하고 있습니다."[35] 그의 말대로라면 놀 시간이 별로 없을 법도 한데, 굳이 이렇게 하는 이유는 무엇일까? 그것은 바로 그가 지닌 애국애족의 마음에 이유가 있다. 후일 『농민생활』에 1956년 5월부터 16회에 걸쳐 장편 「마을을 내려다보며」를 연재하는데, 작가의 말에서 한흑구는 "바로 40을 넘은 주인공이 도시 생활을 박차 버리고 새롭고, 아늑하고, 풍요하고, 명랑하고, 아름다운 농촌을 건설하고자 주야를 불구하고 피땀을 흘리면서 끝까지 싸우는 이야기를 쓰려고 합니다. 물론 내가 쓰려고 하는 이 이야기도 하나의 소설인 만큼 어디까지나 소설이고 실재의 인물을 모델로 하는 것이 아님을 말해두고 싶습니다. 아직 이야기의 줄거리만 갖고 있으므로 내용에 대한 소개를 피하려고 하지만 어디까지나 우리 농촌이 직면하고 있는 현실을 독자와 함께 이야기하고자 합니다."[36]라고 집필 의도를 이야기하였다. 그가 말하는 '농촌 건설', '우리 농촌이 직면하고 있는 현실'의 모티브를 그가 연곡리에서 경험한 농촌 생활이다. 이후 해방을 맞이하고, 6·25전쟁을 겪고, 포항에 이주한 후 깊은 사색의 나날을 보내면서 생각한 '국가 재건의 방법' 혹은 '잘살아 보는 길'에 대한 한흑구의 철학과 사상이 녹아든 것이 아니겠는가?

그렇게 한흑구는 농촌이 처한 현실을 직시하고, 우리 농촌이 잘 살아가기 위해서는 교육이 필요하다는 것을 절실하게 깨닫고, 성태면 연곡리의 100여 호 남짓한 마을에서 야학을 열었다. 조선총독부에서는 1935년 이후 학생운동이나 농촌운동과 같은 활동을 전면 금지한 상황이라 일본 경찰과의 마찰도 예상되지만, 한흑구는 이에 개의치 않았다. 앞에서도 말한 바와 같이 그는 부인 방정분 여사와 함께 농촌계몽운동을 전개하였다.

방정분은 농촌계몽운동가이기도 했지만, 일제에 항거하는 만세운동에 참여하기도 한 애국 소녀이기도 하였다. 1929년 11월, 광주에서 학생 만세운동이 일어났을 때, 이듬해에는 서울에 있는 여학생들이 이 운동에 동참하였다. 그 당시 이화여자고등보통학교 2학년에 재학 중이던 방정분

(邦貞分)은 동료 선후배들과 함께 1월 15일 오전 9시 30분, 만세운동에 참여했다. 이때 많은 학생이 경찰에 연행되었고, 경찰서 유치장에 갇혀 취조받았다. 방정분은 1930년 1월 20일 경성서대문경찰서에서 심문받았다. 그 당시 서울에 있는 여학교 대부분이 이 만세운동에 참여했고, 많은 학생이 체포되었다. 그 가운데 이화여자고등보통학교의 학생이 연행된 것은 48명이었다. 방정분은 심문받고 일제가 쓴 조서를 확인하였다. 일제의 심사 후 폭력적 행동 징후가 드러나지 않아서 불구속 처분을 받았다. 이런 사실을 한흑구도 알고 있었다. 후일 포항으로 내려온 뒤, 은둔의 사색가로 지내던 어느 날, 서울 가는 기차를 타고 아내에게 보내는 편지 형식의 수필 「차창 풍경 — 사랑하는 당신에게」를 보면, "오늘은 11월 3일. 일요일이자, 학생의 날이오. 그 감격 깊던 학생시대의 광주사건. 나는 그 당시, 해외에 있었소."라는 추억 어린 간결한 문장이 있다. 방정분이 학생운동에 참여할 무렵, 한흑구는 시카고 노스 파크 대학에서 영문학을 공부하며 미주 사회의 청년 활동에 참여하던 시기였다.

방정분은 한흑구와 결혼하기 전 이화여자전문학교(현 이화여자대학교) 음악과에서 공부하였다. 방정분은 자기의 전공인 성악을 바탕으로 음악 봉사활동도 다니기도 하였고, 방학 중에는 농촌의 소년과 소년들을 위한 강습회를 여는 등 당시 청년들과 함께 조국의 미래를 위하여 자신의 시간을 기꺼이 내어놓는 봉사활동을 이어가는 당대 애국애족 청년의 한 표상이기도 하였다.[37]

눈 감지 않은 동면

평양을 떠나 연곡리 농촌 마을에서 행동의 제약을 받으며 살았지만, 그는 희망의 끈을 놓지 않았다. 그의 시 「색조」에 에피그램(epigram)으로 붙인 레미 드 구르몽(Rémy de Gourmont)의 말에 있는 '조국'이라는 말을 사용하여 전하고 있다. 그리고 조국 독립에 대한 희망을 이렇게 전하고 있다.

칠색의 무지개여!
그대의 위대한 얼굴은
다못 한바탕 폭풍우 후에야
우리가 볼 수 있나니.

그는 그리스도교 신앙인이다. 성경에 나오는 무지개는 하나의 약속으로 한흑구는 인간과 절대자와의 약속을 상징하는 무지개의 의미를 빌려와 새로운 날 아침을 희망하는 조국 광복의 염원을 담아내고 있다. 그러나 현실은 어두웠다. 그는 이것을 그의 시 「하늘」에서 노래하였다.

하늘은 잿빛
태양은 호올로 산보한다.

구름 위에 구름.
구름 위에 구름.

기러기도 울지 않고
배암도 오르지 않는다.

비도 오지 않고
눈도 내리지 않는다.

지금
컴컴하여 가는 하늘은
그 누리끼리한 혀로써
식어가는 태양을 삼키려 한다.

반향(反響)도 없이 떨어지는 낙뢰(落雷).
요릿집 칼로 마구 우의 생육(生肉)

자유로운 구름은
하늘 위에 파라솔을 넓이 펴고.

뜰밖에 마른 국화는
시들은 심장을 제(祭) 지내고 있다.

시인은 오늘도 어제도 어제도 오늘도
태타(怠惰)한 하늘을 소리 없이 노래하고 있다.

벽 위에 걸린 비너스의 석고(石膏)
그보다 차디찬 시인의 빰! 웃음.

태양은 아직도 호올로
잿빛 하늘을 산보하고 있다.

그가 바라본 하늘은 이러했다. 그가 체감하는 조국의 현실은 그러했다. 그러나 그는 어두운 현실 위를 거니는 태양을 생각하며 "태양은 아직도 호올로 / 잿빛 하늘을 산보하고 있다."라고 노래하며 조국 광복의 그날을 기다리고 있었지만, 조국의 광복 소식은 들려오지 않았다. 그렇게 연곡리에는 겨울이 왔다. 조국의 땅도 아직 겨울이다. 마침내 한흑구는 동면에 들어갔다.

동면(冬眠)은 '겨울에 동물이 활동을 중단하고 땅속 따위에서 겨울을 보내는 일'을 말한다. 이를 비유하여 '어떤 활동이 일시적으로 휴지 상태에 이름'을 뜻한다. 한흑구는 1940년 6월 『시건설』 8집에 「동면」을 발표한다. 그 일부를 보면 다음과 같다.

(전략)
눈을 감지 않은 나의 동면은
천정 위에 사막을 온 겨울 그리어 보았다.
나는 사막을 건너보던 일은 있었으나
준태(駿駄)를 한 마리도 본 기억은 없다.

온 겨울 하늘을 내어다보지 않았다.
그러나 거기 바람 소리만은 늘 들었다.
한한히 우뢰 소리를 들었으나
겨울에 용이 떠오를 일은 없을 것이다.

나는 봄이 오기를 바라며
머구리와 같이 동면을 계속한다.
(하략)

1940년에 발표한 그의 시 「동면(冬眠)」에서 '눈을 감지 않은 나의 동면'으로 암흑시기 자신의 심정을 대변하였다. 그가 강서군에서 봄이 오기를 바라며 지낸 '동면'은 잠 속에도 이어지는 생명의 삶이었다. 일제로부터 창살 없는 옥에 갇혀 밤낮으로 감시받는 몸으로 부지런히 밭을 일구며 살았지만, 단순히 모든 것을 포기한 상태는 아니었다. 그의 표현대로 '눈을 감지 않은 동면'을 시도하며 글을 썼고, 은일자(隱逸者)로 살고자 하는 마음의 준비가 되었다는 것을 말한다.

한흑구는 '눈 감지 않은 동면'처럼 '숨지 않은 은일자'의 시선으로 세상을 바라보았다. 특히 그가 생활하는 연곡리 농촌의 삶과 농민에 대한 명상은 놀라울 만큼 예리하고 삶의 진리를 내포한 것이었다. 그것은 바로 자연의 아름다움과 위대함, 그리고 그 속에 놓인 생명력에 대한 경외심의 발로였다. 그가 이 무렵에 농민을 소재로 쓴 수필들 「전야(田野)의 여름」, 「농민」, 「농촌유감」, 「농민송」 등에서 '농민(農民)은 신민(臣民)'이라는 개념[38]을 담고 있다. 그는 농민의 순수함을 이렇게 서술하였다.

농부들에게는 일광욕이라는 말도 알지도 필요도 없는 피륙(皮肉)의 명사이고 크림도 백분도 도깨비 방구와 같을 뿐이다. 그들이야말로 일하기 위하여 살고 일하기 위하여 먹는다. 그들은 남을 속이려 하지도 않고 죄도 모르고 다못 소와 같이 꾸준히 일한다. 그들은 낟알이 무럭무럭 자라고 크는 것으로 기쁨을 삼고 낟알이 피어나지 못하는 것을 봄으로 슬픔을 삼는다. 그들은 새 옷이 없는 것을 슬퍼하지 않고 남을 속이어서라도 돈을 버는 것을 낙으로 생각하지 않는다. 예로부터 지금까지 그들은 양민이었고 산업보국의 충실한 신민이다. 그들은 수모하여도 수벅수벅 순종하고 그들을 사랑하여도 기꺼이 복종한다. 조용한 안식의 밤이 내리면 그들은 벼룩이 무는 것도 모르고 코를 골며 깊이 잠들고 외양간에 소와 닭이와 개와 도야지들도 잠자리에 불편을 말없이 고요히 잠든다.[39]

그가 직접 관찰하고 느낀 조선의 농민 모습이다. 자연과 함께 순리를 거스르지 않는 삶, 자연일체적 삶을 지향하며 사는 그들의 순수 성향의 덕목은 '정직'에 있다는 것을 말하고 있다. 그런 순수 정직을 바탕으로 개인주의를 넘어 공동체적인 삶을 살아가는 모습에서 그는 경외함마저 느끼는 것이다. 그러면서도 그는 세계의 변화 안에서, 동아시아 격동 속에 놓여있고, 전 세계가 전쟁의 도가니에서 벗어나지 못할 때 우리 민족의 내일을 걱정하지 않을 수 없는 것이었다. 그 순수한 농민의 삶이 허물어져서도 안 되고, 예부터 민족과 국가의 바탕을 이루었던 농민(국민)의 안정이 국가의 안정임을 강조하면서 "사변(事變) 하의 4년, 또한 전 세계가 신구 세력의 싸움으로 들어간 2년, 지금 바야흐로 전 인류는 생존을 위하여 크게 싸우고 부지런히 일하여 승전하지 않으면 안 될 것이다. 이제 우리 농민의 활동이 얼마나 긴급한 것이며 우리 농민의 안정이 국가의 안정을 좌우하는 근본이 되는 것을 깊이 생각하지 않으면 안 될 것이다. 농민이여, 그는 선량한 사람이며 진실한 신민이다. 영원히 그의 생명은 이 아름다운 사명과 함께 길이 살지 않으면 안 될 것이다."[40]라고 강하게 목소리를 내었다. 그뿐만 아니라 그는 '농민은 누구보다도 자연의 진리를 가장 잘 체험하고, 가장 많이 사랑하고, 가장 그 진리의 세계에서 자연스레 사는'이라고 개념 짓고는 세계적 비상시기인 오늘날에 농민의 역할이 중요한 것이며 그들의 억센 노력이 요구된다는 것을 강조하였다. 그는 러시아의 예를 들며 농민 생활의 불안정이 가져온 옛 러시아의 패망을 교훈 삼아 더욱 강한 농민의 힘을 발휘할 것을 강조하였다. 「농민송」의 끝에서 역설하는 그의 말을 잠시 들어보자.

> 오늘의 우리 농민이 억세이면 우리 국가도 강하여질 것이며 오늘의 우리 농민들이 게을리하면 국가의 원대한 이상도 실현할 수 없을 것이다.
> 요컨대 전 세계가 어우러져서 전쟁을 하고 있는 비상시에 있어서 국가의 존망을 스스로 개척할 중차대한 사명은 누구보다도 억세인 우리 농민들의 어깨 위에 있다고 할 것이다.
> 억세인 힘과 정신으로 일하는 국민은 언제나 죽지 않고 모든 투쟁에서 최후의 승리를 가질 수 있는 것이다.
> 오늘의 우리 농민들의 사명이 어찌 중하지 않다고 말할 수 있을까! 국가를 위하는 맘으로 우리는 정성을 다하여 억세이게 일하자![41]

한흑구는 봄날을 맞아 다양한 식물들이 자라는 밭을 일구면서 자기 스스로 식량을 거둘 수 있다는 사실에 깊은 감사와 반성의 시간을 가지기도 한다. 하루의 끼니때마다 신선한 채소를 먹을 수 있다는 고마운 마음 깊이는 그동안 자기 스스로 무언가를 생산하지 못한 것에 대한 성찰을 담아 아무런 일 없이 소비만 하는 것은 죄악이라고 한다. "성항(星港)[42]이 황군(皇軍)의 손에 함락(陷落)되던 날 우리는 인생의 노고가 얼마나 위대한 것인 것을 재인식하지 않을 수 없었을 것이다. 무위소비는 인생의 일대 죄악이라는 것을 비상시국에 처하여 있는 우리들로서 체험하지 않는 이가 없을 것이다."⁴³ 제2차 세계대전 초기, 싱가포르가 일본군에게 함락되던 1942년 2월의 일을 한흑구가 말하고 있다. 무엇인가 생산하지 않는 일은 인생의 일대 죄악이니 비상 시기에 처한 우리 민족이 무엇인가를 해야 한다는 것을 내포하고 있다. 우리는 역사적으로 알고 있다. 이 무렵 많은 조선인이 변절하고 친일로 돌아서는 일들을 알고 있다. 그러나 한흑구는 일제의 갖은 협박과 회유를 이기고 '끝까지 지조를 지키며 단 한 편의 친일 문장도 남기지 않은 영광된 작가'⁴⁴의 절개와 독립 조국을 향한 일편단심으로 살아왔다.

　일본 제국주의자들은 시골로 이주한 아버님에 대한 감시가 매우 철저했던 것으로 보입니다. 잊히지 않는 일이 있는데, 그것은 제가 다니던 초등학교의 마쓰다(松田) 교장이 우리 집을 찾아올 때 들려오는 말발굽 소리와 그가 허리에 찬 칼이 부딪치는 소리, 해 질 무렵에 모깃불을 피워 놓고 멍석에 앉아 강냉이를 먹다가 들은 소리입니다. 다름이 아니라 아버님의 동태를 감시도 하고, 같이 술을 하면서 선무도 할 겸 해서 일주일에 한 번 이상 우리 집을 찾아왔던 그 교장 선생을 상징하는 말발굽 소리와 찰랑거리는 쇳소리에 저는 먹던 강냉이를 내던지고 달아나 숨었던 기억이 지금도 생생합니다. 이북에서 유행하였던 여러 놀음에 능통했던 그 교장은 아버지와 술을 마시며 놀음하다가 늦은 밤이 되어서야 돌아가곤 했습니다. 그렇게 아버님을 감시하곤 했지요.⁴⁵

한흑구의 장자 한동웅(韓東雄)의 증언이다. 한흑구는 평양에서 벗어나 시골에 살았지만, 일본 제국주의자들은 감시의 끈을 한시도 놓지 않았다. 그런 상황 속에서도 한흑구는 겨울이 가고 봄이 와도 동면에서 깨어날 수 없는 조국의 현실 앞에서 결코 잠들 수 없는 동면을 유지하였다. 대외적으로 활동을 할 수 없지만, 문필가로서, 조국을 사랑하는 시인으로서, 미래의 조국을 열어갈 선구적 지식인으로서 해야 할 바를 잊지 않고 지속해서 전개하였다. 비록 제한적이었지만 그에게 주어진 집필의 기회를 놓치지 않고, 부드럽지만 강하게 자기 뜻을 실은 수필들을 꾸준히 발표하였다. 그의 글을 읽는 이들은 비록 한자리에 모이는 집회적 연대는 이룰 수 없지만, 내적으로 마음과 마음이 연결되는 정신적 연대감을 형성할 수 있었고, 이를 위하여 한흑구는 깨어있는 동면의 삶을 이어왔다.

04

한흑구는 1945년 해방이 되자 바로 월남하였다. 이후부터 1950년까지의 대한민국은 해방과 동시에 급격한 정치적 변화와 사회적 혼란을 겪으며, 결국 6·25전쟁으로 이어지는 격동의 시기였다. 1945년 8월 15일 해방을 맞이했지만, 즉시 독립된 국가로 거듭나지는 못했다. 미소 군정이 실시되고, 하나의 정부를 중심으로 완전한 독립국가를 꿈꾸며 이를 위하여 1946년과 1947년 두 차례의 미소 공동위원회가 열렸지만, 실패로 끝났다. 북한은 공산화가 진행되고, 남한은 이승만을 중심으로 한 반공주의 세력이 부상했으며, 좌우익 세력 간의 충돌

자유민주주의적인 조국, 평화로운 세계를 꿈꾸며

이 빈번하게 발생했다. 1948년에 대한민국 정부가 수립되면서 한반도는 공식적으로 분단되었다. 남한에서는 친일파 청산 문제와 사회주의 세력의 반발, 경제난 등이 지속되었고, 북쪽에서는 토지개혁과 산업 국유화가 완료되었고, 그 체제가 강화되었다. 이후 1950년 6월 25일, 북한군이 남한을 침공하면서 6·25 전쟁이 발발했다. 이 시기는 한국 현대사에서 매우 중요한 전환점으로, 남북한의 정치적, 이념적 갈등이 극도로 심화한 시기였다.

[그림 14] 1945년 월남 후 서울 생활 시절의 한흑구. 제공: 한동웅

조국 해방과 닭 울음

한흑구가 조국 광복의 소식을 들은 것은 1945년 8월 15일 오후였다. 그날도 여느 때와 다름없이 새벽닭의 울음을 듣고 일어나 곧장 산으로 올라갔다. 가족이 사는 집이 보이는 마을, 그곳에서 과수원과 밭을 일구며 살았던 그에게 일왕(日王)의 항복 소식을 전해준 것은 친구였다. 그때 한흑구는 40년 동안 나의 몸속에 굳어 있던 붉은 피가, 한꺼번에 용솟음쳐 심장으로 모여드는 것을 감각하였다."(「닭 울음」 중에서)라고 하였다.

상상력을 발휘하여 그날 그 시간으로 가보자. '동해물과 백두산이~' 함께 애국가를 부르는 모습을 상상해 보자. 한흑구는 광복 2주년 기념식장에서 '애국가'를 부르는 순간, 가장 아름다운 인간의 순정을 감촉했다고 한다. 그런 그에게 있어 그 '애국가'는 매우 남다른 것이다. 당시 불렀던 그 애국가는 오늘날 우리가 부르는 그 애국가와는 곡조가 다른 것이다. 우리가 알고 있듯이 그것은 스코틀랜드 민요 올드 랭 사인(Auld Lang Syne)의 곡조에 우리 애국가 가사를 붙여 불렀던 그 애국가였다. 이는 한흑구가 1919년 3·1독립선언 때 평양 시민들과 함께 불렀던 바로 그 애국가였다.

올드 랭 사인! 그는 1929년 미국으로 유학하러 가서 한 달이 채 안 된 시점에서「그러한 봄은 또 왔는가」라는 시를 3월 1일 아침에 썼고, 그 이듬해, 즉 1930년 2월 23일에는 이 스코틀랜드 민요인 '올드 랭 사인'을 번역하여『신한민보』에 발표하였다.[1] 그것은 의도 있는 번역이었다. 그는 이 노래를 번역하여 발표하면서 이런 부기를 남겼다.

스코틀랜드의 열정적 애국시인인 로버트 번즈(Robert Burns)의 시는 우리의 민족에 부대끼는(와닿는 — 필자 주) 정서가 적지 않은 것이다. 더욱이 3·1기념일을 몇 날 앞두고 그의 시 두 편을 역초하게 되었다. 평화스러운 옛날의 내 집을 늘 그리고 있는 우리들은 이 애국시인의 노래를 가슴 깊이 들을 것이다. 우리가 늘 읽는 그의 시이지만 오늘을 당하여 다시 한번 불러보는 것도 무의한 일은 아닐 줄 안다.

국권을 상실한 우리 민족이 항상 '내 집'(조국)을 그리워하듯이 '올드 랭 사인'이 지닌 그리움의 정서가 우리 민족의 그것과 다르지 않다는 것을 말하였다. 평소에 부르는 노래이지만 3·1독립선언기념일을 앞두고 불러 보는 것에는 특별한 의미가 있다는 것을 말하였다. 이렇게 그가 번역을 통하여 공유하고자 했던 그 노래의 곡조가 우리 애국가의 곡조가 된 현실, 그리고 비록 독립했지만, 아직 완전한 독립을 이루지 못한 현실 앞에서 불러보는 그 애국가가 어찌 그의 마음을 가만히 놓아두겠는가?

한흑구에게 있어 조국에 대한 그리움은 잉글랜드와 스코틀랜드 사이의 갈등 속에서 자기의 고국을 떠나 유랑했던 로버트 번즈(Robert Burns)에 비유하기도 하였다. 그는 그의 시 「그리운 생각」에서 이렇게 노래하였다.

오! 조선은 산수의 나라
낮엔 산이 그립고, 밤에 냇소리가!
스코틀랜드의 고원을 떠나
런던에 유랑하던 번즈와 같이
나는 조선의 산과 물이 그리워
객창의 짧은 여름밤을
오! 이렇듯 그리운 생각 속에
몇 번이나 앉아 새우노!

나라를 잃은 서러움, 고향과 집을 잃은 아픔을 딛고 그는 다시 마음을 다잡았다. 그가 1934년 미국을 떠나 조선으로 귀국하기 직전 「나」라는 제목 안에 마치 옴니버스같이 여러 편의 시를 발표하였는데, 그 가운데 하나가 바로 「내 집」이라는 시이다. 한흑구는 쓰러져 가는 자기 집을 일으켜 세워야 하는 의무가 있는 아들임과 동시에 쓰러진 조국을 일으켜야 하는 조선의 외아들임을 노래하기도 하였다. 그 마지막 연을 보면 이러하다.

　　내 집은 헐어지고
　　나는 외아들이노라.
　　헐어지는 내 집을 바로잡을
　　나는 조선의 외아들이노라.

　"내 집"은 자기 집, 즉 고향에 있는 집을 말하기도 하지만, 국권을 상실한 민족의 집, 즉 '내 조국, 조선'을 상징하기도 한다. 과학자들은 집이 허물어지고 비바람에 성벽이 굴러 내리는 일은 자연스러운 것이라고 말하지만, 자기의 심장은 '비운에 울 뿐'이라는 한흑구, "나는 조선의 외아들이노라."라고 외치는 그의 비장함이 가슴을 파고든다. 그렇다. 그는 진정 조선의 외아들이요 한 집안의 외아들이었다. 고국과 집안의 새로운 시작과 당당한 행진의 첫걸음은 바로 그에게 달려있다는 것을 직시한 것이다. 청년 한흑구가 남겨놓은 시편 속에는 진리를 향한 인간의 순수한 영혼의 목소리가 담겨있고, 고국의 독립과 평화를 추구하는 갈망이 흐르고, 민족과 가족을 사랑하는 한 남자의 따뜻한 피가 흐르고 있었다.
　그렇게 1945년 8월 15일을 맞은 것이다. 이제는 그런 슬픔에서 벗어나 새로운 조국을 건설할 일만 남은 그의 가슴은 기쁨에 차있다. 궁극적으로 그의 가슴에 메아리치는 것은 일제강점기의 오랜 고통에서 벗어나 새롭게 나라를 건설하는 일이고, 이제 그 뜻을 이룰 수 있는 시간이 되었다는 것, 그리고 그것을 이룰 수 있다는 희망 때문에 기쁜 것이다.

> 인간으로 태어난 것이 기쁘고, 아직은 비록 약한 겨레지만, 한마음 한뜻으로 새롭고 튼튼한 국가를 이룩하리라는, 나와 똑같은 희망으로 불타는, 나의 겨레가 있다는 것이 한층 더 미쁜 것이었다. 이 한마음이 한뜻으로 이 소원을 이루는 곳에만, 우리의 참다운 생활과 아름다운 예술과 문화가 꽃핀다는 것을 생각할 때, 나는 대한 사람으로 이러한 세대에 태어나, 나라 건설의 사명을 띠게 된 것을 큰 행복으로 생각하고 자랑하고 싶었다.[2]

한흑구는 그가 발표한 수많은 글 속에 국권을 상실한 조국에 대한 사랑과 민족의 아픔을 노래하기도 하였고, 귀국 후에도 줄곧 나라를 걱정하는 글을 발표하기도 하였다. "나라 건설의 사명을 띠게 된 것을 큰 행복으로 생각하고 자랑하고 싶었"던 한흑구, 그가 나라를 생각하는 마음은 예나 지금이나 변함이 없었다.

삼팔선을 넘어

1945년 9월, 한흑구는 평양에서 서울로 내려왔다. 그는 "해방이 되자 9월 1일, 나는 제일 먼저 고향을 뒤로 두고 서울로 뛰어 올라왔다. 적도

(赤都)의 평양은 내가 살 곳이 못 될 것을 잘 알았기 때문이었다. 그해 11월에 우리의 온 가족이 삼팔선을 넘어서 무사히 상경하는 데 성공을 하였다."3라고 당시를 회고하였다. 같은 달 9일에는 재조선 미국 육군사령부 군정청(在朝鮮 美國 陸軍司令部 軍政廳, 이하 '미군정청' 약칭)의 사령관 존 리드 하지(John Reed Hodge) 중장과 조선총독 아베 노부유키(阿部信行)가 경성(서울) 조선총독부 제1회의실에서 한국에 주둔한 일본군의 항복 조인식을 열고 있었다. 그때 서울 장안에는 "미군 사령부에서 영어를 해독하는 사람들을 찾고 있으니 해당자는 내일 점심 지나 조선호텔로 나오라."라는 통문이 돌고 있었다.4 당시 한흑구가 이 통문을 듣고 조선호텔로 나갔다.

 그해 늦가을, 겨울이 시작될 무렵, 이미 서울에 내려와 삶의 터를 마련했던 한흑구는 가족들을 서울로 내려오게 했다. 서울 필동(筆洞)에 둥지를 튼 그는 미군정청 통역관의 삶을 시작하였다. 일제강점기에 일제의 강한 압박과 감시를 받았던 그의 애국심은 해방기에도 변함이 없었다. 남과 북으로 양분되기 시작하는 조국의 현실을 안타까운 마음으로 지켜보면서 당시 많은 지도자와 마찬가지로 '세계의 평화를 어떻게 이룰 것인가?', '우리 정부는 어떻게 만들어질 것인가?'와 같은 시대적 고민을 하지 않을 수 없었다. 당대에 널리 알려진 민족의 지도자들처럼 정치적인 목소리를 직접 전달할 수 있는 상황은 아니었지만, 좀 더 폭넓은 원칙, 혹은 방향 설정을 위한 자기의 의견을 제시하였다. 그 가운데 하나가 1946년 11월 12월에 정치철학 박사인 에머리 리브스(Emery Reves)의 「세계정부론」을 『조선일보』를 통하여 4회에 걸쳐 발표하였고, 리더스 다이제스트사의 편집국 대표였던 윌리엄 하드(William Hard)의 「세계평화론」을 번역 발표하였다.5 한흑구가 1946년 여름에 리더스 다이제스트사에서 요약한 논문을 얻어 "세계단일정부론과 양세력공립론 등이 분분한 이때 이 논문을 소개함도 의의 있는바"[6]라고 언급하면서 제2차 세계대전후 혼란했던 시대에, 특히 우리나라의 정치 질서를 위하여 큰 원칙이나 방향을 제시하기도 하였다.

일제강점기 동안 조국의 독립과 번영을 염원하였던 그가 해방된 조국의 현실 앞에서 고민하였고, 독립 정부도 수립되지 않은 조국이 신탁통치하에 있던 상황에서 심리적 혼란도 있었다. 이러한 심리적 상황이 이어지는 가운데, 그는 수필「기원(祈願)」을 발표하였다. 이 수필은 미국의 작가 스티븐 빈센트 베넷(Stephen Vincent Benét)이 쓴「국제연합을 위한 기도(A Prayer for United Nations)」를 번역·소개하면서 자기의 소감을 곁들인 글이다. 1947년 1월 22일 『경향신문』에 발표한 이 수필은 한흑구가 해방 이후 처음으로 발표한 것으로 추정한다. 물론 해방기에 이것보다 앞서 발표한 수필이 발견되기 전이라는 조건을 달고 있다. 아무튼 현대수필문학사를 논할 때, 중요한 자리를 차지하는 한흑구의 해방기 첫 수필이라는 것에 의의가 있고, 그 내용 역시 시대적 흐름을 잘 반영한다는 점에 있어 그가 일제강점기에 보여준 민족적 의식의 연장선에 있다는 것도 주목할 만하다.

한흑구는, 1945년 국제연합 개회[7] 석상에서 의장이 연설을 시작하면서 스티븐 빈센트 베넷의 기도문으로 말문을 연 음성과 작가의 기도 음성을 '거룩한' 것으로 인식하고 그 감흥을 서술하였다. "지구는 한낱 우주(宇宙)의 작은 별에 불과하옵나이다. 우리가 만일 원하고 선택하는 바라면 전쟁의 해독이 없는 유성이 될 수 있으며 공포와 기아로 곤란함이 없고, 인종의 색별도 없고, 주의에 대한 무지한 차별도 없어질 것입니다."라는 인류 평화를 노래한 것이 머리에 남아있다는 것, 그것은 승자도 해방

[그림 15] 재조선 미국 육군사령부 군정청 시절의 한흑구.
오른쪽에서 다섯 번째가 한흑구. 제공: 한동웅

된 자도 패자도 공감하는 것이었을 것이라고 말한다. 이는 앞서 말했듯이 한흑구가 「세계정부론」과 「세계평화론」을 번역·소개하는 맥락과 같다.

이어서 인간애의 따뜻함과 거룩함을 노래한 작가의 기도문을 소개하면서 한흑구는 이 기도문을 두고 '세상 모든 이의 참다운 사랑이요 거룩한 인류애의 공통된 심정이며 기원'이라고 평가하며, 인류가 평등한 세상을 꿈꾸고 있다. 그리고 이 기도문의 마지막을 언급하면서 "나는 쓸쓸할 때마다 괴로울 때마다 혼자서 늘 이 기도문을 애써 외우고 있다."라고 고백하였다. 그만큼 그는 간절하게 평화로운 세계를 추구하였다. 세계평화에 대한 마음이 인간의 보편적인 마음이겠지만, 일제강점기를 거친 그와 우리 민족에게는 더할 나위 없는 일이 아니겠는가? 한흑구가 스티븐 빈센트 베넷의 기도문을 인용한 것은 그의 기도문에 인류가 추구하는 보편적인 사상 혹은 윤리와 질서를 노래했기 때문일 것이다. 그리고 그가 이 기도문을 언급한 것에는 한흑구가 살아온 삶의 철학 혹은 사상의 근저에 그리스도교적인 철학과 사상이 영향을 주었을 것으로 보인다.

'쓸쓸하고 괴로울 때마다' 그가 외는 이 기도문, 그 쓸쓸함과 괴로움의 근저에는 일제 강점으로부터 해방되었지만, 아직 독립된 정부 없이 남북 분단의 위기에 처한 조국의 현실에 대한 복잡한 심경일 것이다. 좀 더 대의적으로, 좀 더 높고, 좀 더 깊이 세계를 바라본다면 조국의 평화뿐만 아니라, 아시아의 평화, 나아가 세계의 평화를 이룰 수 있다는 그의 철학을 보여주었다. 비록 인용한 기도문이 전체 글에서 차지하는 비중이 큰 수필이지만 그가 추구하는 인생관 혹은 세계관을 엿볼 수 있다.

해방기를 살아가는 한흑구의 마음은 어떠하였을까? 미국 유학 시절, 미국 독립기념일에 미국인이 보인 기쁨의 시간 안에서 그 역시 하루라도 빨리 조국이 독립하기를 기다렸지 않은가? 미국에서 귀국하고, 마침

내 조국이 독립하였지만, 아직 정식 정부도 수립되지 않은 혼란기에 그는 자유민주주의적인 조국, 평화로운 세계를 꿈꾸며 자기가 할 수 있는 역할을 모색하기도 하였다. 작가로서 그리고 당대의 지식인으로서 겸허하게 조국의 미래를 위한 의견을 제시하기도 하였던 그가 쓴 「기원」은 바로 조국이 처한 현실적인 문제 위에서 조국과 세계의 평화를 꿈꾸는 한흑구의 생각이다.

1947년의 봄, 우리 민족이 정부 수립을 위한 몸살을 앓던 계절이다. 역사적으로 이미 알려진 사실이지만 미국과 소련의 자국 이익에 맞물려 한반도는 양분된 상태이고, 독립 정부 수립도 하지 못한 채 두 나라가 우리나라를 신탁통치한다는 결정에 전국이 반대운동의 흐름 안에 놓여있었다. 1946년 3월 20일 덕수궁 석조전에서 우리의 정부를 탄생시킬 미소 공동위원회가 열렸으나 정작 미국과 소련의 대표는 각각 자기 나라에 유리한 정부를 세우려고 치열한 암투를 벌였고, 남북한 모두 정치적 혼란을 겪고 있었다.

미국의 트루먼 대통령은 3월 12일에 소련의 팽창을 경계하면서 '트루먼 독트린'을 선언하였다. 미국의 세계 전략이 수정되면서 미소 양국의 냉전은 점점 깊어지기 시작했다. 이런 가운데 신탁통치 반대운동은 전국적으로 전개되고 있었고, 미소 공동위원회가 무기 휴회하면서 정부 수립에 대한 논의는 이어지지 못했다. 우리 민족의 독립 정부 수립에 대한 희망도 불투명해 보였다. 그 당시 미군정 통역관으로 활동하던 한흑구는 미국에서 전해지는 여러 매체를 통하여 세계정세의 흐름을 빨리 파악할 수 있었을 뿐만 아니라 미군정청의 여러 사람을 통하여 우리나라에 대한 미국과 소련의 정책 방향과 흐름을 누구보다도 빠르게 접할 수도 있었다. 이런 가운데 그는 우리나라가 주변 강대국들의 대립 안에서 아직 완전한 독립 체제를 갖추지 못한 조국의 현실을 직시하고 「사향(思鄕)」을 발표하였다.

1947년 3월 27일 『경향신문』에 발표한 이 작품은 그가 해방기에 발표한 여러 작품에서 볼 수 있는 것처럼 해방정국의 갈등과 조국의 미래에 대한 걱정과 조국을 사랑하는 민족의 마음이 어떠한가를 말하고 있다. 물론 그가 정치 활동을 한 것도 아니고, 정치적 목소리를 직접 토로한 것도 아니다. 그러나 그는 당대의 지식인들이 그러했던 것처럼 우리나라의 정치 현실에 대하여 무관심하지는 않았다. 이 작품에서는 그런 그의 관심을 직접적으로 표방하기보다는 내면에 흐르는 목소리를 통하여 매우 답답했던 당대의 상황을 은유적으로 표현하고 있다.

> 고향을 떠나서 서울로 올라온 지도 벌서 햇수로 3년, 해방 직후의 일이다. 누구나 다 기뻐서 날뛰었고 일생에 처음으로 맞는 흥분에 겨운 해방의 그날이었다. 나의 흥분도 그 한때뿐이었던 듯이 지금은 거의 잊어버린 옛날의 꿈과도 같고 다시금 그 즐거움을 기억하기에는 어렵다. (중략) 극히 흥분한 뒤이었던 듯이 우리들은 너무나 감정이 식은 것이 아닌가. 한때에 우리들이 늘 이야기하던 지성 그것도 다 어디로 갔는가. 흥분도 감정도 또한 지성도 다 잃어버린 것이 오늘의 우리 조선 사람이 아닐까. (중략) 「에머슨」「휘트먼」「샌드버그」「씽 클레어」의 시와 철학은 한날 아름다운 민주주의와 자유사상의 문학이요 사상뿐이었던가. 하여 꽃 피인 그들의 문화가 오늘 우리의 현실 앞에 이와 같이 부닥친다면 우리는 문화의 본질이 무엇인가 깊이 생각해 볼 필요가 있지 않은가. 그러나 우리는 아직 이러한 것을 맘대로 이야기할 자유도 없다. 권리도 없다. 주관도 없다. (중략) 너도나도 다 봄을 기다리고 너도나도 다 함께 손을 꽉 맞잡고 우리 집의 봄을 맞자. 세상에는

오직 너와 나만이 우리 고향의 슬픈 이야기를 알 수 있으며 우리의 기쁜 봄을 알 수 있고 이야기할 수 있다. 그리운 고향을 생각하며 다 같이 이 봄을 힘 있게 맞이하자.[8]

현실의 아픔을 딛고 일어서려는 그의 정신적 힘은 바로 고향을 생각하는 마음에서 오며, 그 마음은 개인의 고향 마을에 불어오는 봄바람을 넘어 조국의 땅에 불어오는 봄바람으로 승화하고 있다. 그것을 꿈꾸며 희망을 품기 시작한다. 마지막으로 그는 희망의 메시지를 전한다. "그리운 고향을 생각하며 다 같이 이 봄을 힘 있게 맞이하자." 이는 참으로 한흑구다운 결론이다. 그의 수필들에서 엿볼 수 있는 희망의 메시지가 바로 그것이다. 그의 젊은 날의 수필에서 보여준 희망의 철학은 여기에서도 여실히 드러난다. 그의 수필에서뿐만 아니라 그의 시편(詩篇)에서도 엿볼 수 있는 중의적 표현을 잘 적용하고 있다는 사실을 또 한 번 발견한다. '그리운 고향'과 '봄'을 맞이하기 위하여 '홀로가 아닌 모두가 함께' 손을 잡고 노력하자는 메시지는 참으로 울림이 크다.

한흑구가 이 수필을 발표한 후 얼마 지나지 않은 1947년 5월 21일에는 제2차 미소공동위원회가 개최되었다. 재차 미소공동위원회가 열리자, 전국적으로는 신탁통치를 반대하는 운동이 거세게 일어났고, 우리 사회는 더욱 혼돈의 터널 속으로 들어가는 것 같았다. 이런 현상을 가까이에서 보고 있던 한흑구는 직접적인 정치 견해를 드러내는 글을 쓰지는 않았고, 오히려 인간의 본질적인 내면세계를 더욱 깊이 들여다보려고 노력하였다.

아무튼 반탁운동의 소용돌이 속에서 떠나온 고향과 완전한 독립을 이루지 못한 조국을 걱정하였고, 분단된 조국과 신탁통치의 암울한 미래가 주어진 현실, 그 어지러운 시간이지만, 겨울은 가고 봄이 올 것이라는 희망과 그 희망의 도상에서 모두 손잡고 살아가기를 촉구하는 그의 수필 「사향」은 그의 철학이 분명하게 드러나는 작품이다. 한흑구가 우리에게 드러낸 "세상에는 오직 너와 나만이 우리 고향의 슬픈 이야기를 알 수 있으며 우리의 기쁜 봄을 알 수 있고 이야기할 수 있다."라는 통찰은 이념 대립의 한계도 넘어설 수 있고, 지역과 시대를 초월하는, 민족의 동질성 안에서만 파악할 수 있는 근원적이고 본질적인 화두임을 확인케 한다.

아버지의 선종

한흑구의 아버지 한승곤 목사는 아들과 함께 수양동우회사건 때 일본 경찰에 체포되었다. 한승곤 목사는 여러 번의 심문과 회유를 견디면서 친일 의향을 거부하는 가운데, 1940년 8월 경성복심법원에서 치안유지법 위반 혐의로 징역 2년, 집행유예 3년을 선고받고 풀려나기까지 3년 동안 수감 생활을 하였다.

오랜 수감 생활에 심신이 허약해질 만도 했지만, 한승곤 목사는 그 모든 것을 기쁜 마음으로 참고 이겨냈다. 그는 체포되기 전에 몸담았던 평안남도 안주(安州)의 안주동 교회로 돌아가 다시 목회 활동을 시작했다. 그러던 중 1945년 8월 15일 해방을 맞이했지만, 그 해방의 기쁨도 잠시였다. 북쪽에는 공산정권 아래에서 1946년 공산당이 교회를 탄압하기 위하여 구성한 '조선기독교연맹'이 창립되어 공산주의를 배격하던 이북 5도연합노회를 허물어뜨리기 시작했다. 1949년에는 기독교도연맹총회를 통하여 교단 정치 기능을 장악하였는데, 연맹에 가입하지 않거나 공산

[그림 16] **한승곤 목사 장례식.** 왼쪽 위의 첫 번째가 한흑구이다. 제공: 한동웅

정권에 협력하지 않던 교회는 몰수되고, 많은 그리스도인 체포되어 수난을 당했다.

해방 직후, 혼란스러운 북한교회의 수난 속에서 한승곤 목사는 선종하였다. 그때가 1947년이었다. 이 소식을 들은 한흑구는 부친의 시신도 확인하지 못한 채 서울 필동의 자택에서 가족끼리 모여 장례식을 열었다.

미국에서 체험한 것을

한흑구는 미군정청 통역관으로 활동하면서 미군정청에 제공되는 다양한 매체들을 통하여 미국을 중심으로 한 세계정세에 한발 빠른 정보를 접할 수 있었다. 세계정세뿐만 아니라 국내 정세에 대한 정보도 빠르게 접할 수 있었고, 국내외적으로 발간되는 다양한 매체들을 접할 수 있었다. 그 다양한 매체 가운데, 국제보도연맹(國際報道聯盟·International Publicity League of Korea)에서 발간하던 『세계문화(The World Culture)』와 『국제보도(Pictorial Korea)』가 있었다. 한흑구는 『세계문화』 창간호에 「미국의 소설계」를 게재하였고, 화보 중심의 잡지였던 『국제보도』[9] 제10호에는 그가 미국에서 맞은 가을 경험을 바탕으로 한 수필 「미국의 가을」을 발표하였다.

우리가 이미 알고 있듯이 한흑구는 1929년 2월에 미국에 도착하여 유학 생활을 시작한 이후 방학이면 아르바이트를 겸한 미국과 캐나다를 여행하기도 했고, 틈이 날 때마다 스스로 '방랑'이라고 말한 여행길에 올랐다. 그의 방랑 시편뿐만 아니라, 수필과 소설 등에는 그 여행의 경험을 바탕으로 한 내용이 다수 등장하는데, 이를 통하여 우리는 그의 미국 생활의 경험과 그에 대한 사색을 읽을 수 있다. 한흑구는 그에게 주어진 시간을 활용하여 최대한 많이 경험하려고 여러 지역을 여행한 것은 틀림없지만, 미국의 전 지역을 모두 여행한 것은 아니다. 수필 「미국의 가을」에서도 드러나듯이 그가 직접 경험한 미국의 가을도 있지만, 간접적으로 매체를 통한 미국의 가을에 대한 정감을 드러내기도 한다. 여기서 우리는 한흑구의 독특한 시선을 확인할 수 있다. 그것은 바로 흑인에 대한 마음이다.

약 5년간 미국 생활을 한 그는 뉴욕에 사는 이들은 계절의 변화를 잘 알 수 없을 것이라고 단정한다. 이는 도시 문명에 가려진 자연의 고유한 변화를 체감하기 어렵다는 뜻이기도 하다. 그러면서 뉴욕에 사는 사람들은 로버트 프로스트(Robert Frost)나 에드나 밀레이(Edna St. Vincent Millay)의 시집에서, 가을을 느끼는 것이 아니라 '가을을 읽는 것'으로 만족할 것이라고 한다. 도시의 네온사인에 싸여서 달을 잊은 지 오랜듯하다와 같이 그는 문명 비판적 시각을 드러낸다. 그러면서 그가 몸소 체험한 나이아가라, 네바다, 애리조나의 인상 깊은 가을을 이야기면서 버지니아의 남방에서 체험한 가을을 이야기한다.

> 그보다도 담뱃잎이 누렇고 목화송이 쌔얗게 환한 「버지니아」 남방의 가을을 보던 나의 기억은 어느 때나 슬픈 흑인들의 민요와 함께 떠오르는 향상의 가을도 있다.
> 「스와니 강가에 있는 나의 집……」
> 「새들이 노래하고 옥수수가 익는 켄터키의 나의 옛집……」
> 이러한 향수를 노래하며 담배 밭과 목화밭에서 일하는 흑인들의 모양은 가을마다 나의 눈을 명상에 잠기게 하는 것이다.

책이나 사진에서도 미국의 가을을 대할 수 있지마는 미국의 대륙은 곳에 따라서 매우 아름다운 풍경을 많이 가지고 있다.

그러나 지금 나에게 있어서 가장 기억에 새로운 것은 흑인들이 맞는 남방의 가을이다.[10]

결론적으로 말하면 가을의 풍경보다는 '흑인'이라고 부르는 인간에 초점을 두고 있다. '슬픈 민요와 함께 떠오르는 향상(鄕想)의 가을, 향수를 노래하며 담배밭과 목화밭에서 일하는 흑인들의 모양은 가을마다 나의 눈을 명상에 잠기게 하는 것'으로 그에게는 지울 수 없는 풍경이다. 왜 그럴까?

한흑구는 미국에서 생활하는 동안 흑인이 차별받는 모습을 수없이 보았고, 자기 자신 역시 미국인들의 그런 차별의 시각에서 벗어나지는 못했다. 그가 남긴 작품에서 이러한 사실을 확인할 수 있다. 그의 수필 「재미 6년간 추억 편편」(『신인문학』 제3권 2호(1936. 3.))에 보면, "남부 흑인들이 사는 촌락에 조그만 방갈로 집들이 띄엄띄엄 서 있는 것이며 목화밭 위에 목화송이를 따며 "흑인종은 무엇 하려 낳나? 목화송이나 따려 낳지!" 이러한 구슬픈 모래를 들으며 발 멈추고 가지 못하던 생각이 다 그립다."라고 노래 부르는 흑인들의 모습을 보며 가던 길을 멈추는 장면이 나온다. 그가 말한 바로 그 구슬픈 민요의 한 구절이다. 그리고 텍사스의 목화 농장에서 노예와 다를 바 없이 사는 흑인들의 아픔을 그린 소설 「황혼(黃昏)의 비가(悲歌)」(『백광』 제5집(1937. 5.))에도 잘 드러나 있다. 이 소설의 처음과 마지막에도 한흑구는 흑인들이 부르는 노래를 삽입하고 있다. 그것은 그가 미국에서 느낀 흑인에 대한 강한 인상을 지울 수 없기 때문이고, 흑인의 처지에서 '통분한 인간의 노래'라고 말한다. 그는 소설

「죽은 동무의 편지」에서 서술자의 시선으로 이렇게 말하고 있다.

> 조선서 들을 때에는 미국 남방은 아름다운 곳이요 모두 종교적 인간만이 살고 있다고 생각하였으나 다못 작태거만입니다. 무엇보다도 인도와, 정의와, 평등을 입으로 말하는 이들이 니그로 흑인들에 대하여 아직도 노예와 같이 취급하는 것이 가장 나의 눈을 쓰리게 하고 나의 가슴을 아프게 합니다. 사람의 피부의 색은 지리적 환경에 따라 다른 것이겠지마는 니그로를 사람과 같이 생각하지 않는 백인의 거만한 태도는 참으로 증오할 만한 것입니다. 백인과 니그로의 주택지며 예배당이며…… 모두 서로 다르고 차별이 있습니다. 백인의 하느님 아버지와 니그로의 하느님 아버지도 꼭같지 않다고 누가 말할 수 있겠습니까?[11]

그가 조선에서 들은 미국 사회와 그가 실제로 체험한 미국 사회의 모습은 환상과 실제의 거리만큼이나 실망이 컸고, 말과 행동이 다른 사회의 분위기에 놀라움을 금치 못하였다. 바로 흑인들이 처한 상황이 당시 조선인과 조선이 처한 처지와 다를 것이 없다는 것을 체감하였다.

일제강점기에 나라 잃은 자신의 처지와 흑인의 처지가 다를 것이 없는, 동병상련의 마음으로, 그들에게 관심을 보이는 차원을 넘어 그는 학문적으로도 흑인문학을 연구하여 소개하기도 하였는데, 「미국(米國) 니그로 시인 연구(詩人 硏究)」가 바로 그것이다. 이 연구의 논두에서 한흑구는 "우리는 니그로(흑인)의 생활을 잘 추상(推想)한다. 그들은 아프리카 임원(林園)에서 자연을 노래하고 자유를 즐겨하던 그들이다. 그러나 문명은 그들의 코를 꿰어 짐승과 같이 구주(歐洲)와 미국 대륙으로 끌어들였다. 그들은 낙원의 본토를 잃어버리고 채찍과 망치 아래 현대를 개척하는 데 가장 쓰라린 노예가 되었던 것이 아니냐?"[12]라는 역사적 사실을 환기할 만큼 흑인에 대한 마음이 남달랐다.

흑인에 관한 한흑구의 관심은 해방기에도 이어졌는데, 이 수필을 발표하기 몇 달 전에는 1920년대 흑인들의 문학운동인 할렘 르네상스 시기에 나온 재능 있는 시인 중의 한 사람이었던 랭스턴 휴스(Langston Hughes)의 시 「우리 땅」과 「노래」(『개벽』 75호(1947. 8.))를 번역 발표하기도 하였다. 한흑구가 미군정기였던 우리의 해방기에 랭스턴 휴스의 시 「우리 땅」을 번역 발표한 것도 우리의 땅을 가져야 한다는 당위적 희망을 표현한 것으로 보인다. 아무튼 그는 우리나라의 작가 중 흑인에 관한 관심을 드러낸 초기 작가로서 문학적 효용으로써가 아니라 심정적으로도 깊은 애정을 지닌 작가였다는 사실을 보여준다고 하겠다.

한흑구는 해방기에 미국과 관련한 글을 다수 발표한다. 평문부터 시작해서 미국의 다양한 문화와 관습들을 소개하기도 하는데, 그가 처한 시대적 환경이 그렇게 이끌었을 수도 있었을 것이다. 그리고 유학 경험에서 얻은 체험적 사실을 바탕으로 글을 썼다.

이념 대립 속에서 『문화시보』의 편집을 맡고

1945년, 완전한 독립인 줄 알았던 조국이 이념 대립으로 양분되고, 그 양상은 사회의 각 분야에 영향을 끼쳤다. 단일정부 수립의 열망이 큰 만큼 정치적 사상의 간격도 컸다. 1947년 7월 19일에는, 친일파를 제외한 모든 세력이 참여한 연대를 통하여 통일국가를 이루고자 하였던 여운형

(呂運亨)이 극우 청년에게 암살당하는 사건이 생기는 등 정치적으로도 매우 혼란하였다. '여운형의 죽음은 미소공위에 의한 임시정부 수립이 불가능하다는 것을 상징적으로 보여준 사건'[13]이었다.

해방 직후 문단의 좌우 대립 역시 마찬가지였다. 해방되자마자 좌익 계열의 문인들이 '조선문학건설본부'와 이어서 '조선프롤레타리아예술동맹'을 출범하고 서로 공산당의 승인을 얻기 위하여 암투를 벌이다가 '문학가동맹'으로 통합을 이룬 후 얼마 동안 독무대를 이루었다. 우익 문인들도 '전국문필가협회'와 '청년문학가협회'를 결성하여 역량을 집결하였다. 그러나 1946년 2월, 조선문학자대회를 개최하여 조직을 강화하면서 당시 주요 현안들을 해결하려는 시도를 하는 등 해방 직후의 흐름은 좌익으로 흘렀다. 이후 1946년 3월, 북쪽의 북조선예술총동맹이 결성되자 남쪽 좌익 문인들의 월북과 문학가동맹 문인들의 전향 등 좌익 진영의 힘은 서서히 약화되기 시작했다. 그러던 3월 13일, "인권이 존중되고 자유가 옹호되고 계급이 타파되고 빈부가 없는 가장 진정하고 가장 민주적인 국가관, 세계관을 밝혀 민족국가 관념 위에서 조국을 재건함에 있어 진정한 민주주의 문화건설에 이바지하려는" 목적으로 전조선문필가협회가 결성되었다. 당시 미군정청의 통역관 중의 한 사람이었던 한흑구도 추천위원으로 등재[14]되어 있고, 그 뜻을 함께하는 미군정 제2대 장관 러취(Archer L. Lerch) 소장도 축사를 했다.[15] 1947년 2월 13일에 있었던 민족진영 문화인들이 문화옹호남조선문화예술가 총궐기대회, 이듬해 12월 27일과 28일에 서울 시공관(市公館)에서 있었던 민족정신앙양전국문화인총궐기대회에서 당시 정부의 미온적인 좌익 견제에 항의를 표시한 것으로 좌익에 대한 집단적 경고대회로 유엔에 의한 통일 정책을 환영한다는 것과 문화 진영의 궐기가 필요하다는 것, 그리고 좌익의 반통일적·비민족적

언론출판기념을 규제하여야 한다는 것 등을 주장하였다.[16]

1947년 2월, 전조선문필가협회와 조선청년문학가협회가 전국문화단체총엽합회를 결성하고 결속을 강화해 나갔다. 좌우익의 논쟁이 치열한 가운데 소위 순수논쟁이 전개되기도 하였고, 이런 논쟁 속에서 중도적 입장을 취하는 이들도 적지 않았지만, 1948년 남한만의 단독 정부 수립 이후 좌익의 약화와 우익이 강화되는 상황이었다. 1949년 8월에 민족진영의 잡지『문예』가 창간되고, 같은 해 12월 17일에는 '일반 무소속작가 및 전향문학인을 포함한 전 문단인 총결속하에 대한민국을 대표하는 유일한 문학단체로서'의 한국문학가협회가 결성되는[17] 등 우익에 의한 민족정신 앙양과 반공문학의 기치가 높여지기 시작하였다.[18] 이러한 혼란의 시기에 한흑구는 한국문학가협회의 추천회원으로 활동하면서 조선청년문학가협회의 회원들과 교유하기도 하였다.

그리고 한흑구는 미군정청에 근무하면서 해방 직후 창간되었던『문화시보』의 편집에도 참여했다. "나는 안석영 씨와 김광주 씨와 셋이서 함대훈 씨가 발행하고 있던 문화일보사의 편집을 맡아보고 있었다."[19]라는 기록으로 보아 해방기에 많은 신문이 발행될 때, 저널리즘에 관한 관심이 높았던 그가 동료 문인들과 함께하였던 것 같다. 좌우 대립이 극심할 때, 그가『문화시보』편집에 참여했던 이유는 무엇일까?『문화시보』가 갖는 당대적 위치를 규명한 김휘열의 연구는 의미가 있다. 그는 '해방기『문화시보』의 매체적 위치와 의미 연구'에서 다음과 같이『문화시보』의 위치를 규명하였다.

좌우를 막론한 해방기의 과제인 '민족문화건설'에『문화시보』는 한국문화를 세계문화와 접목시키는 방법으로 대응하려 했고, 연재 시와 소설을 모두 번역 작품으로 선정한 데에는 그러한 새로운 한국문화건설의 욕망이 반영되어 있었다. 또한 문학 관련 특집 기사에서는 백조 동인의 문학사적 역할과 정통성을 강조하며 정치성보다는 문학의 순수성과 예술성을 강조하는 면모를 보였다. 1947년 12월 미군정의 영향으로 좌익 언론의 활동이 힘을 잃고 사그라들었던 상황에 등장한 『문화시보』는 우익지의 한 분파로서, 당시 민족문화건설이라는 국가적 과제에 '문화'라는 표어를 내세우며 대중매체로서의 핵심적인 역할을 담당하려는 일종의 시도라 볼 수 있다.[20]

『문화시보』를 분석한 김휘열은 "창간호에 실린 이승만, 김구, 김동성 등의 기념사와 안석영, 박종화, 서정주, 윤곤강 등의 필진 구성, 그리고 기사들의 내용 등을 통해 『문화시보』를 해방기 자유주의 계열 신문으로 분류"[21]한 것은 타당한 것으로 보인다. 이는 한흑구가 『문화시보』에 참여한 이유 중의 하나로 짐작할 수 있다. 한흑구는 이 신문에 펄 사이든스트리커 벅(Pearl Sydenstricker Buck)의 중편소설 「원수(The Enemy)」를 번역하여 연재하였다. 그가 이 소설을 번역하여 발표한 것과 『문화시보』의 편집 방향, 그리고 이 신문의 존재 목적과 어느 정도 부합한다고 보겠다. 한흑구의 연재 번역소설에 관하여 의의를 부여한 김휘열의 시선은 매우 적합하다고 하겠다. 그의 견해를 인용하면 다음과 같다.

역자 한흑구는 신문의 연재소설로 한국 소설이 아닌 미국소설을 실었던 이유를 일본이라는 공간적 배경이 흥미로워서라고 서술하였으나 단순히 배경 때문에 이 소설을 선역하지는 않았을 것이다. 정리하자면 이 소설의 신문연재는 해방 후 우익 순수문단이 지향점으로 세계몽학을 내세우고 그 중심에 휴머니즘, 즉 보편적 인간성을 배치하던 모습과 닮아있다고 볼 수 있다. 이 보편적 인간성이라는 것의 모호성은 '내용 없는 주의주장 혹은 수사에 지나지 않는 것'이라고 부정적으로 해석되기도 하나, 한 가지 이를 통해 알 수 있는 것은 『문화시보』의 편집방향이 문학적 전범을 세계문학에서 찾으려 했었고 그것은 휴머니즘이라는 형태를 띠고 있었다는 것이다.[22]

한흑구는 좌우 대립이 극에 달하였던 해방기에 우익 계열의 문인들과 울리면서 이 신문을 편집하였다. 그가 어느 정도 깊이 참여했고, 참여한 기간은 어떻게 되는지 자세히 알기는 어렵지만, 그의 글 「파인과 최정희」에서 문화일보사에서 김광주와 함께 파인 김동환의 부인 최정희를 만난 일화에서 알 수 있듯이 자주 신문사를 들렸고, 편집 동인들도 자주 만난 것으로 보인다.

한흑구는 김동환에 대해서 "시인이기 이전에 애국자였고, 애국자였기에 애국의 시를 많이 썼다."라고 했다. 이 책의 앞부분에서도 언급한 것처럼 한흑구는 미국에 있었을 때 김동환의 시를 교포들 앞에서 낭송한 이야기를 최정희 여사에게 말했고, 이 이야기가 김동환에게 전달되었을 때 '고맙다'는 회신을 최정희 여사로부터 들었다고 회고했다. 한흑구는 "이젠 우리 민족도 자유를 찾게 되었으니 마음 놓고 정열의 시를 많이 써주시기를 부탁드립니다."라고 했지만, 최 여사는 말머리를 돌렸다. 이후 한흑구는 최 여사를 만나 문우들과 함께 차도 들고 약주도 마셨다고 한다. 그런 그의 눈에 비친 최 여사의 이미지는 애수의 여인이었다.[23]

그의 눈과 입술에는 언제나 가느다란 애수의 빛이 떠나지 않고 있었다. 그 애수의 빛은 두말할 것도 없이 파인에 대한 처지에서 오는 것이라고 늘 생각해 보았다.

한흑구가 말한 "파인에 대한 처지"라는 것은 무엇일까? 한흑구는 해방된 조국에서는 더 이상 일제의 강제적 탄압도 없고 자유로워졌으나 과거의 김동환이 그러했던 것처럼 민족적 애국시를 정열적으로 쓸 수 없는 처지를 말하는 것이 아니겠는가?

그랬다. 한흑구는 그가 영향을 받았던 조만식, 김동환, 김동원, 전영택 등 평양의 수많은 애국지사가 보여주었던, 그 순수하고 열정적이었던 그 날들을 잘 알고 있었다. 어린 시절과 청소년 시절, 그리고 청년 시절을 걸어오는 동안 수많은 애국지사의 교훈적 삶을 너무나 잘 알고 있었고, 특히 일생을 독립운동하다가 선종한 부친의 삶을 너무나 잘 알고 있었다. 한흑구는 중학 시절, 즉 평양의 숭인학교에 다닐 때, 당시 미국에서 독립운동을 펼치던 자신의 아버지 한승곤 목사로부터 편지를 자주 받았고, 그 편지 내용 중에 "송림이 되었다가 후일에 나라의 큰 재목이 되라."라는 구절을 자주 떠올렸다고 한다. 그 영향인지는 모르겠지만, 실제로 한흑구는 조국의 독립을 위하여 미국의 흥사단 활동을 전개하였고, 귀국하여 수양동우회 활동을 하다가 일제로부터 핍박받기도 하였다. 오늘날에는 우리나라 문학계에서 빼놓을 수 없는 인물이 되기도 하였고, 후학들에게 미치는 영향도 적지 않은 것으로 볼 때, 그의 아버지가 일러준 그 말씀이 하나의 씨가 되어 열매 맺은 것이 아니겠는가? 그리고 구체적으로 어느 선철(先哲)인지는 모르지만, 그가 가슴에 품고 있는 선철의 말도 나무를 더욱 사랑하는 마음을 돋운다고 했다. 아버지와 선철의 말씀은 '후일의 재목'이 되어야 한다는 생각을 깊이 품게 되었다는 것을 알 수 있다.

한흑구가 20대에 쓴 글들을 보면 잃어버린 조국의 주권을 찾기 위하여 젊은이들, 특히 미국에 거주하는 젊은이들에게 현실을 자각하고, 깨어있는 삶을 촉구하는 글을 썼고, 그런 활동을 하기도 하였다. 그가 '후일의 재목'에 대하여 어떤 인물을 구체적으로 그렸는지는 알 수 없지만, 어떤 일을 하든 민족과 조국을 사랑하는 일에 역군이 되어야겠다는 마음을 가진 것은 확실하다. 이런 마음이 그의 삶에서 실천되고 하나의 생활 철학으로 자리 잡은 것은 어린 시절부터 새겨온 부모님의 말씀과 그가 속한 그리스도교회와 대사회적 단체로부터 받은 사상적 영향이었음을 쉽게 짐작할 수 있다.

서울을 떠나 포항으로

1948년 5월 10일 우리나라 제헌국회를 구성하기 위하여 실시된 국회의원 총선거, 소위 5·10선거는 남한만의 단독정부를 수립하기 위한 선거였다. 중도파 민족주의자들은 선거 참여를 거부하고 남북협상을 추진했고, 좌익은 단독선거와 단독정부를 반대하는 투쟁을 이어갔다. 반면 이승만을 비롯한 극우세력은 지방에서의 중도파 선거 참여를 '공산주의 주구', '분홍색 프락치' 등의 색깔로 규정하고 비난을 일삼았다. 제헌국회는 7월 20일 대통령에 이승만, 부통령에 이시영을 선출했고, 국무위원은 중도파나 한민당을 배제하고 이승만 측근 중심으로 구성되어 거국 내각을 이루지 못한 채 8월 15일 정부 수립이 공포되었다. 그 당시 미군정 아래서 강한 권력을 행사했던, 민족주의 우파 계열의 지식인과 언론인, 자산가를 중심으로 하는 세력이 설립한 한국민주당(韓國民主黨)은 5·10선거에서 참패했다.[24] 미군정청에 몸담았던 한흑구는 복잡한 심경이었다. 이미 알고 있듯이 한흑구는 조만식과 안창호의 가르침을 받았고, 미국에서는 안창호와 함께 흥사단 활동을 전개하였다. 그는 안창호에 대한 존경심과 애국심을 깊이 간직하고 그의 가르침대로 살고자 했다. 한흑구는 수필 「도산 정신」에서 이렇게 회고하고 있다.

> 지나간 젊은 시절부터 지금까지 나의 생활을 움직여 주는 것은 도산 안창호 선생의 정신이다.
> 그의 인격과 사상에 대해서는 이미 춘원과 요한, 김여제, 장이욱 선생 등의 저서로 잘 알려져 있지만, 나도 흥사단(興士團)의 일원으로 한 자리에서 친히 그를 대할 기회를 5, 6차 가질 수 있었다.
> 나는 늘 생활에서 그의 가르침을 실행하려고 노력하고 있으나 뜻대로 잘되지 않음을 스스로 부끄럽게 생각할 때가 많다.
> 그는 우리 민족의 개화 정신의 기본을 '무실역행(務實力行)'에 두었고, 또한 이것을 실천 완수하기 위해서는 "거짓말을 하지 말자. 농담일지라도 거짓말을 하지 말자"라고 가르치셨다.
> 우리 민족의 가장 미워할 만한 약점은 거짓을 일삼는 데 있다고 생각한다. 권력에 아부하는 것도 거짓이요, 사리(私利)를 위해서 남을 속이는 것도 커다란 거짓이다.
> 우리는 자아의 진실을 찾고, 애족애국의 진실한 정신을 찾아서 하나의 아늑한 가정과 부락과 국가 사회를 이룩하는 데 기초를 삼아야 할 것이다.[25]

한흑구는 도산 정신으로 살아가고자 하였고, 실제로 그러했다. 그런 그가 정부가 수립되자 안창호와 반대편에 서있었던 이승만 정부와는 일을 함께할 수 없었다. 한흑구는 이승만을 중심으로 한 자유당 정권의 흥사단에 대한 오해와 탄압을 체험했다. 이승만의 도산에 대한 뿌리 깊은 일방적인 적대감과 이승만 정권의 강력한 대항 세력인 야당 지도자가 흥사단 관련 인사라는 데서 깊은 갈등이 있었다. 이승만의 도산에 대한 적대감의 근원적인 뿌리에 관한 안재훈의 증언(「기러기」, 1971년 1월 호), 이승만 정권의 흥사단 탄압에 관한 장리욱의 회고(「기러기」, 1966년 5월 호)와 구체적인 사례들(「기러기」, 1973년 1·2월 합병 호), 자유당 정권 초기 흥사단우 최능진(崔能鎭)을 정치적으로 암매장하고 날조한 '민족 혁명 의용군 사건' 등에서 확인할 수 있다. 이 사건은 당시 한흑구와 함께 미군정청에 몸담고 있었던 최능진과 관련한 사건으로 한흑구는 생생히 그것을 체험할 수 있었다.

'8·15광복으로 최능진이 하지 미군정에 몸을 담은 뒤 경무국 수사국장이 되고 그 뒤 정치 활동을 하려 들자, 이승만과 그 측근에서는 날이 갈수록 흥사단 단우의 활동을 심히 사갈시(蛇蝎視)하는 입장을 감추지 못하였다. 최능진은 재미 시절부터 이승만의 독립운동을 인정하지 않고 사사건건 그와 맞서왔기 때문이었다. 그뿐만이 아니었다. 1948년 제헌국회 구성을 위한 5·10 총선거가 실시될 때 이승만이 무투표 당선을 목표로 동대문구에 입후보하게 되는 마당에 최능진이 여기에서 출마를 선언하고 나섰다. 최 후보는 출마 얼마 뒤 갖은 트집으로 등록 취소를 당하지 않으면 안 되었다. 정적을 제거하고 서울 동대문구에서 무투표 당선을 한 이승만은 국회에서 국회의장이 되었고, 곧 초대 대통령의 자리에 올랐지만 좀처럼 마음을 놓을 수가 없었다. 최능진을 완전히 생매장하여 흥사단 세력에 타격을 주어야 할 계략을 숙의하였다. 미군정청 경무부 수사국장 출신이 이제는 치안국 수사과 특별취조실에서 반죽음이 되는 고문을 받으며 당국의 조작 사건으로 시달려야 했다. 이러한 내무부의 무모한 탄압에 대하여 법무부 측은 정식으로 항의하였고, 결국 국회에까지 정치 문제화되어 세상을 떠들썩하게 하였다. 해방 후 흥사단에 대한 노골적인 첫 탄압의 막은 이렇게 올려졌다.' 한흑구와 함께 조국의 독립을 위하여 힘을 모으고 활동하였던 최능진은 이승만 정권 아래에서 친일파 척결과 반독재운동에 앞장서 투쟁하다가 희생당하였다.[26]

도산 정신에 철저하였던 한흑구는 우리나라의 과도기 상황에서 벌어지는 정치적 혼란과 어둠을 체험하였고, 조국과 민족을 사랑하는 그의 마음에는 일제로부터 해방된 3년 동안 다시 민족이 분열되는 모습을 보았다. 일제강점기 동안 조국의 독립을 위하여 노력했던, 민족을 사랑하고 나라를 걱정했던 마음이 일순에 혼란과 갈등에 싸이는 자괴감(自愧感)을 느꼈을 것이다. 이런 여러 가지 이유로 한흑구가 이승만 정부와 함께할 수 없는 이유를 읽을 수 있고, 그가 정부 수립 이후 포항으로 내려온 마음을 알 수 있다. 선비적이고 점잖은 즐거움을 누릴 줄 알면서도 타인의 일에 대해서는 과묵함을 잃지 않았던 한흑구는 정부나 개인을 비난하지는 않았다. 그가 포항으로 내려온 이유에는 이런 사회-정치적인 상황 외에도 개인적으로 건강상의 이유가 있다. 그는 당시 폐디스토마를 앓고 있었다. 어느 날, 포항에 들렀을 때, '폐디스토마에는 바다의 맑은 공기와 바다에서 나는 신선한 굴을 먹으며 요양하는 것이 좋다'는 담당 의사의 말을 듣고, 포항 이주를 결심하였다. 그의 수필 「문단교우록」에 "해방 후, 서울에서 사 년간 살다가 몸도 쇠약해서 바닷가에 살고자 나는 포항으로 내려왔다."라고 짧게 적어 놓았고, 이후 1964년 3월 10일 자 『경향신문』 인터뷰 기사 「항구 포항의 시인 한흑구」에는 "전쟁 무렵에 그놈의 공산당이 싫었고, 그래서 전선을 멀리 하자니 여기가 제일 좋을 것 같더군요. 바다도 좋고 경상도 기질도 좋고 술맛 좋고….”²⁷ 해서 서울 생활을 청산하였다고 회고하고 있다. 그가 평양을 떠날 때도 공산당이 싫어서였고, 서울을 떠날 때도 역시 공산당이 싫은 것이 이유의 한 축이었다. 한흑구는 오래전부터 폐 건강에 다소 문제가 있었다. 정확히 언제부터인지는 알 수 없지만, 수양동우회 사건이 발생하기 전부터 이 문제를 안고 있었던 것으로 보인다. 그가 연곡리로 이주한 뒤 1942년에 쓴 수필 「농촌춘상」에 보면 이런 내용이 있다.

> 불규칙하나마 호미를 들어 채포(菜圃)도 만지고 별 맑은 밤에 고서를 뒤적거리는 일도 무의한 일은 아닌 듯싶다. 신선한 대기와 태양과 흙 향기 속에는 무한한 생명의 활력소가 있는 것이다. 어느덧 3년에 비록 나의 몸이 비대하여지지는 못하였으나 건강하여졌었고, 도시에서는 겨울마다 기침을 쉬지 못하던 나의 폐부가 튼튼하고 깊어진 감이 없지 않다.²⁸

그는 규칙적인 주경야독의 어려움이 있었지만, 농사를 지으면서 고서를 읽는 일에 의미를 부여하였다. 그는 자연 속에서 얻은 생명의 활력소 덕분에 살은 찌지 않았지만 건강하였다는 것과, 도시 생활에서는 겨울마다 기침을 달고 살았던 그가 폐와 기관지의 건강이 좋아졌다는 이야기이다. 이런 그가 서울로 내려와 다시 도시에서 살아가면서 정치적 스트레스와 인간관계의 복잡함을 견디면서 살아가는 일은 분명 쉽지는 않았을 것이다. 이처럼 한흑구가 포항으로 내려온 이유는 개인의 건강상의 문제와 사회정치적인 요인들이 복합적으로 작용했기 때문이다. 후일 그가 아내에게 보낸 글에서 "우리나라의 정치가들 가운데서도 미를 창조하는 위대한 시인이 나오기를 나는 고대하오. 자유, 평등, 박애를 위하여 흑노(黑奴)들을 해방하여 인류의 인간미를 창조하신 위대한 시인 정치가 에이브러햄 링컨 같은 정치가"29를 기대했던 것으로 보아 어쩌면 그의 마음속에는 하나의 이상적인 정치, 이상적인 정치가가 있었을지도 모른다.

번역과 창작 활동

포항시 북구 남빈동 530번지, 그가 마련한 새로운 생활 터전이었다. 그는 포항 송도 앞바다를 벗 삼아 매일 산책하였고, 깊은 사색의 시간을 보냈다. 그리고 쇠약해진 건강을 추스르면서 가정을 돌보고, 또한 자연을 소재로 많은 글을 쓰기 시작했다. 특별히 그에게는 두 가지 꼭 이루고 싶은 것이 있었다. 하나는 조국 해방을 맞아 꿈에 부푼 청년들의 미래를 위하여 미국 유학을 설계하는 젊은이들에게 유익한 안내서를 제공하는 일이었고, 둘째는 미국 문학을 좋아하는 젊은이들에게 미국의 현대시를 소개하는 일이었다. 그중에서 이미 서울에서 집필을 마친 『미국의 대학제도』(1948년 5월, 서울국제출판사)는 포항으로 오기 전 출판되었다. 당시 유력 일간지들에서는 신간 소개를 했고, 조선일보에는 소형 광고도 나왔다. 그는 자기의 수많은 창작물과 평론과 연구물들이 있었지만, 자기의 명성을 위한 저서는 한 권도 출간하지 않았다. 그러나 조국의 청년들을 위하여 처음으로 단행본을 발간한 것이 그가 청년의 미래를 생각하는 마음이 어느 정도였는가를 짐작하게 하는 대목이다.

그리고 그는 1949년 들어 수필 「나의 벽서」를 발표한 후 개인적 창작품보다는 미국 문학을 더 소개하였다. 그러므로 다른 해에 비해 발표한 작품의 수도 많지 않다. 물론 청천(聽川) 김진섭(金晉燮)의 수필집 『생활인의 철학』에 대한 평을 『동아일보』(1949. 4. 2.)에 발표하기도 하지만, 1949년 이전부터 그가 많은 시간을 할애한 것은 미국 문학과 문화를 소개하는 일이었다. 예를 들면 「미국문학의 진수」, 「미국과 미국인」, 「미국문단」, 「이미지스트의 시운동」 등이 그것이다. 「미국문학의 기원: 식민지시대의 미국문학」을 『백민』(1949. 6.)에 발표한 것을 비롯해 번역시 「항해」, 「시인과 펭귄조」 등을 소개하기도 하였다. 그가 번역하고 편집한 단행본 『현대미국시선』(선문사, 1949. 6. 10.)은 그가 오랜 시간 정성을 들인 작품이다. 한흑구는 루이스 언터메이어(Louis Untermeyer)[30]가 모은 『Modern American Anthology』를 참고하여 펴낸 것이라고 했다. 한흑구는 미국 각 시인의 시집 중에서 명작만을 소개하고 싶었으나 이곳(한국)에서는 구할 수 없었다. 영시와는 달리 미국시의 번역은 자유형의 장시가 많아 어려웠지만, 의역을 좋아하지 않아서 직역주의로 번역하였다는 이 책은 원문과 역주를 달고 시인들의 평전을 함께 수록하고 있다. 이로써 그가 펴내고 싶었던 두 번째 목표가 이루어졌다. 이 역시 유력일간지에 신간 안내도 나왔고, 출판사의 광고도 여러 번 게재되는 등 당시 사회의 주목을 받았다. 특히 이 책은 채정근(蔡庭根)의 서평[31]과 김을윤(金乙允)의 서평[32]에서 말한 것처럼 미국 문학을 좋아하는 이들이 좀 더 다가가는 책이 되었다.

 미국 문학과 문화를 소개하는 가운데 그는 몇 편의 의미 있는 수필과 문학론을 발표하기도 하였다. 이미 앞에서 언급한 작품 외에 「화단의 봄」, 「문예독본」, 「마음의 시내」, 「여름단상」, 「나무」, 「수필문학론」, 「흑인문화의 지위」 등을 발표하였다. 이 가운데 「나무」는 '시의 서정성과 예술혼이 그대로 옮겨진, 그가 남긴 수필 가운데 명작으로 꼽는 몇몇 수필 가운데 하나이다.

『문화(文化)』에 발표한 「나무」의 끝에는 1947년 2월 8일 탈고한 것으로 기록을 남겨두었지만, 사실은 1946년 여름에 글의 초안을 잡은 것이다. 그것을 약 1년 정도 묵혀둔 것을 이듬해 2월에 탈고하였다. 그 사연을 잠시 살펴보면 다음과 같다.[33]

> 1946년 여름, 서울 남산 아래인 필동에 살고 있을 때 「나무」라는 열 장 정도의 짧은 수필을 한 편 초(草)했다.
>
> 나무에 대한 글을 하나 써보려고 마음먹고 있은 것은 거의 구 년째나 되었다.
> 가끔 나무에 대한 착상을 해보았으나 좀처럼 작품으로 구성이 되지 않았다. 그러던 중 이상로 씨가 『문화』라는 잡지를 창간하는데, 짧은 글 하나를 꼭 써달라고 졸라댔다.
> 처음에는, 시로 써보려고 했던 것을 좀 늘려서 수필로 쓴 것이 아홉 장 반의 짧은 산문이 되고 말았다.

이를 이해하기 위해서는 한흑구의 일제강점기의 삶을 먼저 이해하는 것이 도움이 된다. 아무튼 그가 평양을 떠나 자리 잡은 서울의 남산 아래에 있는 필동 자택은 남산이 잘 보이는 곳이고, 그의 수필에서 말하듯이 소나무 혹은 송림이 잘 보이는 곳이다.

[그림 17] 광복 후 최상수 민속학자의 집에서. 오른쪽 첫 번째가 한흑구, 그 아래 앉은 이가 방정분. 왼쪽에 앉은 이가 한흑구의 장자 한동웅. 제공: 한동웅

한흑구는 청소년과 청년 시절에 시를 썼으며, 소위 작가로서의 데뷔를 시로 시작하였지만, 수양동우회 사건 이후 일제의 감시 아래 시를 발표하기가 어려웠고, 해방될 때까지 공식적으로 발표한 시는 없다. 그러나 '시'에 대한 그의 관심과 향심은 변함없고, 그가 쓴 산문의 기초를 이룬다. 그는 "시는 문학의 모체"라고 말하면서 "어떠한 산문 작품이라 할지라도 시 정신이 내포되어 있지 않으면 문학이 될 수 없을 것이다."[34]라고 말하기도 한 그가 잡지 『문화』에 발표할 글을 '시'로 쓰려고 생각한 것은 그가 시인이었다는 사실을 상기시켜 준다.

그가 "나무에 대한 글을 하나 써보려고 마음먹고 있은 것은 거의 구 년째나 되었다."라고 말한 것을 기초로 한다면, 이 작품은 그가 처음 구상한 이후 9년 만에 나온 작품이라는 것을 알 수 있다. 그 9년이라는 시간이 집필의 시간을 말하는 것이 아니라 '사색과 사유'의 시간임을 우리는 알고 있다. 그가 나무에 대한 글을 써보려고 마음을 먹은 계기가 무엇인지는 정확히 알 수는 없지만, 그가 수양동우회 사건 이후, 1937년 여름, 평양의 가산을 모두 정리한 후 평양에서 60여 리 떨어진 평안남도 강서군 성대면 연곡리로 이주한 후 자택을 '성대장'이라 이름을 붙이고, 손수 주변의 넓은 밭과 과수원을 일구며 일제의 압력과 굴욕을 넘어 굳건하게 지조 있는 삶을 이어갈[35] 무렵, 은둔의 삶을 함께 지켜온 주변의 나무들에 대한 명상에서 비롯한 것은 아닌지 추측한다. 시기적으로도 그가 9년째 된다는 것과 거의 비슷한 시기이기도 하다. 실제로 그는 그 무렵 농촌에서 자연과 벗 삼은 글들을 다수 발표하기도 하였다.

나는 나무를 사랑한다.
성자(聖者)와 같은 나무.

아름다운 여인과 같은 나무.
끝없는 사랑의 어머니의 품과 같은 나무.
묵상(默想)하는 시인과 같은 나무.
　　나는 나무를 사랑한다. (47. 2. 8.)[36]

"나는 나무를 사랑한다."라는 구절이 문장의 중간에 반복되는 것이 보여주듯 이 작품의 주요 내용은 바로 그가 나무를 사랑한다는 것이고, 그것을 증명이라도 하듯이 자기 생각을 구체적으로 펼치고 있다.

한흑구는 중학 시절, 즉 평양의 숭인학교에 다닐 때, 아버지 한승곤 목사로부터 받은 편지 내용 중에 "송림이 되었다가 후일에 나라의 큰 재목이 되라."라는 구절을 자주 떠올렸다고 한다. 그의 아버지가 일러준 그 말씀이 하나의 씨가 되어 열매 맺은 것이 아니겠는가? 그리고 구체적으로 어느 선철(先哲)인지는 모르지만, 그가 가슴에 품고 있는 선철의 말도 나무를 더욱 사랑하는 마음을 돋운다고 했다. 아버지와 선철의 말씀은 '후일의 재목'이 되어야 한다는 생각을 깊이 품게 되었다는 것을 알 수 있다.

한흑구가 20대에 쓴 글들을 보면 잃어버린 조국의 주권을 찾기 위하여 젊은이들, 특히 미국에 거주하는 젊은이들에게 현실을 자각하고, 깨어있는 삶을 촉구하는 글을 썼고, 그런 활동을 하기도 하였다. 그가 '후일의 재목'에 대하여 어떤 인물을 구체적으로 그렸는지는 알 수 없지만, 어떤 일을 하든 민족과 조국을 사랑하는 일에 역군이 되어야겠다는 마음을 가진 것은 확실하다. 이런 마음이 그의 삶에서 실천되고 하나의 생활 철학으로 자리 잡은 것은 어린 시절부터 새겨온 부모님의 말씀과 그가 속한 그리스도교와 대사회적 단체로부터 받은 사상적 영향이었음을 쉽게 짐작할 수 있다.

한흑구는 "나무를 사랑한다."라는 말을 반복하면서 어떤 나무든 상관이 없다고 한다. 그 어떤 나무의 공통된 속성은 '아무런 말이 없는' 것이다. 생명을 지닌 것 중에 말 없는 것이 있는가? 한흑구는 바로 생명과 침묵에 관한 사색의 결과 이 작품을 얻었다. 아무런 말이 없어도 생명을 삶을 이어가는 나무의 속성을 인간 삶의 모습에 연결하고 있다. 물론 나무가 보여주는 그 모습은 나무가 스스로 만들어 내는 모습이 아니라, 한흑구가 자신의 내적 성찰을 통하여 얻은 바를 나무에 투사하여 표현한 것으로, 그가 지닌 삶의 철학을 드러낸 것이다.

그는 하루의 시간 흐름 안에서 발견하는, 아니 사색하는 자기 내면을 나무에 투사하고 있다. '아침에 조용히 머리를 수그리고 기도하는 나무'는 자기 모습이다. 그는 그리스도인으로서 아침에 일어나 올리는 '아침 기도'의 삶을 살았고, 넘치지도 않고 모자라지도 않은 믿음의 삶으로 일생을 보낸 작가이다. 마치 나무처럼, 있는 모습 그대로 하늘 향하는 자신이 바로 그 나무이다. 그뿐만 아니라, '밤에는 시인과 같은 나무'의 모습이기도 하다. '잎마다 맑은 이슬을 머금고 흘러가는 달빛과 별 밝은 밤을 이야기하고 떨어지는 유성'을 헤아리는 자기 모습이다. 실제로 그는 노스 파크(North Park) 대학 영문과를 다닐 때도 밤을 아껴가며 영시와 우리 시를 썼고, 마침내 시인으로 등단했을 때, "님이여, 나는 시를 쓰는 사람이 되었노라!" 하고 고백하기도 하였다.

낮과 저녁 시간의 나무에서는 '여인과 어머니'의 모습을 그리고 있다. 이 여인의 모습은 한흑구의 내면에 자리한 여인상이기도 하다. '새들을 품고 태양과 속삭이는 성장한 여인'을 거쳐 저녁이면 '새들과 아이를 부르며 선 어머니'의 모습을 나무에서 발견하고 있다. 새들을 품고 태양과 속삭이는 순수함을 지닌 성숙한 여인의 모습은 한흑구의 여인상이기도 할 것이다. 구체적으로 이러한 여인이 좋다고 하기보다는 그의 수필 「현대여성풍경」(『부인공론』 1권 4호, 1936)에 드러난 비판적 여성 풍경을 역으로 생각해 보면 이러한 것을 충분히 짐작할 수 있다.

그리고 한흑구에게 어머니는 영원의 구원상 같은 느낌을 받는다. 한흑구의 어머니가 1936년 선종 후 그가 노래한 시 「가신 어머님」을 보면, "나를 나시고 미래를 나시고 / 과거를 나시었던 나의 어머니", "몸은 싸늘한 흙 속에서 / 암흑과 침묵의 지심 속에서 / 죽음이라는 절대의 시간과 흘러가지마는 / 아직도 외아들을 사랑하시는 그 마음 / 내 귀에 말이 되어 들려주시고, / 내 등에 손이 되어 어루만져" 주시는 어머니로 묘사하면서 영원히 함께하기를, 무한대의 사랑이 함께하기를 기원하고 있음을 확인할 수 있다.[37] "저녁에는 엷어 가는 노을이 머리끝에 머물러 날아드는 새들과 돌아오는 목동(牧童)을 불으고 서 있는 사랑하는 젊은 어머니"의 이미지가 반드시 한흑구의 어머니 이미지일 것은 아니다. 그가 살아오는 동안 관찰하고 내면화한 여러 어머니와 중복되는 이미지가 있을 것이지만, 그 깊은 내면에는 어머니가 지닌 무한대적이고 조건 없는 사랑의 이미지가 공통으로 존재하는 것이다. 바로 그것을 말한다.

그가 보여준 시적 서정성의 내면에는 그가 오랜 시간을 성찰하고 사색한 영적인 숨결이 흐르고 있고, 그 숨결은 한흑구라는 한 페르소나(persona)를 형성한 것이고, 그 페르소나의 행위가 한 갈래로 만들어진 작품, 시적인 서정성과 삶의 철학이 함축적으로 드러난 수필이 바로 「나무」이다.

그가 평소 삶의 자세가 열정적이면서도 진지한 면이 있다는 것, 젊은 시절부터 사물을 대하는 태도가 그러하며 철학자의 눈빛으로 세상을 보는 경향이 있다는 것을, 그의 여러 수필 속에서 읽을 수 있다. 그는 스스로 철학가임을 자처하기도 하였다. 미국 필라델피아의 템플 대학에서 저널리즘을 공부하고 있을 때 안익태(安益泰)와의 교우를 기록한 「예술가 안익태」에 보면 이러한 내용이 있다. 두 사람이 필라델피아 시청 앞 시립도서관 광장을 걸으면서 안익태가 '발뒤축을 높이 떼었다 댔다 하면서 멋지게' 걷는 모습을 보고, "이 사람아, 이 세상엔 음악이면 제일인가! 나는 철학가이거든. 이렇게 천천히 걸으면서 사색을 하는 거야. 지금 우리는 이 거리를 걷고 있지만 지구 위를 한 발자국 한 발자국 걸어가고 있지 않는가 하는 사색을 하면서 걸어가는 것이야."라는 진심에서 확인할 수 있다.

그의 시편 곳곳에서, 그의 수필 곳곳에서 묻어나는 철학적 사색의 흔적들을 통하여 그가 얼마나 사색의 삶을 즐겼는지를 알 수 있다. 「나무」를 얻기까지 9년의 사색이 있었다는 그의 고백, 그 사색의 여운들은 그의 수필 「노목을 우러러보며」나 「나무·기이」 등에서도 느낄 수 있다. 예술과 철학에 깊이 골몰해 온 한흑구의 예술혼을 감지할 수 있는 작품, 일제강점기를 지나 혼란의 해방기에서 조국과 민족을 사랑하는 내용의 수필들 틈에서 그의 깊은 서정성을 바탕으로 한, 시와 같은 수필을 만난 것은 우리에게는 행운이다.

문화운동과 이북인회 조직, 그리고 전쟁

1948년, 남한 단독정부가 수립된 후 북에서는 12월에 소련군이 철수하고, 남에서는 1949년 6월 군사 고문단만 남기고 미군이 철수하였다. 그러자 북에서는 약칭 북로당과 남로당이 조선노동당으로 통합한 후 조국통일민주주의전선을 조직하였다. 남에서는 좌익과 반대파에 대한 이승만 정권의 탄압이 시작되고, 급기야 6월 26일에는 김구(金九)가 암살되는 사건이 벌어졌다. 때를 맞추어 북은 7월부터 빨치산을 남파하기 시작했고 북에서는 대남 공격을 구체적으로 준비하기 시작했다. 그리고 이듬해 소련의 스탈린이 북한의 대남 공격을 찬성한 것이 1950년 4월이었다.

머지않은 시간에 전쟁이 일어날 것이라는 예감으로 포항에 내려온 지약 1년, 한흑구는 다시 서울을 찾았다. 여러 친구를 만나고 다시 포항으로 내려갈 즈음, 그는 서울에 다시 온 소감을 친구에게 보내는 편지글로 남겼다. 「서울을 다시 보고 — 나의 사랑하는 벗에게」라는 제목을 단 수필 속에는 당시 한흑구의 복잡한 심경이 녹아있는 듯하다. "나는 본래 도시서 생장하였기에 때문에 시골을 좋아할 뿐이다."라고 말문을 연 그는, 정제된 표현보다는 마치 친구와 대화를 나눌 때, 생각나는 대로 자기 마음을 풀어가는 투로 적은 그의 속내는 왠지 쓸쓸해 보인다.

> 역사 이전부터 인류가 몇억만 년이나 지상에 살아왔었든지 오늘 와서는 『나』하나를 위해서 인류가 살았고 역사가 있었던 것도 사실이다. 이렇게 귀한 『나』를 발견할 때 얼마나 내가 위대한 것인지를 알 수 있고 세상의 모든 것을 받고도 바꿀 수 없는 『나』인 것을 자랑할 수도 있다.
>
> 그러나 벗아! 이러한 역사를 지닌 위대한 『나』를 자랑하는 것도 좋지마는 또한 미래에의 위대한 『나』를 자자손손이 대 이을 중한 책임이 있는 것을 잊어서는 안 될 것이다.
>
> 벗아! 우리는 이러한 『나』를 낳은 어버이고 또 책임자이다. 이것을 감당하지 못하는 곳에 우리의 자살적 행동이 있을 뿐이다.[38]

소설을 쓰는 친구와 논쟁하듯, 아니 '자살적 행동'을 운운하는 그에게 교술적 이야기를 들려주는 한흑구의 평소 윤리관과 인간관을 알 수 있다. 인간 존재의 역사적 현존과 그 의미를 손상할 수 없는 인간의 책임감을 들려주고 있다. 이는 그가 선대로부터 이어온 삶 철학의 반영이고, 그의 삶을 지탱하는 하나의 가치였다. 그렇다고 한흑구는 마냥 이렇게 윤리 철학적인 면만을 강조한 것은 아니다. 그 이면에는 부드러움과 소박함도 있다. 오랜만에 서울에 왔는데, 자기가 좋아하는 술은 사주질 않고 친구들이 다방에서 차만 열 잔도 더 먹었다는 재미난 이야기와 '물을 마시기 위하여 술을 먹는다.'라는 논리는 그의 유머를 보여주는 대목이라고 할 수 있다. 그렇게 한흑구는 신사적이고도 따뜻한 인간미를 지닌 사람이었다.

서울 생활을 청산하고 포항으로 내려온 그는, 소위 중앙문단이라 일컫는 곳에 자리한 이들과 교류마저 끊은 것은 아니었다. 오히려 더 많은 사색의 시간을 가지면서 양질의 작품을 많이 생산할 수 있었다. 순수문예적 창작물도 많지만, 미국과 그 문화에 대한 소개와 안내를 다룬 글들이 많았다. 「미국 여성의 지위」, 「앤더슨의 예술」, 「최근의 미국 소설」, 「월트 휘트맨론」, 「미국의 신년제」, 「신비의 제금가 이후디 메누힌」, 「초당 강용흘 씨의 출세 비화」 등이 그것이다. 이 가운데 「초당 강용흘 씨의 출세 비화」는 '한국계 미국인 문학의 아버지'(The father of Korean American literature)라는 별명이 있는 강용흘(姜龍訖)에 관한 이야기인데, 당시 우리나라의 대중에게도 주목받았던 작가였다.[39] 이와 같은 글은 우리나라의 대중들에게 들려주는 세계 문화, 구체적으로 미국문화 이야기로써 이는 그가 지닌 언어력과 삶의 이력, 그리고 영문학과 신문학을 공부한 경험들이 어우러져 만들어낸 그만의 특장적(特長的) 문장들이며, 당시 미국 중심의 문화에 관한 관심이 높아지던 시기의 시대적 요청에 따른 집필이었다. 그렇다고 반드시 미국문화만 소개한 것은 아니었다. 자기의 철학적 사색과 경험을 바탕으로 한 사랑관 혹은 결혼관이라고 할 수 있는 「사랑과 연애결혼」을 발표하기도 하였다. 이뿐만 아니라 포항 생활을 중심으로, 과거 평양 생활, 미국 생활 등을 통해 얻은 문화에 대한 성찰과 진단, 그리고 제언이 담긴 「문화의 보급: 문화를 지방으로」는 그가 국가와 국민을 얼마나 사랑하는지를 충분히 가늠할 수 있는 글이기도 하다. 민족문화의 수립, 대중과 함께하는 문화운동의 촉진, 지방 중심의 문화운동 전개 등이 민주주의 국가 형성에 미치는 요소 등을 말하고 있다. 지방시대를 부르짖는 21세기 우리나라의 현안을 1950년에 그대로 말하고 있다는 점은 그의 예지적인, 그리고 미래지향적인 안목을 읽을 수 있다. 그 내용을 일부 가져오면 다음과 같다.

문화의 보급화가 없이는 진정한 의미의 민족문화를 수립할 수 없는 것이다. 어느 나라를 막론하고 그 나라의 문화를 평가할 때에는 먼저 그 나라의 대중의 문화정도 여하로서 그 나라의 문화 수준을 논단하게 될 것이며 대중의 문화 수준이 높을수록 그 나라의 문화의식이 고도로 발달하고 있다는 것을 알 수 있게 될 것이다. 우리의 문화를 찬란히 빛내려면 먼저 이 다수의 대중을 위한 문화운동의 촉진이 있어야 할 것이며 이로써만 우리 문화의 실제적 가치가 발휘될 수 있을 것이다.

민주주의 국가인 미국은 모든 문화의 부문을 지방 중심에 치중하였던 것이니 그 결과는 가장 좋은 것으로써 문화의 보급화를 신속(迅速)하게 성취할 수 있었다. 지방을 중심으로 하는 문화운동의 좋은 점은 이러한 것을 들 수 있다.

(1) 신문, 잡지, 라디오 등의 간접적인 지도보다도 문화의 직접적인 교양을 얻을 수 있는 것.
(2) 이러한 직접적인 문화운동은 대중의 문화의식을 보다 더 고양하게 되고 이러한 문화의식은 전반 문화에 대한 향상심을 자극하게도 된다.
(3) 대중의 문화의식은 점점 보편적으로 보급되는 동시에 한 개인으로부터 한 가정, 한 부락, 한 지방으로 형성하는 집단적인 문화의식으로 변천하고, 나가서는 자립적인 문화운동이 발기된다.
(4) 지방에까지 일반 대중의 문화가 발달이 되면 자연히 중앙의 문화운동이 반응적으로 기세를 올리게 될 것이며 이와 같이 전 국가는 문화의 보급화를 기하여 진정한 민족문화의 수립을 볼 수 있게 될 것이다.
(5) 문화의 지방중심은 무엇보다 나라를 부강하게 하고 민주화하는 중대한 요소를 갖고 있다.

선진국인 미국에서는 각 주, 각 군, 각 도시에 수십 개의 관사립의 대중학교(大中學校)가 있으며 문화가 보급화된 나라인 만큼 교육 수준에 대차가 없는 것이다. 우리는 먼저 교육기관을 지방을 중심으로 해서 문화의 대중을 촉진하여야 할 것이다. 문화와 산업의 지방중심화의 운동은 경제적 입장에서 여러 가지로 이로운 것이며 또한 진실한 대중의 문화생활을 가져올 수 있는 것이 이것이 곧 민주주의 운동의 요소도 될 수 있는 것이다. 일반 대중이 문화를 알고 문화의 혜택을 입을 수 있는 데서만 진정한 민주주의의 국가가 형성될 수 있을 것이다.

지방에 와 있는 관계로 지방을 알 수 있고, 지방을 알아볼 때 그 무허(無虛)한 지방인의 문화 정도에 놀라지 않을 수 없다. 이러한 지방의 현실을 타개하기 위해서 우리는 하루바삐 실제적으로 문화운동을 일으키지 않으면 안 될 것이다.

우선 나는 『서울제일주의』의 봉건적 사상에서 문화인들 자신이 먼저 뛰쳐나와야 할 것을 주창한다. 대중이 알지 못하는 문화 대중이 즐길 수 없는 예술은 아무 발전성도 보급성도 없을 것이다. 이 때문에 나는 민족문화의 보급을 위해서 당국과 문화인들이 하루속히 지방을 중심으로 하는 대중문화운동의 촉진이 있기를 바란다.[40]

문화운동이 민주주의 국가 형성에도 중요한 요소가 됨을 간파한 그는 대중의 처지에서, 대중의 눈으로, 대중을 위한 정책이 필요하다는 것을 강조하였다. 미국 생활에서 얻은 삶의 경험이 공산주의에 대한 비판적 시각을 지니게 되었고, 포항에 정착한 후에도 이북에서 월남한 사람들과 지속적인 관계를 유지하면서 민주 사회 형성에 어떻게 이바지할 것인지 항상 고민했던 것으로 보인다. 이런 고민은 포항을 중심으로 한 지역의 이북인들의 모임으로 이어졌다.

1950년 6월, 포항시와 영일군 등의 동해지구에 거주하는 월남이북인들이 모여 이북인회(以北人會)를 조직하였다. 그 목적은 월남이북인들의 사상 통일과 행동 통일을 꾀하기 위함이었던바 공식적으로 '동해지구 이북인 6도 대표단'에 한흑구가 포함되어 있다. 함경남도에 조선우(趙善羽), 함경북도에 맹용창(孟用昌), 평안남도에 한세광, 평안북도에 백형식(白亨植), 황해도에 이인환(李仁煥), 강원도에 이경영(李卿永) 등 여러 수명이 회를 구성하였으며, 회장은 조선우가 맡았다.[41] 이들이 구체적으로 어떤 일을 했는지는 알려진 것이 없지만, 보도된 내용으로 본다면 남쪽에서 살아가는 이북인들이 민주사회 형성에 일조하기 위한 사상과 행동의 통일을 하고, 이를 위한 자조적 활동을 염두에 둔 것으로 판단한다. 그러나 이런 활동이 꽃을 피우기도 전에, 이로부터 열흘 뒤, 우리 민족의 비극인 6·25전쟁이 일어났다. 한흑구는 부산으로 피난을 갔다. 그는 후일, 이렇게 기록해 두었다.

포항이 점령되기 하루 전에 가족과 걸어서 한 주일 만에 부산으로 피난을 갔다. 안강, 경주, 울산을 거쳐서 부산으로 가는 길이 안강전투 때문에 길이 막혀버렸다. 할 수 없이, 동해변을 따라서 양포, 감포, 송정을 휘돌아 울산으로 들어가는 길밖에 없었다. 열세 살, 열한 살, 일곱 살짜리 아들 삼 형제를 앞세우고, 아내와 나는 네 살 난 딸애를 번갈아 업으며 한 주일을 꼬박 걸어가야만 했다.

'힘이다! 약자는 짓밟히고 쫓겨가야만 하나!'

"나는 백날을 양으로 사는 것보다 하루를 사자와 같이 굳세게 살겠다!"
이렇게 부르짖고, 스탈린에게서 떨어져 나온 유고슬라비아의 티토 대통령의 말을 되새기면서, 나는 동해변의 자갈길을 걸어서 부산으로 쫓겨갈 수밖에 없었다.

너, 길가에 서 있는
작은 다복솔아!
우리가 다 죽어가도,
너만은 푸른빛을 잃지 말고
이 땅을 지켜다고.

나는 이런 탄식을 하면서, 남으로 남으로 쫓겨갔다.[42]

그렇게 민족의 비극 6·25전쟁의 화마는 한반도 전체를 휩쓸기 시작했고 한흑구는 가족들과 함께 부산으로 피난했다.

부록 1. 흑구 한세광의 필명과 표기에 관하여 252
부록 2. 인터넷 게시 사전류에 나타난 한흑구의 이력에 관하여 260
부록 3. 독립운동가 한승곤(韓承坤) 272
부록 4. 농촌계몽운동가 방정분(邦貞分) 283

부록 1.

흑구 한세광의 필명과 표기에 관하여[1]

1

　하룻밤을 자고 나서 갑판에 올라, 갈매기가 다 달아났을 것이라고 생각하며 배꼬리 쪽을 살펴보았더니, 웬일인지 검은색의 갈매기 한 마리, 단 한 마리가 긴 나래를 펴고 배를 쫓아오고 있었다.
　그 검은 갈매기 한 마리는 하와이에 올 때까지, 바람이 불거나 비가 와도 그냥 한 주일이나 쉬지 않고 쫓아왔다.
　"비가 오거나, 바람이 불거나, 옛것을 버리고 새 대륙을 찾아서 대양을 건너는 검은 갈매기 한 마리, 어딘가 나의 신세와 같다."
　이런 구절을 일기에 쓰다가, 문득 나의 필명으로 사용하기로 생각했다.
　'흑구(黑鷗)'라고 하면, 흰 갈매기들만 보던 사람들은 혹시 역설적이라고 생각하지 않을까 하고도 염려했으나 그것은 아무 문제도 되지 않는다고 생각했다.

　위의 글은 흑구 한세광이 쓴「나의 필명의 유래」의 한 부분이다. 이를 근거로 언제부터인가 한흑구의 문학을 연구하거나 그와 관련한 글을 쓰는 사람들은 그를 지칭하여 '검은 갈매기'라고 했다. 그가 검은 갈매기 한 마리를 보고 "문득 나의 필명으로 사용하기로 생각"하고, '흑구(黑鷗)'라고 쓰기로 했지만, 정작 그가 처음으로 필명을 써서 글을 발표한 것은 [그림 18]에서 보는 것처럼 '검갈매기'였다. 이는 '흑구(黑鷗)'의 우리말식 표현으로 한자어보다는 우리말로 먼저 표기를 했고, 그 표기가 '검은 갈매기'가 아닌 '검갈매기'로 표기한 것이다. 그는 1929년 미국에 도착한 후 학업과 아르바이트, 청년회 활동, 창작 활동 등을 하면서 여러 편의 글을 발표하였다. 처음에는 그의 본명인 '한세광'을 사용하였지만, '흑구'라는 한자어보다는 '검갈매기'라는 순우리말을 먼저 사용하였다.

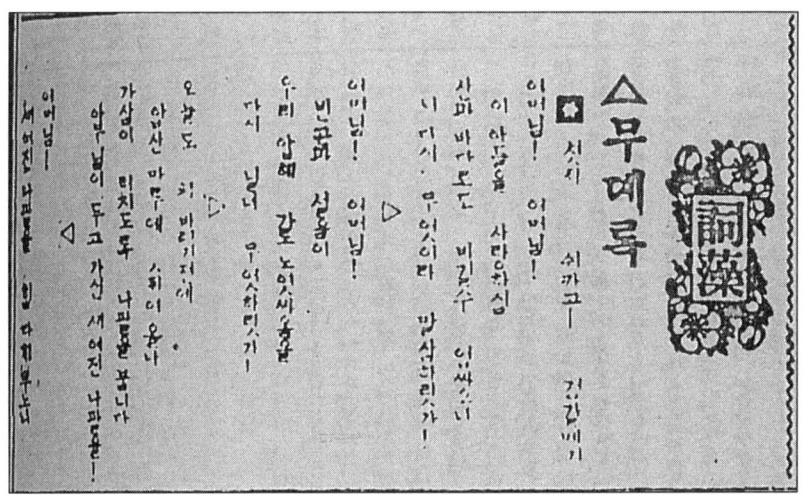

[그림 18] 『신한민보』(1929년 12월 12일)에 게재된 **한흑구가 필명 '검갈메기(검갈매기)'로 발표한 시 「무예록」의 첫 부분.** 출처: 대한민국 신문아카이브

한세광은 1929년 12월 12일 『신한민보(新韓民報)』에 그의 시 「무예록」을 발표하면서 필명 '검갈메기(검갈매기)'를 썼고, 필자의 이름 앞에 '쉬카고'라고 자기 연고지를 기록하고 있다. 이를 기점으로 그는 같은 신문 1930년 5월에 발표한 시 「도원의 봄」에서도, 그해 6월에 로버트 번

스(Robert Burns)의 시 두 편을 초역하여 발표할 때도, 7월에 짧은 수필 11편을 연재할 때도, 독립운동가 이승훈 선생을 기릴 때도 그는 필명 '검갈매기'를 적었다. 이후 '한세광'이라는 본명과 '검갈매기'의 한자 표기인 '흑구'를 사용하여 '한흑구'로 시와 수필, 소설, 평론 등을 발표하기도 하였다. 그러면 그는 미국에서만 '검갈매기'를 사용한 것일까? 아니다. 그가 유학 생활을 정리하고 조선으로 귀국한 후 1937년 창간 주재한 잡지 『백광(白光)』 제1집에 「명사순례기(名士巡禮記)」를 발표하면서 그의 필명 '검갈매기'를 사용하였다. 이로 보아 그가 미주 시절에서나 귀국 후 조선에서의 활동 중에도 '검갈매기'라는 필명을 사용했음을 알 수 있다.

'검갈매기'는 한자어 '흑구'의 우리말 풀이이고, 이는 그를 지칭하는 '고유명사'이다. 한세광을 '검은 갈매기'라고 부르는 것은 그의 고유한 필명을 다르게 부르는 것과 같다. 그의 뜻대로, 그가 표기한 대로 '검갈매기'라고 부르는 것이 작가에 대한 존경과 예우가 아닐까? 그리고 그를 '검은 갈매기 한흑구'라고 명명하는 이도 있는데 이 또한 잘못된 표기이기도 하기만, 의미 중첩의 오류를 범하는 일이기도 하다. 검은 갈매기의 이미지를 이용하여 그를 표현하고자 할 때는 '검갈매기 한세광'이라고 하는 것이 정확한 표현이다.

2

그가 유학생 생활 중 '흑구'라는 이름을 공식적으로 사용한 것은 1930년 10월인 것으로 보인다. 그는 당시 미국 시카고 청년단체에서 의미 있는 사회 활동을 전개하였는데, 그중 하나가 '사회과학연구회' 활동이다.

『신한민보』 1930년 10월 30일 자 「사회과학연구회 창립」 기사를 보면 '재미 한인 사회과학연구회 발기인 명단'에 '한흑구'라는 이름이 보인다. 그리고 1930년 12월 11일 자 『신한민보』에 필명 '한흑구'를 사용하여 작품(논문) 「리지적 감정을 론함」을 발표한 것이 공식적으로 처음인 것으로 추정한다. 물론 이전 작품이 발견되면 이는 수정한다는 조건이다. 이후 그는 필명 '한흑구'를 사용하기도 하였고, 본명인 '한세광'을 사용하기도 하였다.

본명인 '한세광'은 한자로 '韓世光'으로 표기하고, 필명인 '한흑구'는 '韓黑鷗'로 표기한다. 그런데 우리는 가끔 '구(鷗)'를 다른 한자로 표기하는 경우가 있다. 이뿐만 아니라 영어로 표기할 때도 이름을 잘못 표기하기 일쑤이다. 오늘날 영어문화권의 영향으로 우리 이름도 영어로 표기할 때가 많고, 특히 논문을 비롯한 연구물의 초록을 영어로 옮겨 지구적 시대에 호응하는 글을 내어놓기도 한다. 그런데 한세광이라는 이름과 한흑구라는 필명을 적을 때, 잘못 표기하고 있다.

한흑구는 미국 유학 시절 자기의 이름을 영어로 표기할 때 한세광을 'Say Kwang Hahn'으로 적었다. 『THE KOREAN STUDENT BULLE-TIN』 1929년 3월 호 6쪽에 그의 미국 도착을 알리는 영문 기사와 같은 잡지 1929년 11월 호 3쪽에 번역시 「The Rose Flower」를 발표할 때 'Sai Kwang Hahn North Park College'라고 적혀 있는데, 'Sai'라고 표기된 것은 그 잡지의 편집자 혹은 문선공이 그렇게 했을 가능성이 높다. 왜냐하면 그가 입학한 노스 파크(North Park) 대학과 템플(Temple) 대학에서는 그의 이름을 'Say Kwang Hahn'으로 기록하고 있고, 그가 작품을 발표한 학교 신문과 연간집에서도 그렇게 기록한 사실을 확인할 수 있다. 학적의 표기에 'Say Kwang Hahn'으로 기록된 것이 그가 공식적으로 사용한 표기이다. 특별히 그 당시 미국에서 대한인국민회와 흥사단 활동을 하였던 부친 한승곤은 자기 이름을 'Seung Kon Hahn'으로 표기하였던바 한세광도 자기의 성(姓)을 'Hahn'으로 기록하였다. 이뿐만 아니라 한흑구의 장자(長子) 한동웅(1938년생, 현재 포항 거주)도 성(姓)을 'Hahn'으로 기록하고 있다. 이는 한흑구의 성(姓)인 'Hahn'은 가계의 전통인 것을 말한다. 한흑구가 미국에 거주할 당시 본인 외에도 다수의 한 씨 성(姓)을 가진 동포들이 있었는데, 그들 가운데에는 '한'을 'Hahn'으로 쓰는 일도 있었고, 'Han'으로 쓰는 일도 있었지만, 한흑구는 'Hahn'으로 썼다. 이는 무엇을 의미하는가? 그것은 바로 '성씨 표기의 고유성'을 드러낸 것이다.

오늘날 많은 연구자가 한흑구의 성을 'Han'으로 기록하고 있다. 물론 이는 현재 우리가 사용하는 국어의 로마자 표기법의 원칙에 따른 것으로 판단하지만, 그보다 더 근본적인 이유는 한세광과 한흑구의 고유한 표기에 대한 자료가 없었기 때문으로 본다. 연구자들은 현재 표기법의 원칙에 따라 표기하려고 노력하였지만, 작가의 고유한 표기를 알았더라면 그렇게 표기하지는 않았을 것이다.

지구적 문화 시대를 맞아 우리나라의 연구자들이 자기의 연구논문을 발표하면서 영어 초록을 달아두고 있으며, 논문의 제목을 영어로 옮겨 공유한다. 이 가운데에서 연구자들이 한흑구에 관한 논문이나 연구물을 발표하면서 '한흑구'를 표기할 때, 한흑구가 자기를 표현한 것과는 다르고, 연구자마다 조금씩 다르게 표기한 것을 발견할 수 있다. 여기에서 필자는 한흑구가 생전에 자필로 남긴 '한흑구'의 영문 표기(이는 필자가 한흑구의 장자 한동웅으로부터 직접 받은 자료이며, 부친의 필명을 영어로

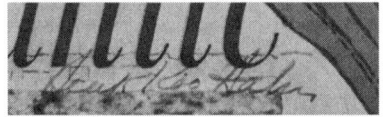 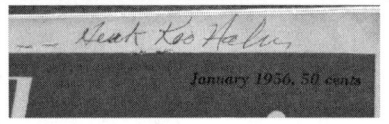

[그림 19] 1955년 10월에 발간한 『디 애틀랜틱(The Atlantic)』의 표지. 잡지의 제목 밑에 펜으로 쓴 한흑구의 자필 서명 'Heuk Koo Hahn'이 보인다. 아래 그림은 서명 부분만 확대한 것. 제공: 한동웅

[그림 20] 1956년 1월에 발간한 『디 애틀랜틱(The Atlantic)』의 표지. 잡지의 우축 상단 흰 여백에 펜으로 쓴 한흑구의 자필 서명 'Heuk Koo Hahn'이 보인다. 아래 그림은 서명 부분만 확대한 것. 제공: 한동웅

어떻게 표기하였는가에 관한 그의 증언이다.)를 소개한다. 한흑구가 직접 자기의 소유임을 표기하기 위하여 쓴 영문 잡지 『디 애틀랜틱(The Atlantic)』의 표지이다. 이 잡지는 1857년 시인 랠프 에머슨(Ralph Waldo Emerson) 등 보스턴의 지식인 그룹이 창간한 것으로 현재도 발간되고 있다. 한흑구는 이 잡지를 미국에서도 애독하였고, 귀국 후에도 꾸준하게 구독한 것으로 전해 들었다. 그가 애독한 잡지 표지 위에 한흑구는 자기의 필명을 영어로 적어서 자기 소유임을 나타냈는데, [그림 19]와 [그림

20]에서 보는 것처럼 'Heuk Koo Hahn'으로 표기하였다. 이뿐만 아니라, 한흑구는 1949년 『현대미국시선』을 서울의 선문사에서 출간했는데, [그림 21]에서 보는 것과 같이 그의 필명 한흑구를 영어로 'Heuk Koo Hahn'으로 표기하고 있다는 것을 알 수 있다.

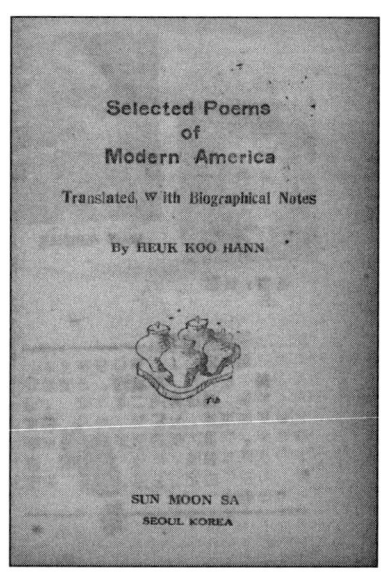

[그림 21] 1949년 한흑구가 번역 출간한
『현대미국시선』(선문사)의 속표지.

3

이름(필명)	한자 표기	영어 표기	비고
한세광	韓世光	Say Kwang Hahn	
한흑구	韓黑鷗	Heuk Koo Hahn	검갈매기 ('검은 갈매기'가 아님)

[표 1] 흑구 한세광의 이름과 필명에 대한 표기.

우리는 흑구 한세광의 이름과 필명을 표기할 때 작가의 고유한 표기를 알 수 없는 상태에서 이름과 필명을 표기하였으므로 결례하기도 하였고, 그 표기 방식도 달랐다. 위의 내용을 토대로 하면 [표 1]과 같이 한세광이라는 이름을 한자로는 '韓世光', 영어로는 'Say Kwang Hahn'으로 표기하고, '한흑구'는 한자로는 '韓黑鷗', 영어로는 'Heuk Koo Hahn'으로 표기하고, '흑구'를 우리말로 풀어쓸 때는 '검갈매기'로 표기하는 것이 맞다. 이제부터라도 흑구 한세광의 이름과 필명에 대한 표기를 작가가 사용하였던 그대로, 그 고유한 표기를 존중하는 것이 그에 대한 예우가 아닐까?

부록 2.

인터넷 게시 사전류에 나타난
한흑구의 이력에 관하여

1

　인터넷에는 일상생활에 필요한 정보뿐만 아니라, 연구와 학술에 필요한 정보들도 많이 제공되고 있고, 우리는 인터넷 정보를 수용하는 데 익숙하다. 그런 정보들 가운데에는 오류도 있고, 오류를 모른 채 사용하고, 그것을 다시 인용하는 일이 반복되어 그 잘못된 사실이 하나의 정설처럼 굳어져 우리에게 수용되는 일도 있다.
　한흑구의 이력에 관한 것도 마찬가지이다. 인터넷 포털 사이트에서 검색되는 그의 이력에 관한 정보가 잘못된 것들이 있는데, 많은 이들이 이런 사실을 모른 채 그것을 반복 인용하기도 한다. 그 가운데 개인이 알고 있는 바를 개인 블로그나 카페 등에 올렸다면, 후일 그것이 잘못된 정보임을 알았을 때 비교적 수정이 어렵지 않지만, 규모가 큰 백과사전류, 특히 종이책으로 인쇄한 적이 있는 것을 포털 사이트에 제공하여 공유하는 경우, 오류가 발견되어도 수정하여 다시 탑재하기까지는 비용 문제뿐만 아니라 시간적인 문제와 새 집필을 위한 방법과 자료 검증 등과 같은 여러 가지 어려움이 있다.[1] 물론 여건이 나아지면 조금씩 그 수정의 속도도 빨라질 것이고, 많은 연구 결과가 반영되기에 정보의 정확도도 높아질 것이지만, 그렇게 되기까지는 또 많은 시간이 지나야 하고, 그 과정에서 오류의 반복 재생이 계속 이루어진다면, 한흑구에 관한 잘못된 정보는 더욱 고착될 수도 있을 것이다.

이에, 필자는 인터넷 포털 사이트에서 쉽게 만날 수 있는 사전인 『한국민족문화대백과』, 『국어국문학자료사전』, 『한국현대문학대사전』, 『다음백과』, 『두산백과 두피디아』, 『위키백과』 등에서 한흑구의 이력에 관한 오류들을 살펴보고, 이를 수정하는 데 필요한 내용을 제공하되 사전에서 오류가 있는 부분들만 제시하고, 그 부분들에 대한 자료를 제시하여 향후 한흑구의 이력을 정립하는 데 도움이 되고자 한다.

2

위에서 말한 사전들에서 발견되는 오류들이 반복 재생되는 데에는 처음 사전류에 기재된 내용에 오류가 있어 이를 확인하지 않거나 이를 확인하지 못한 경우들이다. 따라서 이 글에서 이를 확인하고자 집필된 연도 순서대로 나열하지만, 『다음백과』, 『두산백과 두피디아』, 『위키백과』는 그것을 알 수 없어 편의상 가나다순으로 나열하였다.

2.1. 한국민족문화대백과와 국어국문학자료사전[2]

2.1.1. 1928년 숭인상업학교(崇仁商業學校)를 졸업하고

숭인상업학교는 숭인학교(崇仁學校)의 후신으로 1931년 정식으로 인가를 얻었다. 한흑구에 관한 기록들을 보면, 한흑구가 '숭덕보통학교 졸업', '숭인상업학교 졸업'을 한 것으로 표기된 것이 있다. 누군가가 기록한 그 기록에 대한 검증 없이 인용이 반복되면서, 한흑구의 이 기록은 고착되는 분위기이다. 한흑구에 대한 이 기록은 '숭덕학교 졸업'과 '숭인학교 졸업'이 정확한 것이다. 이는 한흑구가 1930년 미주 흥사단원에 가입하면서 단우 기록을 작성할 때, 본인이 직접 '숭덕학교 졸업'과 '숭인학교 졸업'이라고 하였고, 실제로 그러한 사실에 근거를 둔다. 숭덕학교(崇德學校)는 1894년 평양의 관후리에 처음 설립되었고, 1908년 보통과 4년과 고등보통과 2년의 학제를 갖추고 고등과 교육을 시작하였다. 이후 1914년 고등보통과는 4년제로 학제가 개편되었다. 이후 1922년 숭덕학교는 고등보통과를 '숭인학교'라는 이름으로 분립하고 5년제 학제로 개편한 후, 총독부에 설립허가원을 제출하였지만, 허가받지 못하였다. 그 후 비교적 설립을 위한 허가가 쉬운 상업학교 설립 인가를 신청하여 1931년 1월 각종실업학교로 인가를 얻고, '숭인상업학교'가 되었으며, 1935년 제1회 졸업생을 배출하였다.[3] 그러므로 한흑구가 숭인상업학교를 졸업하였다면 1935년 이후의 일이어야 하는데, 이 역시 맞지 않는 일이다. 결론적으로 1928년 숭인상업학교를 졸업하고'라는 표현은 1928년 숭인학교를 졸업하고'로 수정되어야 한다. 한흑구의 이력에서 '숭덕보통학교 졸업'은 '숭덕학교 보통과'의 오류이며, '숭인상업학교 졸업'은 '숭인학교 졸업'의 오류이다.

2.1.2. 홍콩에서 발간되던 『대한민보 大韓民報』에 시와 평론을 발표하였다.

이 기록도 별 검증 없이 자주 인용된다. 결론적으로 말하면 이 기록은 삭제하거나 더 정확한 지면을 확인한 다음 수정되어야 한다. 『대한민보』

는 대한협회에서 1909년 6월 2일에 창간, 1910년 8월 18일까지 펴낸 일간신문이다. 한흑구가 1909년생임을 생각해 볼 때, 『대한민보』에 시와 평론을 발표하였다는 것은 그가 태어나자마자 시와 평론을 발표하였다는 뜻인데, 이것은 누가 보아도 수긍하기 어려운 내용이다.

2.1.3. 미국에 유학할 때 동인지에 영시를 쓰고

한흑구는 미국의 노스 파크(North Park) 대학의 영문과에서 공부하였고, 조선에 있을 때부터 시인이 되고자 마음을 먹었다는 사실은 이미 알려진 일이다. 그는 이미 조선에서 시를 쓰고 발표하였으며, 미국 유학 시절에도 그러했다. 그러므로 그가 시인으로서 또한 영문학도로서 그가 다니던 대학의 시인클럽에 가입하게 되는 것은 당연한 일일지도 모른다. 『신한민보』의 기사 「한셰광 씨 시인구락부에 취쳔」이라는 제목으로 한흑구가 노스 파크 대학 안의 시인클럽에 추천받아 가입하고, 1930년에 클럽 시집도 발간한다는 내용을 보면 다음과 같다. "당지 노스 파크 대학에서 영문학을 공부하는 한세광 씨는 그 학교 안에 있는 시인구락부의 부원으로 추천을 받았는데 그 시인구락부는 약 20명의 학생으로써 조직되었고 금년에는 시집까지 발행하며 한 군의 시도 여러 편이 들어가게 된다고 하더라 - 시카고 통신."[4] 시카고 통신의 이 기사는 한흑구가 재학하던 노스 파크 대학에서 발행하던 대학신문 *North Park College News*의 1930년 3월 14일 자 기사인 「Johnson, Sundberg Head Poetry Club」에 기초한 것인데, 한흑구는 이 시인클럽의 창립회원으로 참여하였으며, 이 회에서는 같은 해 5월에 동인지 *Pegasus*(페가수스)를 발간하였다. '미국에 유학할 때 동인지에 영시를 쓰고'는 '미국 유학시절 노스 파크 대학 시인클럽에서 발간한 동인지에 시를 발표하고'로 기록하는 것이 맞다.

2.1.4. 1939년 흥사단사건에 연루되어 피검된 일을 계기로 글을 발표하지 않았다.

이때의 '흥사단 사건'은 1937년 6월부터 1938년 3월에 걸쳐 일제가 수양동우회에 관련된 181명의 지식인을 검거한 수양동우회 사건을 말한다. 그해 6월 28일에는 안창호를 비롯한 평양지회 관계자들이 체포되었고, 이어 선천지회(1937. 11.)와 안악지회(1938. 3.) 관계자들이 체포되었다. 이때 한흑구는 부친 한승곤과 함께 체포되었다. 이 같은 사실은 일제가 작성한 「경종경고비(京鐘警高祕)」 제7735호(1937. 10. 28.)의 '동우회 사건 검거에 관한 건'(평양과 선천지방 관계자 명단) 자료를 통하여 그가 체포 및 기소된 사실을 확인할 수 있다. 이 사건에서 최종적으로 재판에 넘겨진 사람은 41명으로, 한흑구는 그 명단에 없다. 체포 후 재판에 넘길 사람을 선별하는 동안 한흑구는 구류되었고, 그 후 풀려났지만, 일제의 핍박이 거세지자, 평양의 집과 재산을 정리하여 평양 근처의 시골(평안남도 강서군 성태면 연곡리)로 들어갔다. 이 사건 직후에도 한흑구는 『시건설』이나 『시인춘추』 등에 시를 발표하거나 『사해공론』, 『개벽』 등 여러 매체에 글을 발표해 왔다. 다만, 『시건설』 제8집(1940. 6.)에 시 「동면」을 발표한 후 오랫동안 시를 발표하지 않은 것은 사실이다. 그러나 6·25전쟁 이후 다시 시를 발표하였다. 1939년 흥사단사건에 연루되어 피검된 일을 계기로 글을 발표하지 않았다."라는 것은 사실과 다르다.

2.1.5. 1958년부터 포항 수산초급대학[국어국문학자료사전: 포항수산대학(浦項水産大學)]의 교수로 재직하다가

여기서 말하는 포항 수산초급대학과 포항수산대학은 현재의 포항대학교를 말한다. 포항대학교의 학교법인에서 제공하는 연혁에 따르면, 이 대학교는 1954년에 정부로부터 정식 대학 인가를 받았고, 개교 당시의 학교명은 포항수산초급대학이다. 이후 한흑구가 퇴임할 때까지 학교명이 1970년에 포항수산전문학교로, 1971년에 포항실업전문학교, 1979년 포항실업전문대학으로 바뀌었다. 한흑구가 1974년 퇴임할 당시의 학교명은 포항실업전문학교였다.

2.2. 『한국현대문학대사전』

2.2.1. 1935년 미국 쳄플대학 신문학과를 수료했다.

한흑구는 1929년 2월 미국에 도착하여 시카고 루이스 학원(Lewis Intitute)에 입학을 한 후, 같은 해 가을에 노스 파크 대학(North Park College) 영문학과에 입학한다. 이후 1932년 템플 대학교(Temple University) 신문학과에서 공부하다가 1933년 서던 캘리포니아 대학교(University of Southern California. 남가주대학교)로 전학 갔지만,[5] 곧 어머니가 위독하다는 전보를 받고 귀국을 준비하면서 미국의 친구들에게 주는 마지막 글임을 암시하며 『신한민보』에 「흑구시집편초」를 연재한다. 이후 1934년 3월 조선을 향해 출발한다. 또한 그 아래 행에 "1934년 『태평양』을 창간…"을 기록해 두었는데, 1934년 평양에서 잡지를 만들었는데, 1935년에 미국에 있는 대학을 수료하였다는 것도 모순이다. 그러므로 "1935년 미국 쳄플대학 신문학과를 수료했다."라는 것은 오류이다. 연도와 학교명 모두 잘못되었다.

2.2.2. 1934년 『태평양』을 창간·주재하였으며, 문예지 『백광』의 편집국장을 역임했다.

이 기록에서 한흑구가 1934년에 "『태평양』을 창간·주재하였"다는 것은 오류이다. 한흑구가 1934년에 창간에 참여한 잡지는 『태평양』이 아닌 『대평양(大平壤)』이며, 편집 겸 발행인 전영택(田榮澤)이고 한흑구는 주간(主幹)이었다. 정확히 말하면, 1934년 『대평양(大平壤)』 창간에 참여하고, 주간을 맡았다. 『백광(白光)』의 경우는 1937년 1월 1일 자로 창간되었다. 평양의 교육사업가 백선행(白善行 1849~1933)을 기리는 기념사업으로 발행되었는데, 한흑구가 참여하였다. 편집 겸 발행인 전영택(田榮澤)이고, 백선행의 양손(養孫)인 안일성(安日成)이 주간을 맡았고, 한흑구는 그와 함께 실무를 담당했다. 『대평양』과 『백광』 모두 전영택이 편집 겸 발행인이 되었고, 한흑구의 경우 『대평양』에서는 주간으로서의 직책이 분명하기에 '주간'이라는 이름으로 글을 쓰기도 하였지만, 『백광』의 경우는 그렇지 않았다.

2.2.3. 일제 말기 사상범으로 1년 동안 투옥된 일이 있다.

이는 1937년에 시작된 수양동우회사건으로 한흑구가 체포된 사실을 두고 말한 것으로 보인다. 이와 관련된 내용은 2.1.4.를 참조하면 된다.

2.2.4. 1931년 『동광』에 시 「밤 전차 안에서」를 발표하면서 문필활동을 시작했다.

한흑구는 미국으로 유학 떠나기 전 1925년에 고향의 문학 소년들과 '혜성(彗星)' 문학동인 활동을 하였고, 1926년에는 『진생(眞生)』에 시를 발표하고, 서울의 보성전문학교 시절이었던 1928년에는 『동아일보』에 수필을 발표하는 등 이미 창작 활동을 하였다. 미국 시카고에서 시와 산문들을 다수 발표하였는데, 1929년에 그가 발표한 여러 편의 시 중 「7월 4일」[6]이라는 작품이 미주 평론가 이정두의 호평을 받는다. 이를 두고 한흑구는 자기가 정식으로 '시인'이 되었다고 생각했다. 한흑구는 1929년에 「시 쓰는 사람」이라는 제목으로 한 편의 시를 적었고, 작품 끝에 '1929'라는 숫자를 적어두었다. 이를 그가 미국을 떠나오기 전 미주 친구들에게 공개하는 「흑구시집편초」에 발표하였다. 이 시에서 그는 "님이여, 나는 시를 쓰는 사람이 되었노라!"라고 분명하게 밝히고 있다. '문필활동의 시작'이라는 측면에서 본다면, 1929년 8월 이전에 이미 『진생』, 『동아일보』, 『신한민보』 등에 작품을 발표하였기에 이미 문필활동을 시작하였고, 「거룩한 새벽하늘」과 「밤거리」(『진생』 1926. 6.)가 현재로서는 최초의 작품이 된다. 그러므로 "1931년 『동광』에 시 「밤 전차 안에서」를 발표하면서 문필활동을 시작했다."라는 것은 수정되어야 한다.

2.3. 『다음백과』

2.3.1. 1911년 '105인 사건'에 연루돼 미국으로 망명한 아버지 한승곤의 영향으로

이 표현은 모호하다. 1911년이라는 것이 105인 사건이 있었던 해인지, 아니면 한흑구의 아버지 한승곤 목사가 미국으로 망명한 해인지 분명하지 않다. 그런 모호함이 있지만, 이 기록은 잘못되었다. 한승곤은 미국에 오기 전에 1907년 평양신학교에 입학하여 1912년에 제5회로 졸업하고, 1913년에 목사안수를 받고 산정현교회 제1대 담임목사로 활동하고 있었다. 이미 알고 있다시피 105인 사건은 일본이 데라우치 총독의 암살 미수사건을 조작하여 독립운동가 105명을 체포한 일을 말한다. 1910년경 신민회와 기독교인들을 중심으로 독립운동이 번져가는 것을 막기 위해 일본이 사건을 조작하였고, 1911년 9월부터 1913년 10월까지 윤치호를 비롯하여 600여 명을 검거하였다. 위에서 '105인 사건에 연루돼 미국으로 망명'이라는 표현은 105인 사건에 직접 관련된 인물로 생각되는, 즉 직접 체포가 되었거나 재판에 넘겨지는 일과 연관되어 망명을 선택하게 된 것으로 생각될 수 있는데, 한승곤은 그 105인 사건 검거자 명단에는 없다. 산정현교회에서 3년 정도 목회 활동을 한 그는 1916년 3월 산정현교회를 사임하고, 중국으로 떠나 5월 16일 중국 선편으로 샌프란시스코에 도착하였고, 22일에 이민국 검사를 마치고 입국하였다.[7] "'105인 사건'에 연루돼 미국으로 망명한 아버지"라는 표현은 한흑구가 자기의 수필 「파인과 최정희」에 "105인 사건 때 상해로 망명하셨던 아버님"[8]이라는 표현에서 최초의 기록자가 정리하면서 '105인 사건에 연루돼'로 기록한 것은 아닌지 의문이 든다.

2.3.2. 미국 유학 시절부터 홍콩에서 발간되는 〈대한민보 大韓民報〉와

한흑구의 이력에 관해 『대한민보』와 관련한 내용은 2.1.2.를 참조하면 된다. 다만 '미국 유학 시절부터'라는 내용으로 보아 뒤의 『대한민보』는 『신한민보』의 오기(誤記)로 보인다. 이 신문에 작품 발표한 것을 문학작품 활동의 시작점으로 잡는다면 이와 관련해서는 2.2.4.를 참조하면 된다.

2.3.3. 1939년 흥사단 사건으로 1년간 투옥되었으며

이는 1937년에 시작된 수양동우회사건으로 한흑구가 체포된 사실을 두고 말한 것으로 보인다. 이와 관련된 내용은 2.1.4.를 참조하면 된다.

2.3.4. 1958-74년까지 포항수산대학 교수로 있었다.

이와 관련한 내용은 2.1.5.를 참조하면 된다.

2.4. 『두산백과 두피디아』

2.4.1. 1935년 미국 템플 대학교 신문학과를 수료하였다.
이와 관련한 내용은 2.2.1.을 참조하면 된다.

2.4.2. 1931년 『동광(東光)』지에 단편소설 『황혼의 비가(悲歌)』를 발표하면서 문단에 데뷔

데뷔(début)라는 말은 '일정한 활동 분야에 처음으로 등장함'을 의미하는데, '작품 활동의 시작'이라는 말과 같은 뜻으로 사용된다면 2.2.4.를 참조하면 된다. 그러나 이 기록에서 '문단에 데뷔'라는 말이 '작품 활동의 시작'이라는 말과 같은 뜻으로 기록하였는지는 알 수 없다.

2.4.3. 1958년부터 1974년까지 포항수산대학 교수로 재직하였다.
이와 관련한 내용은 2.1.5.를 참조하면 된다.

2.5. 위키백과[9]

2.5.1. 1928년에 숭인상업학교(崇仁商業學校)를 졸업하고
이와 관련한 내용은 2.1.1.을 참조하면 된다.

2.5.2. 1930년 『우라키』에 '쉬카고 한셰광'이라는 이름으로 〈그러한 봄은 또 왔는가〉라는 시를, 이후 홍콩에서 발간되던 『대한민보』에 시와 평론을 다수 발표하며 문학 활동을 시작

한흑구의 문학 활동 시작을 기록한 것인데, 이와 관련해서는 2.1.2.와

2.2.4.와 2.4.2.를 참조하면 된다. 다만, "1930년 『우라키』에 '쉬카고 한 셰광'이라는 이름으로 「그러한 봄은 또 왔는가」라는 시를"이라는 표현으로 보아 이를 한흑구가 문학 활동으로 한 기점으로 삼으려는 것으로 보인다. 『우라키』(제4호, 1930. 6.)에 한흑구가 발표한 시는 그가 같은 제목으로 이미 『신한민보』 1929년 5월 2일 자에 발표한 것을 다시 수록한 것이다. 그러므로 『우라키』에 시를 발표한 것을 문학 활동의 기점으로 삼는 것은 무리가 있다.

2.5.3. 1934년에 모친이 위독해 귀국했는데, 이때 모친이 별세한다. 종합지 『대평양(大平壤)』(1934)과 문예지 『백광(白光)』을 창간 주재했으며, 동인지에 영시를 쓰고

한흑구는 2.2.1.에서 말한 것처럼 어머니의 위독한 소식을 듣고 1934년에 귀국하지만, 한흑구의 모친 박승복 여사는 1935년 12월 12일에 별세한다. 그러므로 '이때 모친이 별세'는 한흑구가 귀국한 직후 바로 별세한 것으로 오인하기 쉽다. 한흑구는 어머니를 추모하면서 쓴 시 「가신 어머님」을 『신인문학』 제13호(1936. 3.)에 발표하였는데, 이 시에서 분명히 밝히고 있다. '종합지 『대평양(大平壤)』(1934)과 문예지 『백광(白光)』을 창간 주재'에 관한 기록은 2.2.2.를 참조하면 된다. '동인지에 영시를 쓰고'와 관련 기록은 2.1.3.을 참조하면 된다.

2.5.4. 1939년 흥사단 사건에 연루되어 1년 동안 투옥되었다. 이를 계기로 글을 거의 발표하지 않았으며,

이와 관련한 내용은 2.1.4.를 참조하면 된다.

3

　인터넷 게시 사전류에 나타난 한흑구의 이력을 주제로 간략하게 살펴보았다. 주된 문제는 그가 조선과 미국에서 수학한 학교 관련, 처음 작품 활동 시기와 지면 관련, 그의 부친 망명과 도미 관련, 흥사단(수양동우회) 사건 관련, 그가 귀국 후 참여한 잡지 관련, 그리고 포항에서 교수 생활을 한 것 등이다. 그가 교수 생활을 한 것 외에는 모두 일제강점기 때의 이력에 관한 것으로 매체마다 조금씩 차이가 있다. 이는 그 작성 시기를 고려할 때, 자료 수집과 검증의 한계에서 비롯된 것으로 보인다. 일제강점기 때의 한흑구 이력에 관해서는 사전에 드러난 것 외에도 많이 있지만, 향후 연구 결과에 따라 조금씩 정립될 것으로 본다.

부록 3.

독립운동가 한승곤(韓承坤)

어린 시절과 평양 산정현교회

독립운동가 한승곤(韓承坤)은 1881년 1월 28일, 평안남도 평양부 금여대(金呂垈) 1리에서 부친 한경홍(韓慶洪, 1844-?)의 외아들로 태어났다. 4세부터 한문을 익히고 13년간 유가서(儒家書)를 공부했다. 이 무렵 부친이 연로한 관계로 아들의 혼인을 서둘러 5살 위인 부인 박승복(朴承福, 1876-1935)을 만나 결혼하고, 이듬해 큰딸 숙희(淑姬, 1898)를 낳았다. 이어 정희(貞姬, 1900), 세광(世光, 1909), 덕희(德姬, 1914)를 낳았다. 19살 때 평양 시내에 있는 한 소학교에서 교사로 있다가 신학문을 공부하려고 1902년 평양부 하수구리 96번지로 이주한 후 1903년 22살 때 평양의 숭실중학교에 입학하여 4년간 신학문을 배웠다. 1906년 겨울, 평양의 산정현교회 초대 조사로 선출되어 미국인 선교사를 도우며 교회 일을 시작했다. 그리고 1907년 평양신학교에 입학하여 1912년에 제5회로 졸업하였다. 신학생으로 공부하던 1908년 1월 9일 산정현교회의 제1대 장로가 되었다. 1909년부터 평양의 청년회(청년학우회) 활동을 전개하던 중 1911년 12월 예상하지도 못했던 105인 사건이 발생하여 당시 같은 교회 장로였던 김동원(金東元, 소설가 김동인의 형)이 체포되는 등 일제로부터 수난을 받았다. 1912년 평양신학교를 제5회로 졸업할 무렵 그는 평양에서 일어난 부흥운동을 경험하였다. 1913년 1월 5일 목사안수를 받은 그는 당시 편하설(片夏薛, C. F. Bernheisel) 선교사가 담당하던 산정현교회의 제1대 담임목사로 청빙되었다.

산정현교회 담임목사로서 그는 산정현교회 주일학교 교육의 중요성을 인식하여 평양 지역에서 가장 모범적인 주일학교로 성장시켰다. 이뿐만 아니라, 한글 교육을 위한 다양한 저서를 펴내기도 하였고, 신학자로서 성경 교육을 위한 저서를 비롯하여 혼인윤리와 성령론 등을 저술한 경험이 있는 그는 1915년 평양의 숭실학교에서 학보를 창간할 때 졸업생이고 목사 자격으로 『숭실학보』 창간사를 쓰기도 하였다. 또한 신학생들을 모아 친목을 도모하고, 공동체 정신을 함양하기 위한 청대연[1]을 여는 등 사회적 인사로서 폭넓게 활동하였다.

미국 망명과 흥사단 활동

1916년 3월 2일, 한승곤은 산정현교회의 목사로 재직하다가 사임(평남노회에서 사표 수리는 같은 해 6월 16일에 이루어짐.)한 후 상해를 거쳐 미국으로 망명[2], 5월 19일 중국 선편으로 샌프란시스코(San Francisco)에 도착한 후 엔젤 아일랜드(Angel Island) 이민국에서 심사받고 22일에 입국했다. 그는 미국에서 조직되어 활동 중이던 독립운동단체 대한인국민회의 중앙총회장이었던 도산 안창호를 만나 대한인국민회 북미지방회에 가입하여 활동하였다. 노동과 농업에 종사하면서 경제 활동을 영위하던 그는 목사로서 교민들에게 성경 교육을 실시하고 신도들을 돌보며 생활했다. 이후 다뉴바(Dinuba) 지방 학무원으로 피선되었던 그는 1917년 12월 7일 로스앤젤레스(Los Angeles)에서 미주흥사단에 입단

(단우번호 77) 서약을 하였다.

이후 로스앤젤레스 지방회 학무로 선임되어 활동하면서 북간도 명동학교를 위한 의연금을 기탁하는 등 조국 독립과 민족 사랑의 정신을 실천하면 생활했다. 1918년 1월 북미한인교회공의회 의결 시 서기를 담당했던 한승곤은 로스앤젤레스 성경학원 신학과에서 학업을 이어가고 있었다. 로스앤젤레스지방회 목사로서 북미한인교회보를 발행하고 잡보주필로 활동하기도 하였다. 청년들의 활동을 지원하면서 로스앤젤레스 한인복음청년회 지도, 미주 한인학생 원동선교회를 조직하기도 하였으며, 다뉴바에서 소집한 북미한인교회공의회 서기로 활동하기도 하였다.

1919년 한승곤은 대한인국민회 북미지방총회 제10차 대의원회를 입안하고, 샌프란시스코 한인예배당에서 대한인국민회창립10주년기념식이 열릴 때 그는 식상에서 민족의식 고양을 위한 연설을 하기도 했다. 조선에서 3·1만세운동이 일어나자 대한인국민회중앙총회 임시재무 맡아 미주 사회에서 독립의연금 모집을 위한 포고서를 발표하여 성금을 모으기도 하였고, 북미한인교회 공의회 서기로서 조국 독립을 위한 기도하기 운동을 전개하면서 3·1만세운동 희생자와 그 가족을 구제하기 위한 구휼금 모금에 나서기도 하였으며, 미주 사회에서 4월 11일을 조선의 독립기념일로 지정하기도 하였다. 로스앤젤레스에서 감리교회와 장로교회 통합으로 나성한인교회의 목사로 재직하던 민찬호(閔贊鎬)가 임기를 마치고 하와이로 떠나게 되자 한승곤은 그 후임으로 나성한인장로교회 목사로 부임해서 체계적이고 조직적인 목회 활동으로 교포의 애국심과 민족정신 함양에 앞장섰다.

흥사단은 1913년 5월 13일 창립식을 가진 이래 꾸준히 단우 수가 늘어나고 있었다. 1919년 3·1운동 이후 도산 안창호가 중국 상해로 가서 원동위원부(遠東委員部)를 조직하여 단세를 중국까지 확장하였다. 이뿐만 아니라 3·1운동 이후 일제가 문화정치를 표방하면서 해외 유학의 길을 열게 되자 미주로 유학 온 조선 청년의 수가 늘어나기 시작했다. 이때 그들은 미주에서 흥사단으로 대거 입단하여 미주 본부의 단세도 확장되었다. 미주흥사단은 이들 유학생의 각종 편의를 제공하면서 학업을 수행할 수 있도록 지원하였다. 도산 안창호가 잠시 떠나있던 미주 본부는 약법과 규칙에 따른 각종 절차를 지켜가며 활동을 이어갔다. 이 무렵 1920년 한승곤은 흥사단 의사부장에 선임되었고, 1922년부터 의사부 임원으로 활동하다가 1924년 미주흥사단 단우 수가 고국에서 온 유학생들로 인해 늘어날 때 이사부장에 선임되어 이사부를 이끌기도 하였다. 한승곤 이사부장 재임 시기인 1924년 미주흥사단 이사부의 주요 사업을 보면, 원동위원부의 근거지 시설 안을 가결하고 경비 지출을 의사부에 청구한 일, 원동위원부 상해사무소의 남경 이전 건 인준과 남경의 강습소 설립안 인준, 흥사단 기관지 『진생활(眞生活)』을 간행하고, 조선의 수양동맹회의 규칙을 인준했다. 또 남경의 동명학원 교사 건축을 지원하기 위한 동명학원 건축비를 지출하는 등 원동위원부를 재정적으로 적극 후원하고 있었다.[3]

이후 도산 안창호의 미주 순방 일정에 맞추어 1925년 1월 1일부터 2일까지 미주 로스앤젤레스 청년회관에서 진행된 흥사단 제11차 서부대회에서 한승곤은 행사를 주관하여 대회 사회를 직접 맡아 진행했는데, 이 대회는 시카고, 뉴욕, 아이오와, 서부 등 미주 전역의 흥사단 지부 합동대회였으며, 대한여자애국단 LA지부도 함께 참석하였다. 그는 도산의 미주 순회 방문을 환영함과 동시에 미주 전역의 단우들을 단결시키고, 단의 업무를 세밀히 챙기는 지도력을 발휘하는 등 조국과 민족의 독립을 위하여 자기의 역할을 충실히 수행하였다. 그 후에도 그는 1927년 이사부원으로서 소임을 다했고, 1930년 12월 27일부터 28일까지 뉴욕한인 기독교회당에서 열린 제17차 뉴욕대회에서 한승곤은 대회 주석으로 대회장을 역임했다.

도산 안창호 체포 이후 수난기

1932년 일제는 만주 침략에 이어 상해 사변을 일으켰다. 그 무렵 중국 정부의 지원을 받던 임시정부는 김구에게 특무공작의 전권을 위임했고, 김구 휘하의 애국단 소속 청년들이 동시다발적으로 거사를 계획했다. 이봉창, 윤봉길, 유상근, 최흥식 등이 거사에 나섰는데, 윤봉길 의사는 1932년 4월 29일, 상해 홍커우 공원에서 개최된 일제의 전승기념식장에 폭탄을 던졌다. 불행하게도 이날 도산 안창호가 체포되었다는 소식이 미주로 전해졌다. 도산

[그림 22] 1926년 안창호, 한승곤, 장리욱. 출처: 도산 안창호전집

은 이유필의 아들 15세 만영에게 소년단 후원금을 주기로 한 약속을 이행하러 보강리(상해 보강리 54호)에 있는 이유필의 집에 갔다가 뜻하지 않게 프랑스 경찰에 체포되어 일본 경찰에 넘겨졌다. 중국은 물론이고 미주와 국내의 독립운동계는 큰 충격에 빠졌다. 한승곤과 미주 단우들은 백방으로 도산의 구명운동에 나섰으나 소용이 없었다.

한승곤은 새로운 단원의 입단과 관련하여 문답에 참여하기도 하는 등

도산의 체포 후에도 미주흥사단의 단결과 이를 바탕으로 한 독립 활동에도 한결같이 참여하였으며, 흔들림 없는 지도력으로 흥사단 활동을 이어갔다. 1936년 1월 1일에는 시카고 한인예배당에서 개최된 22차 북미중서부대회의 대회장을 맡았고, 그해 5월 17일에 개최된 북미대한인국민회 총회에 단우 대표로 참석하여 도산의 유지를 받들어 대한민국임시정부 재정 후원과 항일독립운동 세력 규합 등의 문제를 논의하였다. 1935년 12월, 조선에 있던 부인의 사망하고 그 소식이 미주에 전해지자, 한승곤은 조선으로 귀국하기 위하여 미국 생활을 정리하기 시작했다. 1936년 6월, 한승곤은 단우들이 마련해 준 여행경비로 귀국길에 올랐다.

그는 김병연에게 보낸 6월 8일 자 편지에서 상해에 무사히 도착한 소식과 상해 단우들을 만나 단합된 소식을 전하고, 귀국하여 도산을 만나 미주 단우들이 경영하는 실업과 단의 현재와 미래에 대한 문제를 상세히 토론할 계획을 전하고 있다. 이후 6월 16일 자로 이사부 김병연에게 보낸 편지에서는 다음과 같은 내용으로 상황 보고를 하였다.

일주일 전 호(滬 — 상해)항(港)에서 부송(付送)한 전서(前書)는 입람(入覽)하셨을 줄 압니다. 형후(兄候) 만강(萬康)하시오며 단무(團務)에 여의(如意)하시기를 원축불이(遠祝不已)합니다. 미우(微友)는 7월 8일 조(朝) 칠시(七時)에 호항(滬港)에 안착(安着) 상륙(上陸)하여 7시간(七時干) 동안 국민회관(國民會館)과 교회(教會)와 청년회관급 기독학원(青年會館及 基督学院)을 심방(尋訪)하여 기동포(幾同胞)와 담화(談話)하였으며 특(特)히 미인(美人) 한인(韓人)의 회동(會同)되는 소식(消息)을 전(傳)하며 포와(布蛙 — 하와이) 동포(同胞)의 현장(現狀)을 시찰(視察)하였습니다. 동일(同日) 하오(下午) 오시(五時)에 출발(出發)하여 금일(今月) 16일(十六日) 오후(午後)에 日本(일본) 횡빈(橫濱 — 요코하마)에 안착(安着)하였습니다. 금번(今番)에 풍파(風波)와 수질(水疾)없이 선래(善來)한 것을 기뻐합니다. 제우(諸友)에게 문안(問安)하여 주시오며 여비조급(旅費助給)하여 주신 제우(諸友)에게 대하(代賀)하여 주시오. 귀국(歸國) 후(後)에 안(安) 선생(先生)님을 봉(逢)하는 대로 단(團) 사업(事業)에 대(對)하여 말씀드리고 하회(下回)를 전(傳)하겠나이다. 차후(此後)부터 편지에 산형(山兄) 혹(或) 산가형주(山家兄主)라 쓰면 안(安) 선생(先生)인 줄 아시오.

여재속후상불비(餘在續後狀不備).

- 한승곤이 김병연에게 보낸 편지(1936년 6월 16일 자)

이 내용의 요지는 귀국해서 도산 선생과 만나 회담한 내용을 미주로 전할 때 산형(山兄) 또는 산가형주(山家兄主)라고 쓰면 도산 선생인 줄 알아달라는 내용이 담겨있다. 이는 일제의 편지 검열에 대비한 내용으로 여겨진다. 한승곤은 6월 20일에 일본 요코하마를 거쳐 조선에 귀국한 뒤 무사히 송태산장에 머물던 도산을 만났다. 이후 평양의 고향집에 도착한 내용을 6월 30일 자 편지에 담아 김병연에게 다음과 같이 전하고 있다.

고별(告別)한지 근(近) 일삭(一朔)에 형후(兄候) 만강(萬康)하시오며 사무(業務)에도 여의(如意)하시오니까? 제(弟) 금일(今月) 20일(二十日) 하오(下午) 7시(七時) 반(半)에 본가(本家)에 안착(安着)하였습니다. 수일(數日) 전(前)에 산집 형님을 반가이 뵈옵고 문안(問安)을 전하였습니다. 그이는 건강하신 듯합니다. 며칠 후에 출촌하여 귀형 부탁한 실업에 대(對)한 일을 논의(議論)하여서 알게 하여 드리려 합니다. 여러 친구에게 문안(問安)하여 주시기를 바라옵니다. 제(弟)는 여러 친우의 내방(來訪)에 분망(奔忙)한듯이 경과(經過)하오며 여행(旅行)으로 적이 피곤(疲困)한 신체(身體)를 휴양(休養)하나이다. 특히 안부인께 문안을 드려주시옵기를 바라옵니다.

- 한승곤이 김병연에게 보낸 편지(1936년 6월 16일 자)

1936년 6월 20일 평가 본가에 도착한 한승곤은 평양의 동우회에서 다시 활동을 전개하였다.

수양동우회 사건

한승곤은 수양동우회사건이 일어날 무렵, 경성(서울) 적선동에 거주지를 마련하고 저술 활동을 하면서 동우회 회원들과 교류하고 흥사단 활동을 했다. 그러던 중, 1937년 6월 6일 일제가 흥사단을 탄압하기 위하여 조작한 수양동우회 사건으로 체포되어 1940년 8월 21일 경성복심법원에서 치안유지법 위반으로 징역 2년에 집행유예 3년을 선고받았다. 그러나 수양동우회로 체포된 181명의 수양동우회원들과 마찬가지로 한승곤도 3년 넘게 갖은 고문과 인격 모욕과 끈질긴 전향 요구를 받았다. 그 신문 과정을 다음과 같은 일제 문서 '동우회사건 미체포자에 관한 건[京鍾警高祕 제41호의25](1938. 1. 31.)'에서 엿볼 수 있다.

(원문) 韓承坤ハ大正七年米國ニ於テ興士団加入シ引続キ活動シ昭和十一年六月帰鮮スルヤ直チニ同友會ニ加入シタルモノナルカ訊問ニ今回第一回際シ供述スル処ニ依レバ大正七年興士団ニ加入シ仝八年米國加州「サクラメント市」ニ於テ開催ノ興士団大會ニ出席シタルノミニシテ仝年以後興士団トハ全然関係ナシト●シ事実ヲ否認シ警察愚弄ノ態度ニ出スルヲ以テ證據品等照合ノ結果大正七年ヨリ昭和十一年六月迄興士団大會ノ如キモ皆勤ノ状態ナルコト判明シ供述態度等ニ徴シ改悛ノ情毛頭ナキモノト認メラルニ付身柄拘束ノ上取調ノ必要アリ

(번역) 한승곤(韓承坤)은 대정(大正) 7년 미국에서 흥사단에 가입, 계속 활동하였으며, 소화(昭和) 11년 6월에 조선으로 귀국하여 바로 동우회에 가입하였다. 이번 제1회 심문 때의 자술에 의하면 대정 7년 흥사단에 가입하였다. 같은 해 8년 미국의 캘리포니아주 '새크라멘토(Sacramento, サクラメント)시'에서 개최하는 흥사단대회에 출석한 것뿐으로, 이후 흥사단과는 전혀 관계가 없다고 한다. 이와 같이 사실을 부인하는 것은 경찰을 우롱하는 태도이며, 증거품 등 조합의 결과 대정 7년부터 소화 11년 6월까지 흥사단 운동에 대하여 꽤 적극적이었고 흥사단대회도 개근 상태였음이 판명되었다. 또한, 자술태도 등으로 보아 개전(改悛)의 낌새가 조금도 없음이 인정되기에 구속 후 취조할 필요가 있다.

동우회 사건은 1941년 11월 17일 최종 재판에서 기소된 49명을 포함하여 관련자 전원 무죄판결을 받는다. 도산 안창호도 1937년 6월 28일 종로경찰서에 재수감되어 갖은 고초를 겪다가 끝내 1938년 3월 10일에 서거하였다. 무죄판결을 받은 한승곤은 평안남도 안주동 교회에서 목회 활동을 펼쳤다. 1945년 해방을 맞이했지만, 남하하지를 못하였다. 교회 지도자들이 공산당에 대항하면서 많은 희생자가 생겼다. 공산정권은 북조선기독교도연맹이라는 기구를 만들어 교회가 권에 협력하도록 했는데, 많은 교회가 적극 반대하면서 수많은 희생과 수난을 겪어야만 했다. 당시 한승곤 목사가 시무하던 곳은 안주동교회였는데, 평안남도 안주군 안주읍 건인리(建仁里)에 있었다. 그는 북한교회의 탄압 속에서도 기독교 신도들을 돌보던 중 1947년 선종하였다. 정부에서는 한승곤의 공훈을 기리어 1993년에 건국훈장 애족장을 추서하였다.

국어교육과 신학자로서의 저술 활동

한승곤은 귀국 후 수양동우회사건에 연루되어 옥고를 치렀다. 그는 독립운동가이기도 하지만 국어교육과 신학자로서의 저술 활동도 활발히 전개하였다. 일찍이 소학교 교사로 학생들을 가르친 경험과 평양 산정현교회 주일학교 운영의 경험 속에서 국어교육에 힘을 쓰고 차세대교육과 민족교육을 바탕으로 민족의 얼을 다듬는 데 기본이 되는 한글과 그 철자법을 표준화하려고 노력하였던 인물이다. 그는 평양시학교에서 신학을 공부한 후 미국에 건너와 로스앤젤레스 성경학원 신학과, 샌프란시스코에 있는 샌 안셀모 신학과, 뉴저지의 프린스톤 신학교 등에서 신학을 공부하다가 밴더빌트대학교(The Vanderbilt University)에서 신학사 학위를 받은 신학자이다.

그는 1908년에 평양신학교 시절, 『국문첩경』과 『국어철자첩경』 두 권의 책을 평양 광명서관에서 출판했다. 한승곤은 『국어철자첩경』 서문에서 "한문에 능통한 사람들도 국문을 바로 쓸 수 없는 사람이 많음을 한탄하여" 이 책을 썼다고 밝혔다. 한승곤은 1911년에는 『성신충만』(예수교장로회)와 1912년에 『초학첩경』을, 1914년에는 『혼인론』(광명서관), 『바울행적공부』(광명서관), 『신약전서대지』(광명서관) 등을 출간했다. 미국에서는 1929년에 『언문첩경』을 출간했다. 그리고 1937년 동우회 사건으로 체포되기 직전에 『국어철자첩경』을 출간했다. 이 책들은 어른이나 아이 할 것 없이 누구나 쉽게 한글을 배울 수 있도록 삽화를 첨가해 쓴 한글 교육용 교재이다. 그리고 미국에서는 1920년 5월, 미주 사회의 어린이들에게 국어교육의 필요성을 강조하고 하기 강습회를 설립하기 위한 경영과 경비 조달을 위하여 미주를 순회하며 동포들을 설득하기 시작했다. 다뉴바를 출발하여 북가주 윌로우스(Northern California Willows), 맥스웰 새크라멘토(Maxwell Sacramento), 샌프란시스코 등을 방문한 후 한글교육을 위한 기반 조성에 나섰다. 한승곤은 다뉴바 국어학교 교장으로서 제1회 국어학교 졸업식을 열면서 미주 지역 국어학교의 기틀을 잡았다.

부록 4.

농촌계몽운동가 방정분(邦貞分)

　방정분(邦貞分)은 1913년 4월 15일 황해도 안악군 안악면 신장리 202번지에서 아버지 방병균(邦炳均), 어머니 고병하(高秉河) 사이에서 9자매의 막내로 태어났다. 안악에서도 이름난 부농이었던 부모의 후원으로 경성에서 유학했다.

　1929년 안악을 떠나 경성의 이화여자고등보통학교에 유학 온 방정분은 기숙사에서 생활하였다. 1929년 10월 17일 정동배재코트에서 열린 제3회 엡윗청년연합정구대회를 알리는 기사에서 여자부 복식 준결승 대진표에 방정분이 배정[1]된 것을 볼 수 있듯이 타고난 체력으로 여고 시절에는 학교 육상선수와 정구 선수였으며, 스케이트도 잘 탔던 것으로 알려져 있다.

　1929년 11월, 광주에서 학생 만세운동이 일어났다. 그 운동은 전국적으로 번졌고, 이듬해에는 서울에 있는 여학생들이 이 운동에 동참하였다. 당시 일제는 이 운동을 '경성시내 여학생 만세소요사건' 혹은 '서울여학생동맹휴교사건'이라고 불렀고, 언론에서는 '경성 여학생 동맹휴교 사건', '제2차 학생만세사건' 등으로 부르기도 했다. 이 만세운동은 1930년 1월 15일~16일 서울(경성) 시내 거의 모든 여학교가 시위에 참여하였으며, 그 당시 이화여자고등보통학교 2학년에 재학 중이던 방정분(邦貞分)은 동료 선후배들과 함께 1월 15일 오전 9시 30분, 만세운동에 참여했다. 이때 많은 학생이 경찰에 연행되었고, 경찰서 유치장에 갇혀 취조받았다. 방정분은 1930년 1월 20일 경성 서대문경찰서에서 심문받았다. 그 내용 중 목적과 시간, 방식 등을 정리하면 다음과 같다.

> 1월 10일 동급생 송창헌(宋昌憲)이 마지막 시간이 끝나고 선생님이 교실에서 나간 후 즉시 중앙에 일어서서 하는 말이 이번 광주학생사건에 동정하여 언젠가는 우리 학교에서도 만세 시위운동을 해야 하므로 그때는 모두가 단결하여 실행하자고 말했다. 광주학생사건에 동정하여 시내 일반학생들이 소요를 일으키므로 우리 학교에서도 시위운동을 한 것이다. 15일 아침 9시 반 만세를 부른다는 것을 유선경(俞善璟)으로부터 들었다. 15일 아침 수업이 시작되기 전 교실에 들어갔을 때 선생이 아직 들어오지 않기에 앞서 교실 학생 전부에 대하여 첫째 시간이 끝나는 종이 울려 휴식 시간이 되면 운동장으로 나와 모두가 행하는 대로 하라고 알려 주었으므로 15일 오전 9시 30분에 만세를 부르리라는 것을 알았다. 1월 15일 아침 이화여자고등보통학교 교정에서 만세를 부르면서 시위했다.[2]

그 당시 서울에 있는 여학교 대부분이 이 만세운동에 참여했고, 많은 학생이 체포되었다. 그 가운데 이화여자고등보통학교의 학생이 연행된 것은 48명이었다. 방정분은 심문받고 일제가 쓴 조서를 확인하였다. 일제의 심사 후 폭력적 행동 징후가 드러나지 않아서 불구속 처분을 받았다. 이후 이화여자전문학교(현 이화여자대학교) 음악과에 입학하였다. 홍난파(洪蘭坡)에게 배우고, 음악 활동도 함께했던 방정분은 자기의 전공인 성악을 바탕으로 여가를 내어 봉사활동도 다니곤 했다. 예를 들면 1934

년 8월에 평양 고등농사학원(高等農事學院)에서 주최하고 평양의 숭전 본관 상층강당에서 열린 납량음악회3에 연주라든가, 방현 기독교 교회에서 민요 아리랑, 도라지, 양산도, 모란봉 등을 불러 청중에게 많은 감동을 주었던 방현유치원 동정음악회의 연주4를 통해 동정금을 모아 전하는 일 등이었다. 이뿐만 아니라 방학 중에는 농촌의 소년과 소년들을 위한 강습회를 여는 등 당시 청년들과 함께 조국의 미래를 위하여 자신의 시간을 기꺼이 내어놓는 봉사활동을 이어갔다.

1936년 1월에 이화여전을 졸업할 당시, 6명의 졸업생 중 유일하게 성악을 전공하였고, 동아일보에서는 '하나뿐인 성악가'라는 제하에 "음악을 배우는 중에도 성악은 참 특질이 있기 전에는 억지로 할 수 없는 일인데 양(방정분)은 성악에 특재가 있어 성악을 전공하였으나 대가가 되려면 좀 더 연구했으면 좋을 것을 여학교 선생으로는 좀 아깝다고 합니다. 조선에 귀한 성악가 틈에서 앞으로 연구와 노력을 게을리 말기를 바라는 바입니다."5라는 기사를 내기도 하였다.

1936년 한흑구와 결혼한 방정분은 한흑구가 수양동우회 사건으로 연루되어 가산을 정리한 후 평양에서 떨어진 평안남도 성태면 연곡리로 이주하게 되었다. 그곳에서 과수를 가꾸고 농사를 짓는 등 도시 문명과는 떨어진 생활을 했지만, 농촌 여성들이 처한 현실을 직시하고, 계몽운동을 시작했다. 글을 가르치고 생활 경제와 관련한 산술과 더 나은 삶을 위한 교양 등을 가르치면서 남편 한흑구와 함께 농촌의 젊은이들을 위한 계몽에 헌신하였다.

1945년 8월 15일 조국이 일제로부터 해방되자, 남편 한흑구를 따라 서울에 내려온 방정분은 가족을 돌보며, 당시 미군정청에 통역관으로 일하던 남편 한흑구를 내조하며 지내다가 한흑구의 건강 문제로 1948년 포항으로 이주하였다. 이어 6·25전쟁이 일어나 잠시 부산으로 피난했던 방정분은 다시 포항으로 돌아와 가정을 돌보던 중 경상북도교육위원회에서 추진한 교사 모집에 선정되어 1952년 포항여자중학교 음악 교사를 출발점으로 오랫동안 교편생활을 하다가 1978년 8월 31일 포항여자중학교 교감으로 은퇴했다.

기독교 신자였던 방정분은 포항에서 가장 크고 유서가 깊은 제일교회의 합창부 지휘자로서 시민들과 학부모들에게 문화적 영향을 주었고, 오천 지역에 머무는 미 해병 기지의 미군들을 위하여 성탄절이면 특별위문공연도 하였다. 그러면서도 방정분은 철저한 직장인임과 동시에 전형적인 한국의 어머니였다. 자녀들의 뒷바라지에 헌신적이었으며, 아이들을 일찍 등교시킨 후 집에서 왕복 20리가 되는 일터인 학교를 열심히 걸어서 출퇴근했다. 남편 한흑구의 선종 10년 뒤, 1989년 10월 24일 경북 포항시 죽도 2동 85의 17 자택에서 선종하였다.

각주 겸 참고 자료

1. 민족의 현실을 직면한 청소년 시절

1. 한흑구. 「여름이 오면」, 『인생산문』, 일지사, 1974, 83.
2. 한흑구의 아버지에 관해서는 이 책의 '부록 3. 독립운동가 한승곤'을 참조할 것.
3. 한흑구. 「봄의 화단」, 『인생산문』, 일지사, 1974, 54.
4. 한흑구. 「새」, 『동해산문』, 일지사, 1971, 67.
5. 길선주. 「평양산정현교회사기」, 『영계 길선주 목사 유고선집』 제1집(길진경 편), 제1집, 대한기독교서회, 1968, 191.
6. 한흑구. 「여름이 오면」, 『인생산문』, 일지사, 1974, 83-84.
7. 김승태. 「평양에서의 3·1운동」, 『서울과 평양의 3·1운동』, 서울역사박물관, 2019, 278.
8. 이하 시들은 『한흑구 시전집』(한명수 편, 마중문학사, 2019.)에서 인용하였다.
9. 한흑구. 「모란봉의 봄」, 『한흑구문학선집 Ⅱ』(민충환 엮음), 아르코, 2012, 38-42.
10. 조만식. 「내 것은 내 힘으로-평양 숭인, 숭덕, 숭현학교 통합에 즈음하여」, 『조선일보』 1927년 2월 14일 자.
11. 한흑구. 「나무」, 『동해산문』, 일지사, 1971, 10.
12. 한흑구. 「나의 벽서」, 『동해산문』, 일지사 1971, 95.
13. 한흑구. 「봄비」, 『동해산문』, 일지사 1971, 25.
14. 한흑구. 「나의 좌우명」, 『인생산문』, 일지사, 1974, 101-102.
15. 한흑구. 「파인과 최정희」, 『인생산문』, 일지사, 1974, 146.
16. 한흑구. 「시단문답」, 『시건설』 제8집(1940.6.), 34.
17. 윤춘병. 『한국기독교신문·잡지백년사: 1885-1945』, 대한기독교출판사, 1984, 157-159 참조.
18. 『진생』 10호(1926년 6월), 32.
19. 한명수. 「민족의 현실을 암시적으로 그린, 한흑구의 수필 '인력거꾼'」, 『부산수필문예』 48호, 부산수필문인협회, 2022. 24-30까지의 내용을 일부 수정한 후 게재하였다.
20. 한흑구가 미국 이민국에 도착한 날은 1929년 2월 4일이다. 이민국에서 수속을 마친 후, 2월 5일 오후 4시 기차를 타고 그의 부친이 있는 시카고를 향해 떠났다. (『신한민보』

1929년 2월 7일 자.) 한흑구의 수필 「나의 필명의 유래」에 보면 "나의 스무 살 때, 아버님이 계시던 미국 시카고로 건너가게 되었다. 그때는 1929년 3월이었다."라는 기록은 오류이다. 한흑구가 미국 이민국에 도착한 날이 2월 4일인 것으로 보아, 그가 일본 요코하마항에서 미국을 향해 출발한 날은 최소한 1929년 1월이라는 것을 알 수 있다. 그리고 「파인과 최정희」에 보면, "2월 23일 시카고에 도착한 지 일주일 후에 3·1절을 맞이하게 되었다."라는 기록 또한 이를 뒷받침한다.

2. 조국의 독립을 생각하다

1. 한흑구. 「나의 필명의 유래」, 『인생산문』, 일지사, 1974, 125.
2. 그의 필명에 관해서는 이 책의 '부록-1. 흑구 한세광의 필명과 표기에 관하여'를 참조할 것.
3. 김원용. 『재미한인50년사』, 미국 Korea Affairs Institute, 1959, 62.
4. 『신한민보』, 1929년 2월 21일 자. 루이스 인스티튜트는 과학, 공학, 기술 분야에서 폭넓은 교육 프로그램을 제공했으며, 이를 통해 학생들에게 실용적인 기술을 가르치기 위한 목표를 가지고 있었다. 특히, 기계공학, 전기공학, 화학공학 등의 분야에서 명성이 있었으며, 많은 산업 현장에서 필요로 했던 기술 인력을 양성하기 위해 노력했다. 1940년대 후반에 하퍼 학부대학(Harper College)과 합병하여 일리노이 공과대학교(Illinois Institute of Technology)로 이름을 바꾸었다. 이 학교는 오늘날까지도 기술 및 과학 분야에서 성과를 내는 명문대학으로 손꼽힌다.
5. 한흑구. 「파인과 최정희」, 『인생산문』, 일지사, 1974, 147.
6. 이정두. 「1년 시단 총회고」, 『신한민보』 1929년 12월 12일
7. Harold Cohn. College Freshmen, *The Cupola 1931*, North Park College, 1931, 63.
8. 한명수. 『한흑구 시전집』, 대구: 마중문학사, 2019, 44.
9. 그의 영어시와 관련한 자료와 내용은 『흑구 한세광의 영시들』을 참조할 것.
10. 20세기 초반 노스 파크 대학에 재직한 교수이다. 1885년 6월 27일 스웨덴 다라나에서 태어나 미국으로 이주한 후 시카고 대학교에서 석사 학위를 취득한 그는 1909년부터 본 대학에서 학생들을 가르쳤으며, 1911년부터 1940년까지 노스 파크 대학 학장 등 다양한 직책을 맡았다. 1930년 노스 파크 대학의 시인클럽이 창립될 때 시 창작에 관심 있는 학생들을 지도하였고, 주니어 칼리지와 아카데미 학장(Dean of Junior College & Academy)이었다.

11. 한흑구, 「재미 6년간 추억 편편」, 『신인문학』(1936년 3월), 118.
12. 「한세광 씨 시인구락부 취선」, 『신한민보』 1930년 5월 15일 자 참조.
13. Johnson, Sundberg Head Poetry Club, *North Park College News*, 1930년 3월 14일 자.
14. 한흑구의 이력을 쓸 때 일반적으로 『한국민족문화대백과』의 기록 '미국에 유학할 때 동인지에 영시를 쓰고'라는 것을 많이 인용한다. 이는 『조선문단』 23호(속간 3호) '신인소개'의 기록을 그대로 옮겨 적은 것인데, 그 동인지가 바로 『페가수스 *PEGASUS*』이다. 그리고 '동인지에 영시를 쓰고'라는 표현이 틀리지는 않지만, 좀 더 정확하게 말하면 '동인지 『페가수스』에 시를 발표하고'가 더 정확하다. 그리고 그는 동인지에 시를 발표하기 전에 1929년에 그는 *North Park College News* 지에 영시를 여러 편 발표하였다.
15. 한흑구, 『현대미국시선』, 선문사, 1949, 2.
16. 노스 파크 대학의 큐폴라 편집위원회에서는 그녀에 대해서 이렇게 기록해 두었다. "루디(Ruthie)는 눈에 미소를 띠고, 입에는 노래를 부르며, 열심히 오가며 수업에 임합니다. 공부든, 농구든, 광고를 위해 뛰든, 전교 합창단에서 노래를 부르든, 그녀는 항상 최선을 다합니다. 그녀는 필하모닉 소사이어티의 비서였으며, 모니터 스쿼드의 일원이었습니다. 그녀는 언제나 모든 사람에게 인사를 건네고 모든 수업에서 준비된 대답을 가지고 있는 변함없는 '루디'입니다." *The Cupola 1931*, North Park College, 1931, 45.
17. 서전(瑞典)은 스웨덴의 음역이다.
18. 한흑구, 「슬펐던 이별」, 『부인공론』 제1권 제3호(1936년 7월), 130-131.
19. 그 당시 노스 파크 대학의 학부는 Junior College, Seminary, Bible Institute, Conservatory, Academy(Juniors, Sophomores, Freshmen) 등으로 구성되어 있었고, 한흑구는 Junior College의 영문과에 소속되어 있었다. *The Cupola 1930*, North Park College, 1930, 62-76 참조.
20. 한흑구, 「재미 6년간 추억 편편」, 『신인문학』 제3권 2호(1936년 3월), 118.
21. *The Korean Student Bulletin* VIII, 1930년 10월호, 5.
22. *The Templar of 1933*, Temple University, 1933, 27.
23. 후일 이 문학회는 '윌슨 문학 클럽'이라고 고쳐 불렀다.
24. *Temple University News*, 1932년 9월 28일 자; 10월 5일 자.
25. *Temple University News*, 1932년 10월 17일 자.
26. *Temple University News*, 1933년 2월 27일; 3월 3일 자.

27. '영어 명예 협회'는 영어 문학 관련 분야에 관심이 있는 학생들로 구성되어 있었다. 이 협회의 목적은 이러한 학생들이 문화적으로, 전문적으로, 그리고 사회적으로 발전할 수 있도록 돕는 것이다. 1933년의 활동 중에는 교수와 학생 연사가 진행하는 정기적인 반월회의, 외부 저명인사의 강연, 그리고 연극이 포함되었다. 1월과 5월에 각각 두 번의 만찬 모임이 열렸고, 에드윈 마컴(Edwin Markham)이 캠퍼스를 방문했을 때, 클럽은 그를 위해 오찬을 후원하기도 했다. 다른 저명한 연사로는 중간 연도 만찬의 귀빈이었던 펠릭스 셸링(Felix Schelling) 박사, 필라델피아 레코드의 엘시 핀(Elsie Finn), 퍼블릭 레저의 해리 에머슨 와일즈(Harry Emerson Wildes) 박사가 있었다. 그 당시 본 협회의 회장은 에드워드 딕스타인(Edward L. Dickstein)이었다. *The Templar of 1933*, Temple University, 1933, 320-321.

28. *Temple University News*, 1933년 3월 13일; 3월 15일; 3월 17일 자.
29. 한흑구, 「재미 6년간 추억 편편」, 『신인문학』 제3권 2호(1936년 3월), 120.
30. *The Korean Student Bulletin*, 1932년 6월호, 10.
31. *The Korean Student Bulletin*, 1930년 12월호, 2.
32. 『신한민보』 1932년 12월 8일 자; *Temple University News* 1932년 12월 2일 자 참조.
33. 안익태와 한흑구는 각별한 사이이다. 안익태와 동향(평양)인 한흑구는 당시 필라델피아의 템플 대학교에서 함께 공부하고 있었다. 그에 관한 한흑구의 이야기는 그의 수필집 『인생산문』에 있는 「예술가 안익태 — 젊은 시절의 교유기」에 잘 나와있다. 그리고 한흑구는 안익태를 소재로 한 소설 「어떤 젊은 예술가」를 쓰기도 하였다.
34. *Temple University News*, 1933년 5월 17일 자. 그가 부회장으로 선임되기 전 회원은 모두 46명이었고, 한국인으로는 한흑구 외에 안익태와 김규현이 있었다. *The Templar of 1933*, Temple University, 1933, 358-359 참조.
35. 한흑구는 필라델피아의 템플 대학으로 적을 옮긴 후 1932년 10월 8일 열린 필라델피아 학생의 밤에 참가하면서 김규현이 회장으로 있던 필라델피아 학생회 지회의 신입회원으로 가입하였다. 이후 1933년 2월 26일 필라델피아 학생회 월례회에서 지방회의 회장으로 추천받아 취임하였다. 이 무렵 그의 친구 안익태가 템플 대학에 입학하였다. 『신한민보』 1932년 10월 20일 자 및 1933년 3월 16일 자 참조.
36. *The Korean Student Bulletin*, 1933년 5, 6월 호, 8.
37. *The Korean Student Bulletin*, 1933년 11월 호, 8.
38. 1931년 11월 이전에 한흑구는 노스 파크 대학에서 영문학을 공부하는 일 외에도 시카고

한인교회에서의 활동뿐만 아니라 '사회과학연구회'의 일원으로 활동하였다. 이 연구회는 1930년 10월 18일 시카고 재류 한인 유학생들과 청년들을 중심으로 결성된 단체로서 발기인은 강해주, 김고려, 김호철, 김태선, 이태호, 이승철, 변민평, 한흑구였다. 『신한민보』 1930년 10월 30일 자. 이와 관련한 내용은, 고정휴(高廷休)의 논문 「1930년대 미주 한인사회주의운동의 발생 배경과 초기 특징 — 시카고의 재미한인사회과학연구회를 중심으로」, 『한국근현대사연구』 제54집(2010년 가을 호)을 참고할 것.

39. 한흑구가 미주흥사단의 단우 김병연에게 보낸 1932년 2월 12일 자 편지에 보면 "단체는 Baltimore를 떠나 이곳 비성(費城) — 필라델피아 — 으로 이교하고 가친주와 동거합니다. 얼마 전부터 Temple University의 School of Journalism에 입학하여, 과거 2년 간 학득한 영문과를 중지하고, 신문학을 시작했습니다."라고 기록하고 있다. 템플 대학의 봄 학기 개학일은 2월 1일이다.

40. 한흑구는 같은 제목의 시를 『신한민보』, 『우라키』, 『조선문단』에 다시 발표하였는데, 전체 흐름은 거의 유사하지만 마지막 연은 다소 차이가 있다. 이는 「시카고」의 첫째 연으로서 『신한민보』(1932. 4. 21.)의 것이다. 『우라키』에는 1연의 마지막 행에 '동무'라는 단어 대신에 '동포'라는 단어를 사용하고 있다. 한흑구는 1931년 8월 1일 방랑 여행을 떠나 나이아가라 폭포에 이르렀을 때, 그 웅장함에 대한 찬사를 담은 시 「나이아가라 폭포여!」의 끝에도 '동지들에게 보내노라!'로 부기를 달아둔 것을 보아 그가 활동했던 사회과학연구회와 회원들에 대한 관계가 매우 친밀하였던 것으로 보인다.

41. 한흑구, 「도산 정신」, 『인생산문』, 일지사, 1974, 127-128.

42. 한흑구, 「그대여 잠깐만 섰거라」, 『신한민보』 1929년 6월 27일 자.

43. 『조선문단』 속간 3호 (1935년 5월 16일), 257.

44. 한흑구, 「작품제일, 평론제이」, 『우라키』 제5호(1931년 7월). 164-165.

45. 본문에는 저자명이 'ㅇㅇㅂ'으로 기록되어 있다.

46. 원문에는 '말금文學'이라고 표기되어 있다. 필자는 이것이 한흑구가 만들어낸 특별한 용어인 것으로 판단한다. 한흑구가 말하는 그 말금(맑음)은 글쓴이의 작품에서 드러난 '특수한 정조(情操)'를 기반으로 한 특성을 표현한 것이다. 정조(情操)는 진리, 아름다움, 선행, 신성한 것 등을 대하였을 때 개인의 내면에서 일어나는 차원 높은 감정을 말하는 것인데, 한흑구는 이를 '맑음'이라는 단어를 사용하여 그 상태를 정의한 것으로 보인다.

47. 『우라키』 제5호 120-125쪽에 게재되어 있다.

48. 『우라키』 제5호 139-141쪽에 게재되어 있다.

49. ㅇㅇㅂ.「조선문단에게」,『우라키』제5호(1931년 7월), 161-162.
50. 한흑구는 미국 유학하는 동안『신한민보』에 많은 글을 발표하였고, 1930년 11월부터 본지의 시카고지국 통신원으로 활동하기도 하였다. 창립축하회가 열리는 날에는 시카고지국의 규정을 낭독하는 등『신한민보』와 밀접한 관계를 유지하였다.『신한민보』1930년 11월 27일 자 및 12월 11일 자 참조.
51. 한명수.「20대 청년 한흑구의 생활 철학을 엿볼 수 있는『토막글』11편」,『부산수필문예』제53호, 2023, 26-59 참조.
52. 한세광이 최희송에게 보낸 편지, 1930년 2월 20일자와 1931년 5월 8일 자.
53. 한명수.「원문으로 읽는 한흑구 수필(2) — 젊은 시절」,『에세이 21』제59호(2019 봄) 참조할 것.
54. "일본 헌병대에 끌려간 윤봉길 의사는 배후를 캐묻는 그들에게 이름을 말하지 않고 다만 민단장이 시켰다고만 대답했다. 김구가 며칠 전에 민단장 직책에서 물러나고 이유필로 교체된 사실을 몰랐기 때문이었다. 그러나 교민단의 실정을 낱낱이 알고 있던 일제는 프랑스 경찰을 앞장세우고 당장 이유필의 집으로 달려갔다. 결국 윤봉길 의사는 사실대로 김구를 지칭한 것이었으나 일제는 신임 단장인 이유필을 배후로 단정했던 것이다." 윤봉길 의거와 도산의 피랍에 대해서는 흥사단100년사위원회,『흥사단100년사』, 사단법인 흥사단, 2013, 215-220을 참조할 것.
55. 한흑구.「파인과 최정희」,『인생산문』, 일지사, 1974, 150.
56. 한흑구.「파인과 최정희」,『인생산문』, 일지사, 1974, 151.
57. 한흑구.「효석과 석훈」,『인생산문』, 일지사, 1974, 169.
58. 한흑구.「고우 최 군을 조상함」,『신한민보』1932. 3. 17.
59. 한승인.『미국 유학 시절의 회고』, 방인도, 1980, 122-123. 한승인은 "시카고 한인 학생 중에서 매우 유망한 청년이라는 고평(高評)을 받던 최경식 군이 세상을 떠났다. 나는 이 비보(悲報)를 뉴욕에서 접하였다. 그가 평소 머리에 간직하고 있던 이상과 포부를 실현하지 못한 채 객사(客死)한 것을 말할 수 없이 통분하게 생각한다. 그가 살아 있다면 해방 후 한국의 정체, 교육, 사회 면에 상당한 공을 남겼으리라. 그는 독재와 부정부패와 타협하지 아니하였을 것이고 언제나 야당 쪽에서 활약하였으리라. 그리고 해방 전에는 수양동우회 사건으로 안창호, 조병옥, 김윤경, 이윤재 등과 같이 감옥생활을 하였으리라. 그를 아는 친구들은 그에 대한 기대가 매우 컸다. 이러한 유망한 재목이 불치의 병을 얻어 불귀지객(不歸之客)이 되었으니 최군 자신과 가정은 물론이고 그가 그렇게도 사랑하

던 한국 전체의 손실이라고 생각하며 그를 지금까지 잊을 수가 없다."라고 회고하였다.
60. 방선주. 「김호철과 사회과학연구회—경제공황기의 미유학생 사회주의운동」, 『재미한인의 독립운동』, 한림대학교 아시아문화연구소, 1989, 331-347 참조.
61. 『신한민보』, 1932년 4월 21일 자.
62. 한흑구. 「슬펐던 이별」, 『부인공론』 제1권 제3호(1936년 7월), 131-132.
63. 김호철의 이력서에는 1932년 7월 1일부터 8월 10일까지 독일 '모풀(혁명자원회)'에서 선전원으로 일하고 1932년 8월 15일부터 1933년 2월 28일까지 소련 모스크바시 국제 모풀에서 공작하였다고 적고 있다. 방선주, 앞의 책, 335.
64. 원문에는 잡지의 이름이 『Reveation』이라고 기록되었는데 이는 『Revelation』의 오식으로 보인다. 이 잡지는 도널드 그레이 반하우스(Donald Grey Barnhouse)가 1931년부터 1950년까지 발행한 종교 잡지이다. 『조선문단』 속간 3호, 1935년 5월, 257.
65. 한흑구. 「재미 6년간 추억 편편」, 『신인문학』 제3권 2호(1936년 3월), 117.
66. 한흑구. 「미국 고양이」, 『한흑구문학선집』(민충환 엮음), 아시아 2009, 192-193.
67. 한명수. 「20대 청년 한흑구의 생활 철학을 엿볼 수 있는 『토막글』 11편」, 『부산수필문예』 통권 53호(2023 겨울), 34-36.
68. 한세광이 최희송에게 보낸 편지, 1931년 5월 8일 자; 한세광이 김병연에게 보낸 편지, 1932년 2월 12일 자 및 11월 3일 자 참조.
69. 한세광이 김병연에게 보낸 편지, 1931년 11월 21일 자.
70. 『신한민보』 1933년 9월 28일 자.
71. 『신한민보』 1933년 10월 5일 자; The Korean Student Bulletin 1933년 11월호 참조.
72. 『신한민보』 1933년 10월 12일 자.
73. 이 시는 제목을 '자연의 노래'로 바꾸어 『신인문학』 제6호(1935. 4.)에 다시 게재하였다. 마지막 행 '자유의 노래'를 '자연의 노래'만 바뀌었다.

3. 조선으로 돌아오다

1. 『신한민보』 1934년 3월 15일 자.
2. 한흑구. 「태평양상에 세 죽음」, 『신인문학』 제14호(1936. 8.) 참조.
3. 흥사단 운동 70년사 편찬위원회. 『흥사단 운동 70년사』, (사)흥사단출판부, 1986, 303.
4. 그 당시 평양부 하수구리 96에 본사를 두고 『대평양』을 운영하던 인물들은 다음과 같다.

편집 겸 발행인에 전영택, 주간에 한세광(한흑구), 총무 한우량(韓沽良), 기자 양동호(楊東浩) 등이었으며, 찬조원으로 조만식(曺晚植), 김동원(金東元), 오윤선(吳胤善), 이훈구(李勳求), 송창근(宋昌根) 등이었다.

5. 『조선문단』 신간호(속간 1호), 1935년 2월, 67. 이 잡지의 조선문단사 지사 알림란에 '평양지사장 한세광'으로 기록되어 있고, 같은 책 광고란에는 평양에서 발간하는 잡지 『대평양』을 알리면서 『조선문단』의 속간을 축하하는 광고를 실었다.

6. 『조선문단』 속간 4호, 213-215.

7. 한흑구는 조선문단사 편집실에 보내는 서한에 이렇게 기록하고 있다. "M형! 그날 10시 반에 전화하였더니 외출이라고 해서 가지 않았습니다. 떠날 때 만나지 못하여 퍽 섭섭했습니다. 저는 회당에 가노라고 견송도 못하였습니다. 부탁한 대로 연구논문 「D.H. 로렌스론」과 「잃어버린 소설」을 재고하여 보냅니다. 할 수 있는 데까지 최선껏 잘 편집하시오. 한태천(韓泰泉) 씨께 희곡을 부탁하였더니 차호로 해달라고 합니다. 여하간 속히 힘써 보라고 하였습니다. 앞으로 원고를 얻는 대로 도와드리나이다. 책은 말씀드린 바와 같이 150부 이상 200부가량 보내주시오. 총총 이만 쓰나이다. 소화 10년 2월 26일 한흑구"(『조선문단』 속간 3호, 231.) 이런 내용으로 보아 조선문단사 평양지사장으로서 잡지 보급도 하고 작품을 싣기도 하고 했던 것으로 보인다.

8. 한흑구의 이 작품은 『동아일보』에 「D.H.로렌스론」이라는 제목으로 3월 14-15일까지 2회 연재되었다.

9. 『조선문단』 속간 3호, 257.

10. 흥사단100년사위원회, 『흥사단100년사』, 사단법인 흥사단, 2013, 224.

11. 흥사단 운동 70년사 편찬위원회, 앞의 책, 166; 흥사단100년사위원회, 『흥사단100년사』, 사단법인 흥사단, 2013, 226.

12. 『조선중앙일보』 1935년 2월 14일 자.

13. 흥사단100년사위원회, 『흥사단100년사』, 사단법인 흥사단, 2013, 4.

14. 김세형. 『먼 길』 제1집, 한성도서주식회사, 1937, 서.

15. 한흑구. 「파인과 최정희」, 『인생산문』, 일지사, 1974, 149.

16. 한흑구. 「사형제」, 『한흑구문학선집 Ⅱ』(민충환 엮음), 아르코, 2012, 77-78.

17. 이준식. 『일제강점기 사회와 문화 — '식민지' 조선의 삶과 근대』, 역사비평사, 2014, 45; 70-71; 142-143; 186-187 참조.

18. 한흑구. 「슬펐던 이별」, 『부인공론』 제1권 제3호, 1936년 7월.

19. 한흑구. 「봄의 초조」, 『백광』, 3/4집 (1937), 10.
20. 흥사단 운동 70년사 편찬위원회. 앞의 책, 175.
21. 흥사단 운동 70년사 편찬위원회. 앞의 책, 182; 흥사단100년사위원회, 『흥사단100년사』, 사단법인 흥사단, 2013, 232.
22. 흥사단 운동 70년사 편찬위원회. 앞의 책, 171-172; 흥사단100년사위원회, 『흥사단 100년사』, 사단법인 흥사단, 2013, 235-236 참조.
23. 한흑구. 「효석과 석훈」, 『인생산문』, 일지사, 1974, 169.
24. 한흑구. 「회염」, 『문장』 제1권 6집(1939년 7월), 183.
25. 이준식. 앞의 책, 224-227 참조.
26. 한흑구. 「효석과 석훈」, 『인생산문』, 일지사, 1974, 169.
27. 한흑구. 「죽은 동무의 편지」, 『한흑구문학선집』(민충환 엮음), 아시아, 2009, 246.
28. 한흑구. 「재떠리」, 『사해공론』 제5권 제1호. 1939, 115-118.
29. 한명수. 「원문으로 읽는 한흑구 수필(1) — 재터리」, 『에세이 21』 제58호(2018 겨울)의 내용을 다시 게재하였다.
30. 한흑구. 「도시의 향우에게」, 『조광』 46호. 1939.
31. 방정분. 「농촌부녀야학통신」, 『여성』 제5권 제1호(1940년 1월), 87-88.
32. 한흑구. 「농촌부인은 고달프다」, 『여성』 제5권 제1호(1940년 1월), 96-98.
33. 한흑구. 「도시의 향우에게」, 『조광』 제46호. 1939, 288-289.
34. 한흑구. 「농촌부인은 고달프다」, 『여성』 제5권 제1호(1940년 1월), 98.
35. 한흑구. 「도시의 향우에게」, 『조광』 46호. 1939, 290.
36. 『농민생활』 제18권 4호(1956. 4.). 19.
37. 방정분에 관해서는 이 책의 '부록-4 농촌계몽운동가 방정분'을 참조할 것.
38. '신민(臣民)'의 사전적 의미는 '군주국의 국민'이라는 의미로서 '조선의 국민'을 뜻한다. 그 당시 일제의 황국신민화정책에 따른 '황국신민'과는 다른 개념이다. 한흑구는 조선의 국민 혹은 백성이라는 단어를 사용하고 싶었지만, 검열에 통과할 수 없다는 것을 알고 있으므로, 그가 조국 혹은 고국을 복자 'ㅤ××'로 처리한 것과 같은 의미로 '신민'이라는 단어를 선택한 것으로 보인다.
39. 한흑구. 「전야의 여름」, 『농민생활』 1940년 9월 호, 40-41.
40. 한흑구. 「농민」, 『농민생활』 1940년 12월 호, 29.
41. 한흑구. 「농민송」, 『농민생활』 1941년 7/8월 호, 37.

42. '싱가포르'를 말함.
43. 한흑구. 「농촌춘상」, 『조광』, 1942년 4월 호, 161.
44. 임종국. 『친일문학론』(교주본 증보판), 민족문제연구소, 2016(3쇄), 507.
45. 한명수. 「대담 — 한흑구의 장자 한동웅 선생과 함께」, 『마중문학』 제42호(2019년 8월 25일), 56.

4. 자유민주주의적인 조국, 평화로운 세계를 꿈꾸며

1. 현재까지는 '올드 랭 사인'을 우리글 최초 완역(完譯)자는 한흑구이다.
2. 한흑구. 「닭울음」, 『동해산문』, 일지사, 1971, 44.
3. 한흑구. 「효석과 석훈」, 『인생산문』, 일지사, 1974, 169-170.
4. 서울신문사 엮음. 『주한미군 30년: 1945~1978년』, 행림출판사, 1979, 64쪽.
5. 「세계평화론」은 2회만 연재되고 완결하지 못하였다.
6. 에머리 리브스. 「세계정부론」(한흑구 역), 『조선일보』 1946년 11월 3일.
7. 국제연합 창립일은 1945년 10월 24일이다. 한흑구가 UN 개회 석상이라고 해서 이날을 생각할 수도 있지만, 사실은 그 개회는 1945년 4월 25일이다. 1945년 2월의 얄타회담에서 안전보장이사회의 표결방식 등 미결사항이 모두 타결되고, 1945년 4월 25일 50개국 대표가 샌프란시스코에서 모여 '국제기구에 대한 연합국 회의'를 개최하였는데, 바로 이 날 의장의 연설을 말하는 것으로 보인다. 그 의장의 연설은 미국의 제32대 대통령 프랭클린 루스벨트(Franklin Delano Roosevelt)의 연설로써 한흑구가 말하는 기도문은 1945년 2월에 나온 The Link에 게재된 'Prayer of Brotherhood'이다. 이는 스티븐 빈센트 베넷이 United Nations Flag Day(14 June 1942)에 발표한 것으로 후일 A PRAYER FOR THE UNITED NATIONS라는 이름으로 The Orange Mountain Private Press에서 1949년 책으로 발간되었다.
8. 한흑구. 「사향」, 『경향신문』 1947년 3월 27일 자.
9. 1945년 창간된 잡지로서 발행인은 송정훈(宋政勳)으로 우리말과 영어로 발행하였다. 우리나라 최초로 시사 사진 화보 중심의 잡지로서 사진작가들의 활동을 반영하는 전문잡지로 평가받고 있다.
10. 한흑구. 「미국의 가을」, 『국제보도』 3권 1호 (1948년 1월 30일), 27.
11. 한흑구. 「죽은 동무의 편지」, 『한흑구문학선집』(민충환 엮음), 아시아, 2009, 245.

12. 한흑구. 「미국 니그로 시인 연구」, 『동광』 제4권 2호(1932. 2), 75.
13. 서중석. 앞의 책, 79.
14. 『동아일보』 (1946. 3. 9.)
15. 『동아일보』 (1946. 3. 15.)
16. 장사선. 「해방문단의 비평사」, 『한국현대문학사』, 현대문학, 2008(제4쇄), 337.
17. 『동아일보』 (1949. 12. 13.).
18. 장사선. 「해방문단의 비평사」, 위의 책, 325-338 참조.
19. 한흑구. 「나무·기이」, 『인생산문』, 일지사, 1974, 31. 해방공간에서 발행되었던 『문화일보』는 개제당시의 발행인이 폐간될 때까지 그대로 유지되고, 편집인이었던 이용악은 중간에 편집국장이 되었다가 폐간 전에 공식 직책에서 사임하였던 것으로 보인다. 한흑구가 소설가 함대훈이 발행하고 있던 『문화일보』라는 표현과는 차이가 있다. 만약 함대훈이 공식적인 발행인이었다면 이창선이 발행하던 『문화일보』와는 다른 것으로 보이나, 현재는 그것을 확인할 수 없다. 한흑구가 말하는 『문화일보』가 원래 『예술통신』으로 창간된 후 제호를 『문화일보』(1947. 3. 11.~9. 24.)로 바꾼 것이라면, 이 신문은 약 6개월 정도 발행하다가 폐간된 신문이다. 한흑구가 쓴 「파인과 최정희」에서 한흑구와 최정희 여사의 대화 내용으로 보아 시기적으로도 같은 신문으로 보이나 함대훈과 관련 신문은 『문화일보』가 아니라 『문화시보』였다. 그 당시 발간하던 『민중일보』에서는 '문화시보발간'이라는 제하에 "전 『문화일보』의 혁신 발간을 벌써부터 준비 중이던바 드디어 오는 15일부터 발간케 되리라는데 조선 유일의 문화신문으로 많은 기대를 갖게 되며 그 주요 진용은 다음과 같다 한다. 주간-안석주, 편집-김광주, 한흑구, 사무소-중앙신문사 내."라는 기사를 냈다. 『민중일보』 1947년 12월 12일 자. 그리고 『부인신보』에서는 '문화시보혁신 제일호로 신발족'이라는 제하에 "구 문화일보는 문계의 ○○인 ○○주 씨가 이를 인수하여 혁신적인 새로운 방법으로 그 이름도 『문화시보』라하고 16일부로 혁신 제1호를 내놓았다."라고 기사를 냈다. 『부인신보』 1947년 12월 18일 자. 두 신문의 기사로 보아 『문화시보』는 기존에 발간하던 『문화일보』를 인수하여 새로운 이름으로 발간한 신문이었고, 이에 한흑구가 편집위원으로 참여하였다는 것이다. 그렇다면 왜 한흑구는 『문화일보』라고 기록하였을까? 정확한 이유는 모르지만, 그 당시 해방기에 발간하던 『문화일보』가 『예술통신』의 전신임을 고려할 때, 한흑구는 문화예술인으로서 이 신문에도 어느 정도 참여한 것으로 추정할 수 있다. 그러다가 1947년 12월에 『문화시보』로 이름을 바꿔서 발간했지만, 한흑구는 같은 신문으로 인식하였을 것으로 본다. 여기서 한 가지 부연

할 것은 『문화일보』는 그 당시의 사회적 분위기로 보아 좌익 성향이 있었지만, 『문화시보』는 우익 계열의 신문이었다.

20. 김휘열. 「해방기 『문화시보』의 매체적 위치와 의미 연구」, 『반교어문연구』 제41집, 반교어문학연구회, 2015, 483.
21. 김휘열. 앞의 논문, 507.
22. 김휘열. 앞의 논문, 505-506.
23. 한흑구. 「파인과 최정희」, 『인생산문』, 일지사, 1974, 153 참조.
24. 서중석. 『사진과 그림으로 보는 한국현대사』(개정증보판), 웅진지식하우스, 2013, 105-108.
25. 한흑구. 「도산 정신」, 『인생산문』, 일지사, 1974, 128.
26. 자유당 정권의 초기에 흥사단에 대한 오해와 탄압에 관한 내용은 흥사단 운동 70년사 편찬위원회. 『흥사단 운동 70년사』, (사)흥사단출판부, 1986, 260-266; 최능진의 친일파 척결과 반독재 투쟁에 관해서는 흥사단100년사위원회, 『흥사단100년사』, 사단법인 흥사단, 2013, 282-284를 참조할 것.
27. 「항구 포항의 시인 한흑구」, 『경향신문』 1964년 3월 10일 자.
28. 『조광』 8권 4호, 1942, 161.
29. 한흑구. 「차창 풍경」, 『동해산문』, 일지사, 1971, 123.
30. 루이스 언터메이어(Louis Untermeyer, 1885-1977)는 미국의 시인, 비평가, 편집자, 번역가로 잘 알려져 있다. 그는 문학작품을 평가하고 소개하는 글을 많이 썼으며, 유명한 시 선집 편집자로도 활동했다. 특히 Modern American Poetry와 Modern British Poetry라는 선집은 널리 읽혔다.
31. 『조선일보』, 1949년 7월 7일 자.
32. 『문예』 창간호, 193-194.
33. 이 「나무」라는 작품은 이후 한흑구의 문우들에 의해 경향신문, 서울주간, 농업은행회보 등에 게재되었다. 그리고 이후 문교부에서 발행한 중등 국어책에도 실렸다. 한흑구. 「나무·기이」, 『인생산문』, 일지사, 1974, 31.
34. 한흑구. 「싸라기말」, 『인생산문』, 일지사, 1974, 137.
35. 한명수. 『한흑구 시전집』, 마중문학사, 2019, 394-395.
36. 한흑구. 「나무」, 『文化』 제1권 1호(1947년 4월), 28.
37. 한명수. 『한흑구 시전집』, 마중문학사, 2019, 132-133.
38. 『연합신문』 1949년 5월 24-25일 자.

39. 1930년 강용흘과 관련한 한흑구의 생각을 그의 수필 「재미 6년간 추억 편편」에서도 읽을 수 있다. 그 당시 북미조선인문단을 형성할 때 북미조선인문인들로서 일찍이 직접 간접으로 조선문단에서 작품으로 이름을 알리고 있는 사람은 여럿인데 그 가운데 시카고의 김태선, 필라델피아의 한흑구, 뉴욕의 강용흘 등을 거론할 만큼 한흑구는 당시 이름이 있었고, 강용흘과도 같이 활동하는 등 교분이 있었다. 『신한민보』 1933년 3월 9일 자 참조.
40. 한흑구. 「문화의 보급」, 『신천지』 제5권 제3호 (1950년 3월), 142-145 참조.
41. 『연합신문』 1950년 6월 17일 자.
42. 한흑구. 「문단 교우록」, 『동해산문』, 일지사, 1971, 154.

부록 1. 흑구 한세광의 필명과 표기에 관하여

1. 이 글은 『영남문학』 제42호(2024년 여름 호)에 발표된 글이다.

부록 2. 인터넷 게시 사전류에 나타난 한흑구의 이력에 관하여

1. 『위키백과』는 누구든지 인터넷 사이트에 접속해서 자신이 직접 지식과 정보를 올리기도 하고, 이미 등록된 지식과 정보를 수정·보완할 수 있는 형식을 띠고 있어 종이책으로 제작된 다른 사전들과는 수정·보완이 비교적 쉽다고 하겠다. 그리고 이글은 『한흑구의 삶과 문학』(아시아, 2023)에 게재하였던 필자의 글을 일부 수정 보완한 것임을 밝혀둔다.
2. 『국어국문학자료사전』의 내용은 『한민족문화대백과』에 기록된 내용과 비교해볼 때, 한자 표기를 괄호 안에 넣은 것과 '포항 수산초급대학'을 '포항수산대학'으로 표기하는 등의 차이만 있을 뿐 전체적으로 대동소이하여 하나로 분류하였다.
3. 『기독교대백과사전』, 서울: 기독교문사, 1983, 883.
4. 『신한민보』 1930년 5월 15일 자.
5. 『신한민보』 1929년 2월 7일 자; 1932년 12월 8일 자; 1933년 9월 28일 자 참조.
6. 『신한민보』 1929년 8월 1일자.
7. 길선주, 「평양산정현교회사기」, 길진경 편, 『영계 길선주 목사 유고 선집』, 제1집, 서울: 대한기독교서회, 1968, 93.: 『신한민보』 1916년 5월 25일 자.
8. 한흑구, 『인생산문』, 서울: 일지사, 1974, 146.
9. https://ko.wikipedia.org/wiki/%ED%95%9C%ED%9D%91%EA%B5%AC 2022년 6월 27일 다운로드. 위키백과의 끝부분에 "본 문서에는 지식을만드는지식에서 CC-BY-SA

3.0으로 배포한 책 소개 글 중 '초판본 한흑구 시선'의 소개 글을 기초로 작성된 내용이 포함되어 있습니다."라는 안내가 있다.

부록 3. 독립운동가 한승곤(韓承坤)

1. 『매일신보』 1915년 6월 1일 자.
2. 한승곤이 1936년 6월 미국에서 조선으로 귀할 때 조선일보에는 그의 귀국을 알리는 기사가 났다. 그 내용을 보면 '평양부내 장로파 산정현교회 목사로 시무하다가 다시 조선장로회선교사로 피임되어 중국 산동성에 조선인 선교사로 파견되었다가 북미합중국에 건너가 20여 년간 신학연구'(『조선일보』 1936년 6월 23일 자)를 하였다고 기록한 바, 그가 중국 산동성에 조선인 선교사로 파견되었다는 기록에 대해서는 추후 연구가 필요하다.
3. 흥사단100년사위원회, 『흥사단100년사』, 흥사단, 2013, 204~207 참조.

부록 4. 독립운동가 한승곤(韓承坤)농촌계몽운동가 방정분(邦貞分)

1. 『동아일보』 1929년 10월 19일 자.
2. 국사편찬위원회, 「방정분 신문조서」, 『한민족독립운동사자료집 52』, 국사편찬위원회, 2002, 391-392 참조.
3. 『조선일보』 1934년 8월 9일 자. 이날 출연 악사는 주중남, 김동진, 조활용, 한승덕, 김신복, 김명애, 송명신, 방정분, 박정숙, 석신철, 남궁요한나, 정애라, 정슬다, 산정현성가대 등이다.
4. 『동아일보』 1934년 8월 21일 자; 『조선중앙일보』 1934년 8월 21일 자; 『조선일보』 1934년 8월 22일 자.
5. 『동아일보』 1936년 2월 8일 자.